本书获西南科技大学博士研究基金资助项目——《我国地下金融风险的刑法控制》（项目编号：14sx7108）资助，同时获四川省哲学社会科学重点研究基地——四川省犯罪防控研究中心资助（项目编号：FZFK15－03）。

地下金融风险的刑法控制

廖天虎　著

DIXIA JINRONG FENGXIAN DE XINGFA KONGZHI

中国政法大学出版社

2016·北京

图书在版编目（CIP）数据

地下金融风险的刑法控制/廖天虎著. —北京:中国政法大学出版社,2016.2
ISBN 978-7-5620-6626-2

Ⅰ. ①地… Ⅱ. ①廖… Ⅲ. ①金融—刑事犯罪—刑法—研究—中国 Ⅳ. ①D924.334

中国版本图书馆 CIP 数据核字(2016)第 031445 号

出版者　中国政法大学出版社
地　址　北京市海淀区西土城路 25 号
邮寄地址　北京 100088 信箱 8034 分箱　邮编 100088
网　址　http://www.cuplpress.com（网络实名：中国政法大学出版社）
电　话　010-58908586(编辑部)　58908334(邮购部)
编辑邮箱　zhengfadch@126.com
承　印　固安华明印业有限公司
开　本　880mm×1230mm　1/32
印　张　8
字　数　200 千字
版　次　2016 年 2 月第 1 版
印　次　2016 年 2 月第 1 次印刷
定　价　29.00 元

序

PREFACE

廖天虎是我指导的博士研究生，此书是以他的博士论文为基础修订而成。廖天虎一直专注于对经济刑法的学习和研究，本书也算是他研究经济刑法的一个阶段性成果。

金融体制是社会主义市场经济体制的重要组成部分，改革开放以来，我国社会主义市场经济体制逐步建立健全，适应市场经济要求的金融体制基本建立，金融宏观调控和金融监管体制不断完善。但由于金融的趋利性，导致在金融活动中必然存在着脱离法律规制和金融监管的金融活动，这一般被泛称为地下金融活动。地下金融是一个包含着社会文化、经济体制和法律制度的一个综合性矛盾体，其具有非正规性、隐蔽性等特征。金融风险的发生会导致国家金融的系统性风险甚至是金融危机，并将危及经济发展、公众利益和社会稳定，刑法作为最后的保障法，对于国家安全、社会稳定和经济秩序的保护发挥着积极功能。本书以地下金融行为类型分析为切入点，结合经济政策的变迁和金融监管理念的变化，在充分尊重和保障金融自身规律的基础上，探讨如何运用刑法来控制地下金融风险，这对于把握我国金融犯罪刑事政策的取向、促进金融刑法的立法完善和推动司法实务工作的加强都具有积极意义。

地下金融风险的控制涉及到刑法学、犯罪学、经济法学和金融学等多个学科，具有相当的理论深度，并且与国家的经济政策的变化息息相关，具有很强的实践性。本书采取了规范分析、案例分析、比较分析、历史分析和实证分析等研究方法，在宏观分析的基础上，结合法律条文的具体规定进行微观分析，并在搜集相关文献及典型个案的基础上进行案例研析，发现问题后加以讨论，最后形成结论和建议，提出了具体、可行、有效的地下金融风险的刑事法防范策略。

在目前国家倡导的大众创业、万众创新的背景下，金融要适应新情况和新常态，以服务国家经济建设的发展。因此一定要走阳光金融之路，逐步把地下金融变为公开的金融、地上的金融，使我国建立起利益与风险同在、开放和自由并存的金融市场体制。纵观全书，作者以地下金融风险的刑法控制进行探讨，厘清地下金融概念，明确刑法控制地下金融风险的类型，立足于从刑事政策角度对地下金融风险进行价值评判和从刑法规范层面对地下金融的定罪量刑进行分析，并在司法层面作限缩性解释，以体现刑法的谦抑性，强调对于地下金融问题的解决，最终还是要立足于创新金融制度和完善金融生态。

全书结构合理，逻辑清晰，论证充分，写作规范，是一部高质量的著作。故欣然为序。

中国人民大学法学院教授、博士生导师　田宏杰

2015 年 12 月 5 日

前　言

PREFACE

金融是现代经济的灵魂，它已经成了国民经济的“血液循环系统”，是市场资源配置关系的主要形式，也是国家宏观调控经济的重要手段。作为规避国家有效监管的途径之一，地下金融引发的风险容易引起局部性的金融风波和金融犯罪乃至群体性事件，直接影响到社会稳定。防范和控制地下金融风险对于维护金融秩序、确保国家金融安全、促进社会发展和维护社会稳定都具有重要意义。20 世纪 80 年代，随着我国改革开放的深入，我国经济方式虽然实现了多元化，但金融的垄断地位以及国家坚守“金融抑制”政策却导致金融市场的自由发展与限制竞争对立，使得金融与经济的矛盾越来越尖锐，特别是金融与实体经济的矛盾，已成为当前我国经济社会发展中最为突出的矛盾之一。现行经济体制未能匹配经济活动的情形导致了我国的地下钱庄和“合会”等地下金融开始活跃，正规金融体系和地下金融体系的“二元”分化已成为我国经济体制变革中的一个显著特征。

金融风险是金融活动的内在属性，金融的风险主要有市场性风险和体制性风险两种。本书所研究的地下金融风险主要是指体制性风险，即由于经济体制不健全和监管不到位而引起的人为风险。地下金融作为一种追逐高利的自愿性的风险游戏，在参与人足够多的时候，这种自愿的风险游戏就会转变为社会性的风险游戏并具有较大的社会危害性。地下金融风险在发展过程中的量的变化会导致其危害性逐渐增加，最后导致刑法的介入。我们应根据刑法的特殊预防和一般预防的功能来有效控制地下金融风险，以引导和推动地下金融的正面效能。我国地下金融的产生虽然是由国家金融政策的限定和货币政策的僵化等原因所致，然而在“维稳”思维和对社会危害评价客观化的情形下，我国对地下金融案件的犯罪处罚圈不断扩大，且刑罚处置趋向严厉。我国现行《刑法》规定的非法吸收公众存款罪和集资诈骗罪有被滥用的倾向，以致不区分案件的具体情形而机械地适用刑法的规定，这反而影响了刑法的适用效果。实质上，这是监管部门和司法机关在以间接融资思维处理所有直接融资造成的问题，这并不符合法律解释的逻辑，不能实现保护投资者的公共目标，也无法为民间融资的合法化预留生存和发展空间。

从我国的经济结构和体制特征来看，我们不能仅仅寄希望于通过刑法手段来解决地下金融风险问题，应通过制度的完善和法律的修正来规范地下金融运行机制，在一定程度上实现地下金融的“阳光化”，同时要协调好刑事责任、民事责任和行政责任之间的关系，增加犯罪者的风险成本，提高金融监管效能，推动金融与司法的无缝衔接，建构完整的规制地下金融犯罪的网络体系。在金融全球化的背景下，我国应加强在打击地下金融犯罪方面的国际合作，推动国际司法互助，这是切实有效地降低地下金融风险，促进我国经济社会和谐发展的有效路径。

本书共分为七个部分：

第一部分为导论，主要介绍本书的意义和地下金融研究的相关概况。由于其外在形式的特殊性和运行方式的隐蔽性，各国有关地下金融的研究侧重点有所不同。我国在坚持“重农抑商”观念和重视“金融安全”的思路下，长期对地下金融持一种否定态度。这种态度反映在刑法上就是通过刑法的广泛介入来防范和控制地下金融的风险。

国内关于地下金融问题的研究起始于经济学界的关注，最早的研究内容是关于地下金融的概念范畴、市场作用及其对经济的影响等。近年来，地下金融问题也引起了我国刑法学界的高度关注，并产生了一批著作和论文，但从刑法的视角来系统地对地下金融进行专题研究的成果却并不多，即使有一些，也仅仅涉及地下金融问题的某一方面，且对地下金融犯罪问题的研究都是立足于刑法的规范性层面进行分析，还未有从刑事政策的视角对地下金融犯罪问题展开系统性研究的成果。国外对于地下金融的研究主要集中于法律经济学的分析范畴，认为对于地下金融犯罪，更多不是依靠刑法来调控，而是通过一种转型式思维，基于经济效应，把更多的金融类风险归入到了民事赔偿和行政惩罚的范畴内。结合国内外对地下金融研究的概况，本书立足于中国地下金融的现状，从刑事政策视角对地下金融引起的风险进行价值评判，并从刑法规范层面对地下金融引起风险的定罪量刑进行分析和研究。

第二部分内容是关于地下金融的概述，分析了地下金融的概念、特征、产生的原因和背景以及地下金融的主要表现形式。地下金融是指未被现行法律法规明确规定的金融方式，从表现形式上看，其具有隐蔽性和欺骗性；从法律属性上看，其具有模糊性和非法性。地下金融应包括“灰色金融”和“黑色金融”两个部分，其中“灰色金融”需要引导和发展，而“黑色金融”则应由刑法进行调整和规范。某一地下金融形式的发展是一个动态过程，会出现由“灰色金融”向“黑色金融”转变的情形，因此地下金融形式具有多变性和复杂性。目前行为人主要是利用合会、地下钱庄、地下证券期货、私募基金、P2P (Peer - to - peer lending) 借贷平台和农民专业合作社等方式来实施地下金融活动。地下金融的产生有其广泛的社会原因和深刻的历史背景，就我国地下金融的历史变迁来看，由于中国的社会政治结构、金融体制、法制文化深深地影响着金融主体的行为范式，也影响着中国的金融法律结构。我国地下金融的产生和发展是多种因素共同作用的结果，主要原因有国家政策的管制、货币政策的抑制、社会结构的限制、文化习俗的影响和法律制度的缺陷等。

第三部分是关于刑法视野下的地下金融风险问题，并结合地下金融风险的典型案例进行了理论思考。该部分首先对社会生活用语的“风险”和刑法理论用语中的“风险”概念作了比较，并就本书所使用的“风险”概念进行了界定。生活用语中的“风险”是指可能发生的危险，风险的客观存在决定了风险可被现实所感知并作出反应。刑法理论中的“风险”是指某一行为对某一社会关系造成现实威胁，或者说具有造成损害的现实可能性。本书对“风险”的范畴作了限缩性界定。首先，这里的“风险”并不涉及金融自身引起的风险，而是关注由人为因素所造成的风险。其次，这里的“风险”不能等同于“风险社会”的“风险”，而是应当立足于刑法的规范层面，对于行为人实施的某一地下金融活动的风险的量应当做一个相应的判断。这种风险的量是不断变化的，只有在风险的量达到一定的程度时——对法益具有侵害性时，或者说地下金融活动风险的程度已达到刑法所关注的社会危害性程度时——刑法才具有了对这种地下金融风险予以规制的基础。

地下金融产生的风险主要表现为国家经济运行的风险、国家金融安全的风险、引发刑事犯罪的风险和破坏社会秩序稳定的风险，这些风险的量如果达到一定的程度，就属于刑法上“不被允许的风险”，应当受到刑法的调整和否定性评价。刑法的特殊预防和一般预防的保障机能为刑法介入金融风险控制提供了依据，但刑法在介入地下金融风险时，应确定好自己的“定位和立场”，在尊重金融发展规律的同时，应做到“有所为，有所不为”。笔者在此部分将结合“涂汉江案”“孙大午案”“吴英案”和“曾成杰案”等现实的典型地下金融风险案例，审视当前司法机关对地下金融案件的处理态度和解决方式以及地下金融犯罪案件中的刑法适用问题。本书认为，将由于市场风险和逐利思想而产生的地下金融风险与维护社会稳定联系起来显然不符合经济发展规律，也增加了维护社会稳定的成本。正确的做法应当是各级法院通过公正的刑事审判来理顺和协调民间借贷与刑事追诉之间的关系，为民间借贷等有益的金融发展方式保驾护航。

第四部分内容是基于经济政策和监管制度对刑事政策和刑事立法的影响，对我国地下金融风险的刑法控制现状进行评析。经济政策在打击经济犯罪中处于基础性地位，某一特定时期的经济政策会影响甚至决定当时的刑事政策，左右立法机关有关犯罪化的决策。当然，经济政策若出现问题，又会影响到刑法对经济犯罪规制的效果。通过对新中国成立后的金融监管经历的初始阶段、过渡阶段、发展阶段和完善阶段这四个阶段的政策与法律制度变迁进行梳理，可以清晰地反映出我国市场化改革过程中的金融体系带有非常明显的“金融抑制”色彩。“金融抑制”战略的实施给中国金融的市场化和法治化造成了障碍，致使国家制定的政策与法律都只是从“正规金融”的需求出发，而忽略了地下金融对国家经济正面功能的认识。国务院于1998年亚洲金融危机时制定并发布了《非法金融机构和非法金融业务活动取缔办法》，虽然这是针对当时经济乱象的一剂猛药，但显然过于严苛。其直接导致大量的正常民间借贷行为被列入了刑事打击范围。这种刑事打击面的扩大化在目前已经造成一定负面影响，表现在对于“集资诈骗罪”的主观认定标准不仅出现了过度客观推定的趋向，也呈现出进一步弱化非法占有主观目的认定的趋势，即司法机关往往是将案发后造成的损害作为评价“非法占有目的”的重要标准。在司法实务中，地下金融活动造成较大损失的案件往往被定性为“集资诈骗罪”，而损失较小的案件则被定性为“非法吸收公众存款罪”，显示了我国司法机关在审理地下金融案件时政策性强的特点。由此可见，在“金融抑制”理念下，我国对地下金融一直采取的是“严厉对待、严苛刑罚”的政策。然而不断爆发的大量地下金融风险案件却表明了我国严格的刑事立法和严厉的刑事司法手段并没有消除地下金融所带来的风险 。本书比较了国外一些国家的金融犯罪刑事政策，并对我国现行的刑事规制政策进行了反思，认为对待地下金融犯罪案件，应科学合理地把握宽严相济的尺度和标准，既要控制地下金融风险、抑制地下金融犯罪，又不能限制金融的自由发展，以便为国家整个经济的发展提供支持。

本书在分析地下金融风险的刑法控制现状时认为，我国刑法介入地下金融风险的特点在于：首先以“维稳”的理念来处理地下金融风险，使得刑法背负上了沉重的负担，并使刑法适用的合理性受到了质疑。其次是对金融犯罪“零容忍”政策的考量。在我国市场化程度不高、诚信体系尚缺乏的前提下，“零容忍”政策容易将合理的金融创新扼杀掉，为了给市场留下足够的发展空间，刑法须保持谦抑性。再次是对我国地下金融犯罪中的价值判断因素分析。刑法对国有金融的垄断地位和垄断秩序的优先保护是造成地下金融产生的根本原因，也是刑法针对地下金融风险实施严苛刑罚的重要因素。最后是司法机关在处理地下金融风险案件时，长期存在着“先刑后民”的惯性思维，同时刑法与其他相关部门法之间的规定存在一定冲突，这些都影响到了刑法对于地下金融风险控制的效果。

第五部分讨论的是地下金融风险的犯罪化界限，分别从刑事立法和刑事司法的角度展开论证，认为地下金融立法上的犯罪化与非犯罪化应确立正当性、合理性和谦抑性的标准；在作违法性判断时，应当从价值层面和规范层面进行双重评价，判断是否具有实质可罚性。我们应当正视地下金融产生的环境与土壤，对于地下金融中的“灰色金融”应当慎入刑，对于“黑色金融”在入刑时，也应做到宽严相济。刑法在评价地下金融风险和衡量地下金融风险量时，应当坚持实质违法性评价，只有特定的某一地下金融风险行为产生了法益侵害事实，并符合某一罪名的具体构成要件，才有刑法进行否定性评价的必要性。在司法运行过程中，我们应当坚持司法效果的公众认同目标与司法解释的实质可罚原则，“过滤”地下金融一般违法行为，从实质解释的视角确定地下金融犯罪定罪量刑标准，做到司法效果和社会效果的有机统一。

第六部分的内容为地下金融犯罪的刑事责任，刑事责任是处于犯罪和刑罚之间的桥梁和纽带，刑事责任起着对犯罪和刑罚的调节作用。行为人实施了刑法所规定的犯罪，就应当承担相应的法律责任，并以刑罚的方式来实现。地下金融犯罪作为贪利型犯罪，除了适当地适用自由刑外，应考虑更多适用罚金刑、没收财产刑和资格刑。同时实施地下金融犯罪的主体还涉及法人，对于地下金融案件中的法人犯罪，除了按照双罚制对单位判处一定数量的罚金外，还有必要对法人犯罪增设资格刑，如停业整顿、剥夺经营权、破产重组和强制解散。其中，由于破产重组方式会牵涉到犯罪人和被害人的各方利益，因此在目前地下金融案件中适用较多。经过重组以后，企业有可能度过困难期，债权人将有可能实现其债权。通过这种法定的程序解决地下金融中涉及的债权债务关系，撇清了与政府的关系，也不会再发生群体性事件。

第七部分的内容为地下金融刑事法律风险防范。完善的刑事立法不仅为惩治地下金融领域的犯罪提供了法律根据，而且也是国家调控和防范金融风险的手段。但刑法对金融领域的介入范围和程度应“适可而止”，避免刑法的过度介入对金融发展造成阻碍。因此，运用刑法来控制地下金融风险，应该科学地把握宽严相济刑事政策的尺度和标准，合理地限定地下金融的犯罪圈，既要控制地下金融的风险，又不限制金融的自由，以便为经济的发展提供支持。在金融全球化的背景下，我们应树立控制地下金融风险的国际化视野，为了从根本上消除地下金融风险，同时还需要完善的措施，即健全相关法律制度、创新金融形式和完善金融生态。

目 录
CONTENTS

第一章

导论

一、本书研究的意义

金融是现代国家的命脉，是国家发展的基石，也是一个国家安全的重要保证。〔1〕由于金融具有趋利性，导致在金融活动中必然存在着脱离法律规制和金融监管的金融活动，这些一般被泛称为非法金融活动或地下金融活动。对于游离于国家金融监管体系外的金融活动，国内外在称谓上有所不同。国内许多学者将其定义为地下金融、非正规金融、民间金融、场外金融、

〔1〕 在现代社会，国家安全和经济的关系非常密切，在人类社会历史演变的过程中，经济一直是保证一个民族和国家生存和发展的基础。而在现代经济中，金融充当着核心的角色，是调解和分配资源的主要方式，也是增进居民财富的重要手段。在金融业全能化的发展中，潜在的金融风险逐步放大，极易因个别的金融事件引发全局性的危机，尤其是在经济全球化和金融全球化的当下，一个国家的金融问题甚至会引起全世界的金融波动，从而影响一个国家的安全与稳定，例如2008年发生的美国次贷危机，不仅使美国的经济遭受重创，而且波及世界其他国家，尤其是使许多欧洲银行成了此次危机的牺牲品，为了维护国家金融稳定，欧洲央行、德国政府、英伦银行等被迫纷纷向市场注入巨资，以解燃眉之急。可见，金融已不单单是某个国家、某个地区或某一行业的问题，而是一个全球性的战略问题，金融安全直接决定着国家的经济安全，因此，必须以国家安全的高度来看待金融问题。参见李娜：《论金融安全的刑法保护》，武汉大学出版社2009年版，第3～8页。

隐形金融或体外循环金融等；国外学者对这种金融活动已基本达成共识，认为它是没有被中央银行监管当局所控制的金融活动，通常称为非正规金融（informal finance）。[1]《中国投资参考》（China Confidential）2011 年的研究报告显示，在中国，几乎不受监管的地下金融行业可能管理着多达 1 万亿元人民币的资产[2]，可见我国地下金融数量之巨大、规模之庞大。这些地下金融或非法金融活动的出现，从一个侧面反映了我国目前的金融市场发育还不完善，民众财富增长的管道方式还不够畅通。

地下金融是一个包含着社会文化、经济体制和法律制度的综合性矛盾体，其具有非正规性、隐蔽性等特征。改革开放以后，我国的地下金融在推动沿海部分地区民营经济高速发展的同时，也对我国传统的国家金融体系和金融管理体制形成了挑战。地下金融对正规金融业产生了一系列的负面影响，最为常见的是引发非法集资和高利贷及形成黑市利率，从而严重扰乱国家正常的金融秩序。如果放任庞大的体制外地下金融的无序发展，而不对此进行有效规范，我国的财政政策和货币政策调控力度将大打折扣。尤其是一些非法地下金融组织为保证其暴利的实现，依靠暴力手段维护地下信用体系的运转，这些地下金融组织最后往往演变成具有黑社会性质的经济组织，极具社会危害性。更为严重的是，一些非法吸收公众存款的地下金融组织，在利益驱使或面临被追究的风险时，出现了携款潜逃或行为人自杀的事件。这些案件中的受害者大多为中老年人、妇

---

〔1〕参见高晋康："民间金融法制化的界限与路径选择"，载《中国法学》2008 年第 4 期。

〔2〕参见［英］金奇："中国地下金融体系加剧通胀压力"，杨远译，载 http://www.yumaoacc.com/News/Finance/201110/20111019154351.html，访问时间：2013 年 9 月 27 日。

女、下岗工人、普通工薪阶层以及农民等，虽然他们缺乏对金融知识的了解和对市场信息的掌控，但却各自怀揣着迅速“脱贫致富”的梦想，把积蓄存放到看起来能“钱生钱”的地下金融机构和组织中，最终血本无归。这些具有非法集资性质的地下金融案件给国家的金融安全和社会稳定造成了极大的危害。诸如此类的金融风险的发生将导致国家金融的系统性风险甚至是金融危机，并将危及经济发展、公众利益和社会稳定。刑法作为最后的保障法，对于国家安全、社会稳定和经济秩序的保护发挥着积极功能。因此，从刑法的视角对我国地下金融风险进行系统而深入的研究，具有较高的理论价值和现实意义。

“百业兴，则金融兴；百业稳，则金融稳。”安全是一切法律的基本价值取向，对于地下金融风险的刑法控制，除充分发挥刑法在防范金融风险方面的最后保障功能外，更多的还是要处理好实体经济与虚拟经济、政府与市场的关系，加强金融监管，规范金融市场秩序，防范道德风险，防止发生系统性金融风险。因此，本书从理论意义上来说，是以地下金融行为类型分析为切入点，结合经济政策的变迁和金融监管理念的变化，在充分尊重和保障金融自身规律的基础上，探讨如何运用刑法来控制地下金融风险。这对于把握我国金融犯罪刑事政策的取向、金融刑法的立法完善和司法实务工作的加强都具有积极意义，体现出了法律制度和社会变迁之间紧密匹配的理念，有助于我国建立起利益与风险同在、开放和自由并存的金融市场体制。

二、国内外研究现状

地下金融作为一种因资金的供需矛盾而引起的经济现象，在不同的国家和地区有着不同的表现形式。由于其形式的特殊性和运行方式的隐蔽性，各国有关地下金融研究的侧重点有所不同。

(一) 国内研究现状

随着金融多样性的发展，我国的地下金融得以迅速发展，暴露的问题也越来越多，这对正规金融的发展造成了一定的影响，地下金融问题逐渐引起了国内更多学者的关注。在我国，最先关注地下金融问题的是经济学界的学者，他们主要讨论地下金融的属性和范畴以及围绕中小企业融资难、民营金融机构的角色定位和农村金融制度改革等问题展开研究，并陆续出版了一些具有代表性的有关地下金融的成果。根据图书数据和网络数据，国内较早的对地下金融及其相关问题的研究为姜旭朝所著的《中国民间金融研究》(1996)，书中将民间金融定义为民间经济融通资金的所有非公有经济成分的资金运动，但这一定义以经济成分作为划分标准，未免过于宽泛；朱德林、胡海欧所著《中国的灰黑色金融——市场风云与理性思考》(1997)一书对灰黑色金融的范畴予以了界定，并认为民间金融实际上属于灰色金融范畴；江暑霞在《中国地下金融》(2001) 一书中从制度变迁角度分析了灰色金融的生成机理，介绍了民间金融活动的特点、运行方式及成因，考察了外汇市场上的非法活动，并对股票市场的违法违规行为进行剖析。在此以后，最具代表性和影响力的是李建军主持的国家自然科学基金项目《中国地下金融规模与宏观经济影响研究》，作为该项目成果之一的《中国地下金融规模与宏观经济影响研究》(2005) 被誉为开创了地下金融定量研究的新篇章。该研究成果全面反映了我国 2003 年的地下金融的流量和存量以及地下金融对宏观经济的影响程度。之后，专门对地下金融进行研究的代表性成果为蒋寒迪、张孝锋所著的《中国地下金融市场中的利益群体及其博弈分析》

(2007) 等相关著作。该论著利用博弈论的方法对我国地下金融市场的群体进行描绘和剖析，在研究方法上具有一定的新颖性。

我国从刑法的视角对地下金融问题展开专门研究，是伴随着金融刑法〔1〕这一学科的发展而开展的。从改革开放之初至20世纪末，随着我国金融业的迅猛发展和相关金融制度建设的建立，我国一些学者开始研究金融犯罪问题，并且主张将金融刑法作为一门独立的学科进行深入研究。当时的学者出版了一些有关金融犯罪的学术作品，并从各个角度对金融犯罪展开了论述。比较有代表性为舒慧明主编的《中国金融刑法学》(1997)，首次比较系统地阐释了中国金融刑法学的产生、特点和金融刑法学的研究对象及金融刑法学的体系与相邻学科的关系。再如赵秉志主编的《金融犯罪界限认定司法对策》(2000)，对金融犯罪司法实务中的问题进行了研究并提出了相应对策。屈学武所著的《金融刑法学研究》(2004) 将金融犯罪系统化，提出了建立金融刑法体系，认为金融刑法是指刑法典、单行刑事立法、附属刑事立法中所规范的且发生在金融交易、金融监管、金融调控过程中的金融犯罪、相关的刑事责任及其处罚的法律规范的总和，并系统地从总论和分论对此进行了论述。胡启忠所著的《金融刑法适用论》(2003) 主要从法律适用的角度，对金融刑法总论的相关问题和金融刑法在适用过程中的具

---

〔1〕 我国的金融刑法学作为一门新兴的交叉学科发端于20世纪90年代末，产生的背景在于，我国改革开放以后，国内金融业得到迅速发展，无论是资产总额还是金融机构数量和从业人员人数，都呈现出巨量增长，金融安全的重要性得以凸显。由于金融业具有高风险且风险具有突发性强、波及面广和危害性大的特点，在防范金融风险时，除加强法制建设外，还需要运用刑法方式，惩治金融违法犯罪行为，强化普遍性的积极预防金融刑事政策，以构建我国安全有序的金融秩序。参见刘建："论金融刑法学"，载刘建、钱品石主编：《金融刑法评论》(第1辑)，中国人民公安大学出版社2008年版，第3~7页。

体问题进行了系统的论述。另外，赵秉志和杨诚合著的《金融犯罪比较研究》(2004)、刘远的《金融诈骗犯罪研究》(2002)、卢勤忠的《中国金融刑法的国际化研究》(2004) 都从各个层面对金融犯罪的相关问题展开了讨论。随着理论研究的深入，金融刑法也引起了司法部门的高度重视，山东大学法学院与《中国刑事法杂志》于2005年在山东省济南市共同举办了“全国金融犯罪与金融刑法理论研讨会”，这次会议对我国金融刑法学的研究产生了重大影响。2007年，中国人民大学刑事法律科学研究中心召开了“全球化背景下的金融犯罪预防机制”研讨会，会议立足于我国金融发展的国际化趋势，从理论层面对金融犯罪问题展开了国际对话并进行了理论研究。

从上述文献的简单梳理可以看出，金融犯罪问题近年来引起了刑法学研究的高度关注，但专门从刑法的视域针对地下金融进行专题研究的成果却并不多，即使有一些，也基本集中在讨论与此有关的“非法吸收公众存款罪”“集资诈骗罪”“非法经营罪”等某些个罪的研究上。代表性的研究成果有顾肖荣、周骏如、涂龙科等著的《当前金融犯罪新问题研究》(2009)、刘建著的《资本市场安全与刑法规制》(2009)、刘宪权著的《金融犯罪刑法学专论》(2010) 等。随着近年来对地下金融的刑法规制研究的逐渐深入，刑法学者们研究地下金融的文章逐渐增多，如期刊论文有彭冰的《非法集资活动规制研究》(2008)、金建人的《地下金融期货交易的刑事评价》(2010) 等。但总体来看，我国目前仍缺乏专门以地下金融为主题的专著，一些讨论地下金融刑法规制的期刊论文也仅仅涉及了地下金融问题的某一方面，且对地下金融犯罪问题的研究都是立足于刑法的规范性层面，还未有从刑事政策的视角对地下金融犯罪问题展开系统性研究的成果。

地下金融问题之所以复杂，原因在于地下金融介于“灰色地带”和“黑色地带”之间，法律对其界定具有模糊性，地下金融甚至在许多国家和地区经济发展与崛起的过程中起到了不可低估的作用。以我国台湾地区为例，地下金融的作用就非常强大，并在实践中衍生出了民间借贷、地下钱庄和“标会”等多种地下金融形式，[1]对台湾地区的经济腾飞发挥了一定的积极作用。根据我国台湾地区统计的数据，这些地下金融机构吸收金额相当惊人，不仅时间跨度长，而且受影响人员众多。[2]我国台湾地区在经济快速发展期间，由于金融管制和流动性泛滥，导致地下金融层出不穷，为了应对地下金融风险，我国台湾地区随后采取了严格的金融管制，内容包括登记许可管制、经营活动管制、资金来源与运用管制、价格管制、银行结构管

〔1〕 我国台湾地区在20世纪60年代被誉为“亚洲四小龙”之一，其经济迅速发展，同时外汇储备与民间闲散资金急剧增加。由于银行传统的存款取息方式利率低且税率高，民众担心通货膨胀，为了使自己的资产保值增值，自然会将目光投向资金收益率高的投资方式，尤其是大宗游资的逐利性，搅动了当时台湾地区的资本市场。在经济快速发展的过程中，台湾地区各个行业对于资金需求量非常大，而银行借贷手续繁琐、周期长且需要一定的担保。台湾地区为数众多的中小型企业或风险性大的行业由于自身实力有限，在通过银行贷款时自然受限，致使大多急需资金的中小企业无法迅速贷到所需资金。当供需双方都存在金融“需求失衡差距”，正规的金融机构在金融管制下又无法平衡这一差距时，各类地下金融活动也就应运而生。参见郑迎平：“台湾地下金融的发展及整治对策”，载《国际社会与经济》1994年第10期。

〔2〕 根据我国台湾地区提供的统计数据，鸿源集团于1983年至1990年间，非法吸收960亿多新台币，被害人达16万余人；龙祥集团于1985年至1989年间非法吸金480亿多新台币；汇德利集团于1989年至1990年间非法吸收资金65亿多新台币，被害人达2.5万多人；环侨集团于1987年至1989年间非法吸收资金119亿新台币，被害人达3万多人；鸿州集团于1988年至1990年间，非法吸金3.8亿新台币；巨众集团10年间共非法吸金800多亿新台币，2007年5月才被司法部门提起公诉。其后台湾地区的吸金案层出不穷，2012年2月又爆出鼎立集团吸金42亿元。参见施茂林：“我国金融犯罪之具象与刑事司法析论”，载《朝阳商管评论》2012年5月特刊。

制、消费者保护管制等措施。我国大陆地区经济快速发展过程中出现的地下金融泛滥的情形与20世纪60年代的台湾地区所面对的情形极为相似，台湾地区处理地下金融的经验和方法可资借鉴和参考。

地下金融牵涉到整个国家金融安全与经济稳定，我国的理论界和金融监管部门一直十分重视研究地下金融对金融安全与稳定的影响。例如，由中国人民银行编撰的《中国金融稳定报告2013》就提到：货币政策对金融稳定有着很大影响，截至2012年末，全国共有融资性担保公司9071家，典当行6084家。由于内部管理和外部监管薄弱，部分金融机构存在短期逐利行为，违规经营现象较为突出，甚至参与非法骗贷、非法集资，扰乱正常金融秩序，在个别地区形成了风险事件。尤其是民间借贷等地下金融的资金来源和业务运作与正规金融体系之间盘根错节，一旦出现资金链断裂等情况，风险将向正规金融体系传递，并可能引起突发性和区域性事件，〔1〕这是地下金融风险应当被加以控制的关键所在。我国有学者基于契约理论的视角，从地下金融融资活动内在的履约机制和外在的组织形式出发，分析了地下金融潜在的风险特征和有效的治理策略，认为应对那些愿意披露真实融资细节的契约提供法律保护，而不对那些不愿意披露的契约提供法律保护，这样监管当局便可以根据这些自愿披露的真实交易信息对地下金融活动进行有效监控〔2〕，这是一种地下金融阳光化的主张。其中“民间金融合法化”的观点呼声最多，“民间金融合法化”的提出是基于我国民间金融

〔1〕参见中国人民银行金融稳定分析小组编：《中国金融稳定报告2013》，中国金融出版社2013年版，第16页。

〔2〕参见姜涛、李晓义：“地下金融：履约机制、组织形式与治理策略”，载《中国工业经济》2011年第12期。

长期处于“非法”状况的现实。[1]但也有学者对“民间金融合法化”的命题提出了质疑：首先，这个命题暗含“民间金融就是好”的前提，遮蔽了我国民间金融良莠不齐的客观现实；其次，单纯要求民间金融“合法化”，忽视了法律对民间金融具有保护和惩罚的双重功能；最后，这个命题有很强的“官民”对抗性，不利于集中力量创造和谐的民间金融法制环境，因而认为“民间金融合法化”实质不是一个严格的学术命题，而是一个内含非理性对立情绪的对民间金融法律地位的态度性宣示，更为恰当的表述应该是“民间金融法制化”。[2]基于此，学界最近几年进行了有关由地下金融引起的非法集资风险问题的实证研究，较有代表性的是罗培新主编的《温州金融实践与危机调研报告》(2013)。该书是在实地调研的基础上完成的一份研究报告，报告叙述了温州民间金融发展的历史、温州民间金融发展现状，分析了温州民间金融繁荣的成因并提出了政府、立法与司法机关和企业等的思维转换和制度创新的具体对策。魏东则专门以非法集资犯罪作为研究，出版的《非法集资犯罪司法审判与刑法解释》(2013) 一书，对非法集资犯罪案件中存在的司法实务疑难问题和刑法的具体适用争议等突出问题进行了研究。

(二) 国外研究现状

从国外有关地下金融的研究来看，地下金融被认为是地下

〔1〕 新中国成立后，面对满目疮痍和百废待兴的局面，国家为了最大限度集中资源进行社会主义现代化建设，按照计划体制的要求，金融资源由国家统一调配，国家垄断金融的制度挤压了民间金融等非正规金融的生存空间，并使得非正规金融被视为是非法金融而长期受到政府的严厉打击，使得“民间金融”被不自觉地被打上了“非法”的印迹。

〔2〕 参见高晋康：“民间金融法制化的界限与路径选择”，载《中国法学》2008 年第4 期。

经济的一种类型，地下金融的基础是地下经济，因此国外更多的研究专注于地下经济。所谓地下经济是一种从事有收益的经济行为但却逃避国家的有效监管和赋税义务的经济活动，例如走私、贩毒、私娼、偷逃税款等都是地下经济的表现形式。地下经济并不会产生新的商品或产生新的服务类型。而只是重新分配已经存在的财富或财产。由于地下经济活动不产生有益于社会的利润，其对国民生产总值没有直接影响。然而地下经济活动可能引起司法部门的关注，主要因为这类行为逃避了税收部门的监管，不利于国家关于国民收入的统计。地下经济是一种非正常市场行为，也是一种基于市场发生的可能涉及犯罪的行为，这一特点值得高度关注。违反刑事法规的地下经济活动至少比涉嫌民事领域的犯罪或违反税法的犯罪更具有秘密性，而且地下经济行为在价值评判上也与这两类犯罪不同。[1]

地下经济活动具有显著的逐利性，国外一些国家或地区对此专门规定了“重利罪”。例如《德国刑法》第302条a规定了“重利罪”，主要在于保护整体的经济秩序和个人的法益。“重利罪”的本质在于行为人利用被害人的弱点或处于劣势地位，如处于急迫、轻率、无经验、缺乏判断能力的情形下，借由所谓的法律行为希望获取与市场行情显然不相当的对价或者约定给付这种对价，并且规定只要当事人之间有此种契约签订的行为，就已经符合构成要件该当性。很显然，德国关于“重利罪”的规定模式采取的是具体危险犯，这体现出了《德国刑法》对处于经济劣势地位的弱者的保护。其中常见的信用重利是指放款而收取过高利息的行为，即重利盘剥的行为，与市场行情不相当的利息就被认定为重利。德国的立法以及德国联邦最高法院

〔1〕 See R. T. Naylor, “The Rise and Fall of the Undeground Economy”, in *The Brown Journas of World Affairs*, Winter/Spring 2005, Volume XI, Issue 2, pp. 133 ~ 134.

都没有规定重利的确切标准，不过在德国的司法实务中，行为人出借金钱，所要获取的利息，如果超出年利率的100%，就可以被认定是明显的重利。[1]“重利罪”所要处罚的行为有：租赁重利、信用重利、中介重利以及其他类型重利，这些重利的共同前提是必须有双务契约的存在。

国外一般将地下经济具体分为三类：一类是“灰色经济”或“影子经济”，主要是指那些生产经营活动本身是合法的，但没有从国家税务、工商等部门获得相关手续而规避国家监管的经济个体；第二类是“黑色经济”，是指抗税和抗法的经济犯罪，如非法融资、非法博彩和洗钱等；第三类是新型的网络犯罪，主要是指通过网络利用假公司和假投资骗取他人钱财的经济活动。[2]实际上这三种具体类型的地下经济活动大都牵涉到金融领域，例如违反工商部门登记从事金融活动、非法融资和通过地下钱庄洗钱等都是典型的地下金融犯罪活动。这些地下金融为地下经济提供资金融通服务，由于缺乏金融监管部门的监督和控制而极具隐蔽性，因此国外地下经济研究的现状实质上也反映出了国外地下金融的特征和现状。根据国际货币基金组织估计，1998 年的全球地下经济规模约为 9 万亿美元，占全球经济总量的23%，显示了地下经济在整个世界经济中不可忽视的地位和角色。另根据荷兰银行 2001 年 8 月对世界上主要发达国家中的地下经济所占各自 GDP 的比重的统计，德国为4% ~ 27%、荷兰为 6% ~ 18%、意大利为 30%、比利时为 15% ~ 21%、法国为 7%、欧元区整体约为 15%、英国为 3% ~ 15%、

---

〔1〕 参见林东茂：《危险犯与经济刑法》，五南图书出版公司 1996 年版，第 115 ~ 117 页。

〔2〕 参见姚耀、[日] 秋叶良和：《日本地下经济》，新世纪出版社 2013 年版，第 1 页。

美国为2%。地下经济之所以如此大比重地存在，与它对经济的发展有一定的正面作用有很大关系。[1]在国外的相关研究中，与我国地下金融概念较为接近的是“informal finance”（非正规金融），其主要形式有天使融资市场（market angel）、民间自由借贷、企业社会集资、滚动储蓄信贷协会（Rotating savings and credit associations Roscas）和“合会”等。[2]对于这些非正规的金融形式，国外研究的焦点在于哪些金融形式需要规制以及需要怎样的规制，并将非正规金融视为一种可以产生后果的行为或活动，以此作为法律规制的前提。除此之外，非正规金融都是自由的，例如美国强调对非正规金融的结果控制和程序控制；英国则将其对非正规金融规制思想融入市场，通过在市场环境中把政府的“看得见的手”置换为“看不见的手”去施加影响；德国对非正规金融持放任态度，独立法人资格成为非正规金融组织得以生存的基础；法国强调对非正规金融的内容控制和过程控制，采用“联邦式”的制度安排使外部行为内在化；日本也是强调实体控制，要求非正规金融按照政府设计的立项图景来发展。[3]国外关于非正规金融的学术性研究成果，主要有亚洲银行1990年编撰的《非正规金融：来自亚洲的发现》和国际货币基金组织1994年的研究成果《发展中国家的非正规金融市场》等著作。

关于如何解决地下金融的问题，国外侧重于从法和金融的关系展开研究，强调金融市场的调控主要是靠“法治”，形成了

---

〔1〕 参见姚耀、[日] 秋叶良和：《日本地下经济》，新世纪出版社2013年版，第4~5页。

〔2〕 参见高晋康：“民间金融法制化的界限与路径选择”，载《中国法学》2008年第4期。

〔3〕 参见高晋康：“民间金融法制化的界限与路径选择”，载《中国法学》2008年第4期。

一系列学术流派：科斯学派、波斯纳学派、威廉姆森学派以及综合各方面的综合学派。他们的研究主要集中于法律经济学的分析范畴，认为对于金融犯罪，更多的不是靠刑法来调控，而是通过一种转型式思维，基于一种经济学的帕雷托效应，把更多的金融犯罪归入到了民事赔偿和行政惩罚的范畴内，[1]而不是一味地依靠刑事法律来处罚和惩治金融犯罪。

三、研究方法

自20世纪80年代中后期开始，有关地下金融（非正规金融）和地下经济的研究在全球范围内兴起，由于金融自身的复杂性，因此研究有关金融方面的犯罪控制就是一个极具技术性的难题。当然地下金融风险的控制涉及刑法学、犯罪学、经济法学和金融学等多个学科，具有相当的理论深度，并且与国家的经济政策的变化息息相关，具有很强的实践性。为了更好地研究地下金融风险的刑法控制，本书采取了规范分析、案例分析、比较分析、历史分析、实证分析及逻辑推理等研究方法，在宏观分析的基础上，结合法律条文的具体规定进行微观分析，并在搜集相关文献及典型个案的基础上进行案例研析，发现问题后加以讨论，最后形成结论和建议，提出具体、可行、有效的地下金融风险的刑法防制策略。本书将重点采取以下两种方法：

（1）理论与案例相结合的方法。目前不断有地下金融风险案件浮出水面，形成了许多典型的案例，本书选取了近些年发

---

〔1〕 国外有关这方面的研究，主要刊发于美国出版的刊物 *The Journal of Financial Criminal*，该刊物主要是研究金融犯罪的相关理论的刊物，不过里面的文章主要侧重于从类罪上对金融领域的犯罪进行研究，而且近年来的研究的视角更加宽广，侧重于在全球化背景下来研究洗钱犯罪和有组织犯罪等新形式的金融犯罪。

生的很有争议又极具典型的地下金融风险案例，结合案例来讨论地下金融的风险特征和危害实质，并就刑法在规制典型地下金融案件时存在的问题进行分析，以此来阐释刑法在当前控制地下金融风险时的立场、态度和存在的问题及完善路径。

（2）比较分析的方法。对于我国地下金融的研究，本书通过比较我国不同历史时期的金融政策和横向比较其他国家相关法律规定的方法进行研究。本书在比较与借鉴的基础上，提出完善我国有关地下金融刑事政策和地下金融刑事立法的相关规定。

本书还采取了文献分析、法社会学、法经济学等研究方法和有关金融治理最新理论研究成果，并以控制论作为理论指导，认为刑法对于地下金融的风险控制可从两个方面入手：一方面是对严重危害金融管理秩序的行为，如洗钱、经济诈骗等行为需要运用刑法手段予以打击和调整；另一方面是对游走在合法与非法边缘的“灰色地带”的地下金融行为，应运用民事责任和行政手段予以解决，刑法不得任意介入。地下金融的泛滥是由于当前经济发展与现实经济制度不匹配所致，我们应当修正制度政策，使之符合经济发展的需求。本书将在系统分析与研究的基础上，对我国金融犯罪规制的完善和监管的体系化进行探讨和研究。

四、研究特色

在我国的计划经济时期，国内金融业的发展比较滞后，相应的关于金融犯罪方面的研究并不深入。自从我国的经济体制转型和社会主义市场经济秩序建立后，我国金融业得到了迅猛发展，相关的从业人员迅速增加，使得金融在国民经济发展中发挥的作用越来越重要。在全球金融结构大变迁的背景下，中国的金融结构呈现出两大趋势：一是资本市场的发展加速，二是商业银行越来越注重和资本市场的对接。这种金融结构变迁的市场化趋势推动着中国以商业银行为主体的传统金融体系向以资本为中心的现代金融体系演进。〔1〕但由于我国受金融垄断体制的影响，金融资源配置严重不公，使得中小微企业长期患“融资饥渴症”，“中小企业多但融资难”“民间资金多但投资难”的“两多两难”问题，导致近年来陆续出现了诸如浙江的“吴英案”、内蒙古的“石小红案”和“金利斌案”等地下金融风险案件。〔2〕针对不断爆发的地下金融犯罪风险对国家金融秩序的破坏以及对社会稳定的影响，政府虽然采取了一些针对性措施，但由于未能冲破僵硬的金融体制窠臼，因而效果并不明显，尤其是当代网络社会的特殊环境，导致地下金融的监管和规制更为复杂，监管的难度也进一步增大。当前存在的突出问题是：在社会主义市场经济体制尚不健全的情况下，市场的部分主体的合理的金融需求无法通过正规的金融渠道得到完全满足，这必然催生出游离于我国正规金融体系之外的“市场”以

〔1〕 参见谈李荣：“金融结构变迁与法律回应——基于法与金融学的视角”，载郭锋主编：《金融服务法评论》（第1卷），法律出版社2010年版，第25页。

〔2〕 近些年来，由于民间经济活动对融资的需求不断增加，民间借贷大量兴起，但由于法治缺位和信用缺失，致使因借贷引发的犯罪行为不断出现，轰动效应最大的两起案件分别为浙江的“吴英案”和湖南的“曾成杰案”（这两起案例将在后文中予以详细分析和具体论述）。除这些明星企业家涉及的大案要案外，还有一些普通百姓甚至是退休老年人引发的地下金融案件，例如广东省深圳市一位年逾六旬的邹秦和她不到40岁的女儿邹鑫，被深圳民间资本圈拉入黑名单。2013年7月31日，邹鑫及其弟邹锐一同收到深圳市罗湖区人民法院的传票。邹秦和其儿女三人及其名下公司，近两三年涉及民间借贷纠纷起诉案数十起，案件涉及金额近两亿元。他们采取古老的“拆东墙补西墙”手法，注册十来个空壳公司，并借助普宁政府工程，打造“产业庞大”的幻象，让诸多债权人趋之若鹜。在邹氏繁杂的借贷链条上，除了数十个民间债权人，还包括西农商行、华夏银行、平安银行和宗申动力等大型机构。据统计，邹秦疯狂集资至少15亿，被业内称为“深圳吴英案”。参见宋佳燕：“邹秦疯狂集资数十亿 银行信托卷入”，载 http://finance.eastmoney.com/news/1344,20131014328727313.html，访问时间：2013年11月3日。

及非法经营金融业务的行为。因此，我国在完善金融市场时，应充分尊重市场发展的规律，注重把自上而下的制度设计和自下而上的博弈均衡有机结合到一起。[1]本书主要立足于从刑事政策角度对地下金融进行价值评判，并从刑法规范层面对地下金融的定罪量刑进行分析。

本书的创新之处主要体现在以下几点：

（1）厘清地下金融概念，明确刑法控制地下金融风险的类型。“地下金融”包括“灰色金融”和“黑色金融”两个部分，“地下金融”一词带有一定程度的贬义色彩，在使用“地下金融”一词时，实际上暗含了更多的违法乃至犯罪的行为。由于风险是金融所固有的特征，刑法对金融的风险应区别性介入，否则容易对金融的自由发展造成破坏。地下金融属于广义金融的范畴，本身也具有多种风险类型，刑法所关注的地下金融风险主要是指体制性和机制性风险，是由于市场经济体制不完善或尚未根本建立，行为人利用规则的不完善和监督的不到位而实施金融活动而导致的风险，刑法基于特殊预防和一般预防的功能来有效控制地下金融的风险。处理地下金融活动的有效对策是采取“区分原则”，对于地下金融中的“黑色金融”活动应当采取积极有效的方式予以惩治和规范，而对于地下金融中的“灰色金融”和其他一般违法性金融活动的规范方式则应当灵活多变，规范的效果应当是有利于社会经济的发展。

（2）刑法处置地下金融风险时应确立安全与效益并重的价值选择。地下金融的产生涉及政治、文化等因素，更有金融抑制和轻商主义倾向的政策压制，现行的刑法制度侧重对金融秩序破坏行为的打击，却忽视了对市场规律的尊重和对个人权益

---

〔1〕 See Franklin Allen, Jun Qian, Meijun Qian, “Law, Finance, and Economic Growth in China”, in *Journal of Financial Economic*, 2005, 7.

的保护。本书主要立足于从刑事政策角度对地下金融风险进行价值评判和从刑法规范层面对地下金融的定罪量刑进行分析，并在司法层面作限缩性解释，以体现刑法的谦抑性 。

（3）地下金融风险犯罪化的界限与标准在于风险识别与风险量的大小判断。风险实质上是指对法益具有侵害性，即某一行为的风险量已达到具有刑法否定性评价的意义。按照风险控制的相关理论，在判断风险的大小时，具有决定意义的应当是引起风险的后果本质及其严重性。行为人制造了不被允许的地下金融风险，且该地下金融风险实现了危害结果的发生，会严重侵害国家法律所保护的金融秩序、金融安全与和投资者权益，这是运用刑法手段控制地下金融风险的正当性基础。刑法对地下金融活动的准确而及时的介入的目的是：一方面通过刑法的惩治功能消除地下金融集聚的已有风险，另一方面利用刑法的预防功能防范地下金融潜在的未来风险。地下金融风险入罪的具体判断标准在于某一地下金融活动的不法行为会对“国家整体的金融秩序”产生危害，才能被视为地下金融犯罪，如果地下金融所引起的风险与“国家整体的金融秩序”无关或者危害性较小，即使涉及纠纷的财产数额巨大，也不能被视为地下金融犯罪，不得予以犯罪化。

（4）在研究的方法上，突破传统的纯粹论述的方式，采用一定的案例分析法和历史比较的分析方法，对地下金融的问题展开论述。在参考文献的使用上，参考和借鉴经济学和金融学等相关资料，并注重借鉴国外以及我国台湾地区的相关文献资料，突出参考资料的新颖性和针对性。

第二章

地下金融概述

一、地下金融的概念和特征

地下金融作为一种因资金供需矛盾而产生的脱离金融监管的经济现象，存在于不同经济水平的国家和地区，这种经济现象尤其常见于经济法规尚不健全的发展中国家和地区，这类经济活动在此地区将会盛行且屡禁不止。金融有广义和狭义之分，广义的金融是指一切与信用货币的发行、保管、兑换、结算和融通有关的经济活动，而狭义的金融专指信用货币的融通。地下金融属于广义的金融形式之一，地下金融的存在会对一个国家和地区的正常金融秩序产生巨大的冲击。

（一）地下金融的概念

很多国家和地区都把谋求高回报的出资行为规定为犯罪。许多国家和地区都将正规金融活动以外的金融活动形式统称为“非正规金融（Informal Finance）”。在西方国家，地下金融主要是指“黑色金融”，目的是为了逃避税收和社会义务。〔1〕按照

〔1〕《意大利刑法典》第644条将“以任何形式要求他人向自己或其他人给付或者许诺给付高利贷性质的利息或其他好处”规定为高利贷罪；《丹麦刑法典》第282条也规定了高利贷罪。在日本，“在交易上一般所使用的讨价还价的范围内，即

国际上的规范称谓，一般是将民间非正规金融、地下金融和非法金融统称为“未观测金融”。因此地下金融属于“未观测金融”的类型之一，它是与公开的、合法的“地上金融”活动相对应的概念。从事地下金融活动的组织没有合法身份，属于无牌照、无资质信用机构，处在隐蔽状态，如地下钱庄、高利贷等都是地下金融行为。在我国台湾地区，凡违反法规规定或是法规并未明文规定的金融交易均属于地下金融范畴。[1]台湾地区最早的地下金融形式表现为当铺、地下钱庄、民间抬会等。到了20世纪70年代，台湾地区出现了租赁公司、分期付款公司、公司收受职工存款等新形式。而从20世纪80年代至今，地下投资公司则发展活跃。[2]台湾地区的地下金融的构成要件包

（接上页）便多少有些夸张和歪曲事实的情况，但只要没有达到通常会使对方陷入错误的程度，就不能说是欺骗行为”。在美国，“刑法典明确不处罚吹嘘广告，如果这个陈述不会欺骗一般人的话”。换言之，美国对于足以欺骗一般人的金融行为是要予以刑法处罚的。我国香港地区《放债人条例》第24条规定：“任何人以超过年息60%的实际贷款利率贷出款项的，即属犯罪。”参见高艳东：“诈骗罪与集资诈骗罪的规范超越：吴英案的罪与罚”，载《中外法学》2012年第2期。

〔1〕　参见郑迎平：“台湾的地下金融”，载《中国国情国力》1994年第9期。另外，根据我国台湾地区“银行法”（2004年2月4日修正）第29条规定：“除法律另有规定者外，非银行不得经营收受存款、受托经理信托资金、公众财产或办理国内外汇兑业务。违反前项规定者，由主管机关或目的事业主管机关会同司法警察机关取缔，并移送法办；如属法人组织，其负责人对有关债务，应负连带清偿责任。执行前项任务时，得依法搜索扣押被取缔者之会计账簿及档案，并得拆除其标志等设施或为其他必要之处置。”该“银行法”第125条第1项还规定了相应的处罚：“违反第二十九条第一项规定者，处三年以上十年以下有期徒刑，得并科新台币一千万元以上二亿元以下罚金。其犯罪所得达新台币一亿元以上者，处七年以上有期徒刑，得并科新台币二千五百万元以上五亿元以下罚金。经营银行间资金移转账务清算之金融信息服务事业，未经主管机关许可，而擅自营业者，依前项规定处罚。法人犯前二项之罪者，处罚其行为负责人。”这是台湾地区涉及地下金融活动而违反银行业务管理的明确规定及处罚措施。

〔2〕　参见郑迎平：“台湾地下金融的发展及整治对策”，载《国际社会与经济》1994年第10期。

括：①客观要件。行为方式为：第一，经营收受存款；第二，受托经理信托资金、公众财产；第三，办理国内外汇兑业务，这些行为造成的结果是扰乱了金融秩序并破坏了金融业特许经营制度。②主观要件：非银行业之法人或个人明知非银行不得经营收受存款、受托经理信托资金、公众财产或办理国内外汇兑业务等须经政府特许经营之证券业务，并有意经营前述业务。〔1〕

我国有学者认为，所谓地下金融就是一种不公开、非正规、未受法律保护的金融行为和方式。〔2〕也有观点认为，地下金融是指没有获得金融监管部门许可的非法金融活动形式，尤其是在广大农村和城乡接合部，其表现形态随着农村经济的发展而不断变化。〔3〕另有论点认为：“地下金融是指货币金融当局以及统计核算部门未观测到的金融活动及其相关的金融组织、市场等金融要素与运行机制。”〔4〕还有论点认为：“地下金融，又称民间金融、非正规金融，是没有得到金融监管部门许可的金融机构及金融活动的总称。”〔5〕在我国经济转轨时期，由于计划经济与市场经济并存，在金融领域广泛存在着一种地下的金融形式，这是一种不公开、非正规和未受法律保护的金融，这种地下金融可以被区分为“灰色”与“黑色”两类。灰色金融由于能够促进经济的发展，应引导其规范发展；而黑色金

---

〔1〕 参见詹德恩：《金融犯罪的克星——金融调查》，三民书局 2011 年版，第 49～50 页。

〔2〕 参见江曙霞：《中国地下金融》，福建人民出版社 2001 年版，第 2 页。

〔3〕 参见朱泽：“我国地下金融发展状况和治理对策”，载《南方农村》2003 年第 5 期。

〔4〕 李建军：“地下金融规模及其对宏观经济影响分析”，载《中国金融》2005 年第 4 期。

〔5〕 章和杰、孟宇斐：“参考台湾经验规范地下金融——以浙江为例”，载《经济论坛》2007 年第 23 期。

融，如洗钱或套汇行为等，由于具有社会危害性，所以应坚决予以取缔。因此从广义来看，地下金融应是指除合法金融以外的金融形式，包括“灰色金融”和“黑色金融”，而狭义的地下金融则是指法律予以禁止的“黑色金融”。〔1〕我国目前普遍将非法吸收公众存款和集资诈骗等非法集资案件称为“地下金融”案件，或称为“民间金融”案件、“草根金融”案件，从目前的法律范畴来分析，地下金融和非正规金融的内涵基本一致。

笔者认为，结合我国关于地下金融这一概念使用的情况来看，地下金融应当是指未被现行法律法规明确规定的金融方式。从表现形式上来看，其具有隐蔽性和欺骗性；从法律属性上看，其具有模糊性和非法性。地下金融应包括“灰色金融”和“黑色金融”两个部分，其中“灰色金融”需要引导和发展，而“黑色金融”则应由刑法进行调整和规范。但应当注意的是，“灰色金融”会向“黑色金融”转变，例如合会通常被认为是“灰色金融”，合会的会首起初是本着互助互利的目的来进行资金运作。但发展到后来，为了获得更多利润，其有可能实施非法吸收公众存款或者集资诈骗等行为，甚至是携款潜逃，从而触犯我国刑法的相关规定，“灰色金融”便变成了“黑色金融”。

地下金融与非法金融和民间金融等有着不同之处，为了更好地厘清地下金融的概念和特征，笔者在下面将对与地下金融有关的概念进行界定与比较。

1. 民间金融

民间金融是指在国家金融管理部门批准设立的金融机构及“体制内”金融或“正规金融”以外的，没有被纳入政府监管

〔1〕 参见江曙霞：《中国地下金融》，福建人民出版社 2001 年版，第 4 页。

范畴的金融组织和金融行为。其形式包括个人、企业和个人与企业之间的借贷行为，各种合会、标会、地下钱庄，甚至洗钱、资金和外汇黑市交易和金融诈骗等各种方式的金融行为。[1]对于民间金融的界定，国内学者大多以资金运行的金融活动是否被纳入国家的金融监管体系作为判断标准，有时将民间金融与地下金融作词义上的等同使用。当然也有学者将金融主体的所有制属性作为标准以界定民间金融这一概念，认为民间金融的内涵和外延最大，非正规金融和地下金融都被包括在其中。[2]民间金融在世界各国，特别是在发展中国家广泛存在。就我国而言，民间金融在农户和农村小型企业中的融资功能甚至超过了正规金融部门。民间金融作为正规金融的补充，起到了提高资金配置效率和促进资金流动的作用，这种民间信用是一种独特的非官方、非法律承认的金融往来形式，在我国经济转轨的特殊时期，是市场货币需求与市场货币供给共同要求的产物，同时还是一种社会现象，是在低级的民间借贷关系的基础上，承继传统文化和适应社会变迁的结果。[3]我国现代意义上的民间金融是随着改革开放后的民营企业和商品经济、市场经济的变迁而发展起来的。与正规金融不同，民间金融的“法外运行”特征，决定了其更强调道德调整与社会约束，以确保偿还机制的实现，因此民间金融是一个由血缘、地缘和业缘组成的有机体，且不同的组织体之间存在着一定的差异。“通过道德的社会化，民间信用力图在组织内部建立起成熟、完美的道德体系，

〔1〕 参见张元红等：《中国农村民间金融研究——信用、利率与市场均衡》，社会科学文献出版社2012年版，第15页。

〔2〕 参见王相敏、张慧一：“民间金融、非正规金融、地下金融：概念比较与分析”，载《东北师大学报（哲学社会科学版）》2009年第6期。

〔3〕 参见江曙霞、马理、张纯威：《中国民间信用——社会、文化背景探析》，中国财政经济出版社2003年版，第6~7页。

为组织的正常运转创造条件。”〔1〕这是民间金融自我保护和自我发展的一个重要制度保障。但我们须时刻注意民间金融的道德风险和逆向选择，由于民间金融更多靠自律，缺乏明确的法律保障，故而从维护和保障利益的角度出发，大多民间金融组织都会创设一些追缴机制来打击违约行为，但往往由于其行为方式的不合法性，例如采取非法拘禁等强制方式索取债务导致这些追缴机制又极易产生新的社会问题。民间金融满足了市场不同主体的需求，能够弥补正规金融的不足，可以对市场机制的发展和完善起到积极的推动和促进作用，但由于民间金融并未得到政府的正式认可，难免带有一些不规范的运行特征，再加上运行机制和资金实力的因素，所以民间金融也会产生一些风险。民间资本与金融业务融合，虽然给民间资本开辟了一条道路，但也给正常的金融秩序带来了冲击和影响。〔2〕目前与金融业务相关的民间资本容量很庞大，除以参股金融机构、组建小额贷款公司等方式合法进行金融业务外，还有大量游离于金融监管之外的民间资本。民间金融中最为典型的是民间借贷，所谓民间借贷是指自然人、法人、其他组织之间及其相互之间进行资金融通的行为。〔3〕因之，民间借贷实质表现为自然人之间、自然人与企业及其他组织之间，由一方将资金借贷给另一方，另一方到期返还借款并按照约定支付利息的民事行为。按照利率高低民间借贷可以被划分为三种类型：白色借贷（友情借贷）、灰色借贷（中等利率水平借贷）、黑色借贷（高利息借

---

〔1〕 江曙霞、马理、张纯威：《中国民间信用——社会、文化背景探析》，中国财政经济出版社 2003 年版，第 25 页。

〔2〕 参见李明岩：“金融改革重在滤清地下金融之水”，载《中华工商时报》2013 年 9 月 4 日。

〔3〕 参见 2015 年 9 月 1 日起施行的《最高人民法院关于审理民间借贷案件适用法律若干问题的规定》（法释［2015］18 号）中的第 1 条之规定。

贷）。民间借贷一般较为隐蔽而分散，利率也高低不一，统一管理难度较大，其中黑色借贷风险最大。〔1〕有关民间借贷的规定最早见于我国《民法通则》第 90 条："合法的借贷关系受法律保护。"这条规定强调了借贷关系受法律保护的前提条件是合法，所谓合法，即不得违反国家法律和行政法规等强制性规定。〔2〕由于民间借贷注重人情与信用，再加上其便捷的手续，因而很受私营企业及个体经营者的青睐。从民间借贷的利率来看，较高贷款利率普遍存在，超过了银行同期利率的 4 倍，这也是民间借贷存在争议的主要原因。常见的以"标会"等形式向不特定多数人非法筹集资金的行为和以向他人出借资金牟利为业的"地下钱庄"等从事的借贷行为以及其他违反法律、行政法规强制性规定的借贷行为均应被认定为无效，涉嫌集资诈骗、非法设立金融机构等犯罪行为的，应按照相应的规定处理。

基于民间金融在现实经济生活中的积极功能，不论是理论界还是新闻媒体，在使用"民间金融"一词时并不带有否定的

〔1〕 参见潘昌尚：《金融黑箱——对金融信用和秩序的挑战》，中信出版社 2001 年版，第 240 页。

〔2〕 在此之后，最高人民法院于 1991 年 8 月 13 下发了《关于人民法院审理借贷案件的若干意见》，以司法解释的形式要求公民之间的借贷纠纷，公民与法人之间的借贷纠纷以及公民与其他组织之间的借贷纠纷应作为借贷案件受理。民间借贷的利率可以适当高于银行的利率，各地人民法院可根据本地区的实际情况具体掌握，但最高不得超过银行同类贷款利率的 4 倍（包含利率本数）。超出此限度的，超出部分的利息不予保护。出借人明知借款人是为了进行非法活动而借款的，其借贷关系不予保护。最高人民法院于 1999 年 2 月 13 日起施行的《关于如何确认公民与企业之间借贷行为效力问题的批复》（法释［1999］3 号）。该批复规定："只要双方当事人意思表示真实即可认定有效。但是，具有下列情形之一的，应当认定无效：（一）企业以借贷名义向职工非法集资；（二）企业以借贷名义非法向社会集资；（三）企业以借贷名义向社会公众发放贷款；（四）其他违反法律、行政法规的行为。"

色彩，[1]认为民间金融应当是“一种合理的存在”，其形式并不违反法律的明确规定，尤其是不会触犯刑法的规定；而“地下金融”一词就带有一定程度的贬义色彩，从词义分析来看，“地下”本身就意味着“阴暗”，缺乏透明度，需要阳光来“消菌杀毒”。在使用“地下金融”一词时，实际上暗合着包含了更多的违法乃至犯罪的行为，因此“地下金融”与“民间金融”两者在内涵上是有差别的。

2. 灰色金融

所谓灰色金融，是指现行制度和法规并没有规定，但却实际上适应和有助于市场经济发展要求的金融活动。对于发达国家而言，由于其已建立了完整的商业银行体系，其灰色金融现象很少，且多集中于金融创新和非银行金融业领域。而在发展中国家，由于其国民经济货币化程度较低，为了维护国家的金融安全和保持经济的稳定发展，不得不对金融进行全面管制，这使得一些新兴的金融只能处于灰色状态。[2]因此，灰色金融的出现，既表明了被极速发展的市场需求推动而迅速发展的金融与相对落后的法律法规不相适应，又反映了金融监管部门出于对金融创新易引发风险的担忧而对金融业的创新采取谨慎的态度。我国灰色金融的出现主要由于目前我国的金融市场还不够成熟，金融领域里的计划经济色彩仍然浓厚。灰色金融的不公开性及其在整个金融体系中的尴尬地位，在于灰色金融与现行体制的不相适应。灰色经济的存在，提供了信贷计划以外的

---

〔1〕 关于“民间金融”合法化的呼声一直很高，这源于民间金融为中小企业提供了大量发展资金，使之与官方银行形成良性的互补式竞争，很多学者因此认为实现民间金融合法化为大势所趋。

〔2〕 参见章晓虎：“我国当前的灰色金融论”，载《财贸经济》1996 年第 3 期。

金融渠道和方式，使得资金能及时流入市场，这在一定程度上推动了市场经济的发展。因此“灰色金融”的存在仅是合理但不合法，由于民间集资、金融合会和私人钱庄等灰色金融能不同程度地适应市场经济发展的需要，因此发展迅速且规模愈来愈大。

灰色金融在不同的市场里存在的形式各异：在民间借贷市场，主要表现为从事生产的借贷钱庄和私人银行；在外汇市场，主要表现为民间买卖、期货交易和私自加价买卖外汇；在黄金市场，主要表现为民间买卖、无经营权的金饰品营业；在债券市场，主要表现为国库券倒卖、企业未经批准的集资；在股票市场，主要表现为未经批准擅自发行内部股票；在资金拆借市场，主要表现为不符合当时法规的拆借活动。〔1〕灰色金融的发展是一个动态的过程，其可能随着市场经济发展的需要取得合法资格而继续生存发展下去，当然灰色金融也可能在发展过程中过分追求利益，导致发展方向偏离而彻底转化为黑色金融。因此，对于灰色金融应当合理引导和规范，应扬其所长，避其所短。

3. 黑色金融

所谓黑色金融，是指金融活动本身既不符合现行法律和金融制度的规定，又对市场经济发展具有破坏作用。“黑色金融”的存在既不合理也不合法，黑色金融活动引起的高利贷、金融诈骗和洗钱等违法犯罪活动容易给社会带来严重的危害。

黑色金融在不同的市场有不同的表现形式：在民间借贷市场，主要表现为消费性高利贷、利用公款放高利贷、抬会诈骗、骗取银行贷款后放高利贷和地下钱庄的诈骗活动等；在外汇市

---

〔1〕 参见朱德林、胡海鸥：“我国灰黑色金融范畴”，载《外国经济与管理》1994 年第 9 期。

场，主要表现为诈骗性炒汇，通过驻外机构逃汇、套汇；在黄金市场，主要表现为勾结境外黑社会走私黄金、实施假金品诈骗活动；在债券市场，主要表现为以发行债券为手段的集资；在股票市场，主要表现为挪用公款炒股、利用其他非正常资金炒股和实施的证券欺诈犯罪活动。在资金拆借市场，主要表现为贷款回扣、开白条和炒白条等。〔1〕黑色金融由于具有天然的违法性，对社会经济的发展具有破坏作用，因此即使市场经济会持续发展，监管政策也会不断调整，黑色金融依然不会有合法存在的可能性。

4. 非正式金融

自经济人类学家肯思·哈特（KeithHart）首次提出“非正式经济”的概念后，在金融领域也出现了“非组织金融”和“非制度金融”等一些新的术语。到了20世纪80年代末90年代初，“非正式金融”一词逐渐取代了这些术语成为统一用语。目前，非正式金融在世界各国的经济生活中广泛存在，不仅存在于美国和西欧等发达国家，而且发展中国家的非正式融资活动也非常活跃。〔2〕从金融发展的历史来看，正式金融来源于非正式金融，非正式金融是正式金融的初级形式或原始形态，正式金融是非正式金融经法律制度确定后的产物。〔3〕根据非正式金融的作用和影响，可以将其分为四种类型：一是积极型非正式金融，即对经济发展具有正面作用且有望于政策松动后合法化的金融活动。二是中性的非正式金融，即既有积极作用又有

〔1〕 参见朱德林、胡海鸥：“我国灰黑色金融范畴”，载《外国经济与管理》1994年第9期。

〔2〕 参见王书芬：“非正式金融研究综述”载《沿海企业与科技》2009年第10期。

〔3〕 参见张宁：“试论非正式金融”，载《当代财经》2002年第11期。

破坏作用的金融活动。三是消极型非正式金融，即具有明显消极作用的非正式金融活动。四是破坏型非正式金融，即有损于正式金融、积极型金融和中性非正式金融发展的金融活动。[1]

"非正式金融"是相对于"正式金融"而言的概念，通常是指以个人信用为基础，在国家金融法律法规调控之外且不受政府金融部门控制和监管的一种金融方式。[2] 非正式金融的形式多种多样，有民间自由借贷、各种基金会、私人钱庄、典当行及各种"Rotating Savings and Credit Associations"（简称 ROSCAs，类似我国的合会组织）等。[3] 例如，我国当前存在的许多金融机构如典当行等，它们虽然经过了工商管理部门的登记注册，但却在国家正式的金融管理体制之外。再如按照《最高人民法院关于审理借贷案件的若干意见》的规定，在借贷双方当事人意向明确，借贷行为合法有效且借贷利率不超过同期银行贷款利率的 4 倍的情形下，借贷是受法律保护的，这也是一种典型的非正式金融。我国早期的农村基金会是公开的非正式金融组织，虽然农村基金会成立的初衷是为了解决农村资金短缺和融资困难等问题，但农村基金会在运行中也暴露出了问题：一是产权模糊，基金会是合作制集体经济组织，产权归属不明确；二是行政干预，容易被干涉或操纵，未能按照金融业的正规要求运行；三是基金会人员素质和管理水平低，致使基金会的风

---

〔1〕 参见王书芬："非正式金融研究综述"，载《沿海企业与科技》2009 年第 10 期。

〔2〕 参见韩克勇："我国非正规金融监管方式研究"，载《福建论坛（人文社会科学版）》2009 年第 4 期。

〔3〕 参见林毅夫、孙希芳："信息、非正规金融与中小企业融资"，载《经济研究》2005 年第 7 期。

险增加。[1]另外以一般工商企业性质存在的小额贷款公司，以及新兴的网络借贷企业（P2P）等皆是非正式金融的典型形式。实质上，非正式金融也并不是一味强调效益，其也会在风险与效益之间寻求平衡。在有些情形下，非正式金融与地下金融在用语上实际在作等同使用，都强调不满足正规金融的标准，不符合相关法律的规定。[2]

5. 非法金融

非法金融表现为没有获得金融业务许可证的企业开展的金融业务，非法金融活动带有明显的欺诈性。非法金融根植于地下金融，它是地下金融的一个方面或一个部分，几乎大部分地下金融都包括非法金融与民间金融两种性质，很难采用单一性或排他性原则区分其组织的实际属性。

人们对于非法金融的含义有不同的认识。有观点认为，按照产生的基础不同，非法金融可分为两类：一类为“灰色金融”，虽然未被现行法律所肯定，但其存在有其客观经济基础，能够弥补正规金融之不足；另一类是“黑色金融”，即真正意义上的非法金融，其存在的基础是恶性投机和获取非法利益的需要，为法律规定和道德规范所不容，是应当坚决予以打击和取缔的。[3]笔者不太赞成这种分类，因为灰色金融实质上介于合法与非法的模糊边缘，不能直接界定为非法金融。因此就当前的中国语境而言，争议较多的“民间金融”才是“灰色金融”的典型形式，而“非法金融”的金融活动或形式不符合法律规

〔1〕 参见李建军主编：《中国地下金融调查》，上海人民出版社2006年版，第106页。

〔2〕 本书在使用“地下金融”一词与“非正规金融”一词时，在语义上基本作等同使用，行文过程中有等同使用的，不再予以特别说明。

〔3〕 参见江曙霞、马理、张纯威：《中国民间信用——社会、文化背景探析》，中国财政经济出版社2003年版，第134页。

定或制度要求，其违法性的特征是显而易见的，“黑色金融”应包含在“非法金融”内。因此，处理地下金融活动的有效对策是采取“区分原则”，对于非法金融中的“黑色金融”活动应当采取积极有效的方式予以打击和规范，而对于非法金融中的其他一般违法性金融活动的规范方式则应灵活多变，规范的效果应当是有利于社会经济的发展，同时倒逼正规金融自身的不断健全和完善。

（二）地下金融的特征

地下金融具有现实存在的意义，它的便利与灵活促进了我国的民营经济特别是沿海部分地区经济的发展。尤其是最近几年，我国地下金融随着民营经济的崛起而迅速发展起来。但与此同时，地下金融也对国家传统的金融体系和金融管理体制提出了挑战，并引发了一系列的经济和社会问题。有学者认为，地下金融具有五个特征：处于国家宏观调控之外与金融当局监管之外、官方的统计表中未予披露、具有非法存在形式、未尽纳税义务、具有隐蔽性。[1]但从地下金融的发展变迁来看，笔者认为地下金融有其存在意义、生存的基础和潜在的风险，这应该是地下金融最为基本的特征。

1. 信用——地下金融的生存基础

“信用是金融活动得以顺利进行的支撑性因素，信用风险的强弱直接决定了金融风险的高低。”[2]许多金融犯罪风险往往是发生在熟人之间，这是利用了人与人之间的信任与信用关系。根据英国伦敦市警察局 2011 年关于金融犯罪的统计，实施金融犯罪的行为人往往是被害人的家庭成员、朋友、家庭护理员和

---

〔1〕 参见江曙霞：《中国地下金融》，福建人民出版社 2001 年版，第 3～4 页。

〔2〕［德］于尔根·费里德里西斯：“全球化——概念与基本设想”，载张世鹏、殷叙彝编译：《全球化时代的资本主义》，中央编译出版社 1998 年版，第 3 页。

其他亲近的人。行为人漠视被害人的利益，利用游说等方式，巧妙挪用他人财产、实施非法交易或实施大众营销诈骗，这正是利用了被害人对行为人的信任。〔1〕

诚实守信是中华民族的传统美德，我国古代一直推崇儒家思想，其核心——“中庸”与“忠信”——被誉为处事原则和做人标准。在传统社会，由于受空间和资源的限制，人们的信用往往局限于熟人之间。新中国成立以来，随着我国公有制经济主导地位的确立，社会信用集中体现为高度的政府信用，但改革开放以后，随着社会主义市场经济秩序的建立，社会对信用交易的需求增大，信用交易的方式也日益增多。〔2〕地下金融得以生存的基础便在于信用，一个理性的人参与地下金融活动首先考虑的应当是其资金的安全性。在地下金融活动缺乏明确法律保护的前提下，判断资金是否安全的标准就在于对实施地下金融活动行为人信用的考察和判断。例如原包头市惠龙商贸有限责任公司董事长金利斌以惠龙商贸的名义从事非法集资等地下金融活动。虽然不少人并不熟悉金利斌，但是因为投资者看重惠龙商贸是当地的明星企业，再加上金利斌个人的明星企业家光环，明星企业与明星企业家形成的信用标签促使人们将金钱投入以非法集资方式进行融资的地下金融活动，造成了大量投资者的损失。可见，虽然地下金融的生存根基在于信用，但缺乏明确法律保障的地下金融活动的信用基础却并不坚实。

---

〔1〕 See City of London Police, *Assessment*: *Financial Crime Against Vulnerable Adults*, Published by the Social Care Institute for Excellence in Great Britain in November 2011, p. 5.

〔2〕 参见全国整顿与规范市场经济秩序领导小组办公室、北京大学中国信用研究中心：《中国信用发展报告》，中国经济出版社 2006 年版，第 3 ~4 页。

2. 利润——地下金融追逐的目标

地下金融存在的最直接也是最主要的原因是国家对利率上限的严格管制，这为地下金融创造了获利的空间。地下金融一直有着较高的利率，例如 1988 年之后，我国浙江省温州的民间借贷利率一直维持在月息 3 分左右；在我国台湾地区，民间利率一直都是银行利率的 2 倍，从 1964 ~ 1994 年，台湾地区的民间利率（年息）在 20% ~ 30% 之间，而同时期的银行存款利率在 5% ~ 14% 之间；在非洲各国，不同形式的民间借贷的利率差别较大，其中“moneylenders”的贷款利率最高，而不同国家“moneylenders”的贷款利率相差很大，例如在非洲的加纳，月息在 8% 左右，而在马拉维（Malawi），月息可达到 50%。[1]我国在 20 世纪 90 年代初，由于国家和各个部门及地方政府的大力推动，当时各种类型的基金会、乡镇信用社和邮政储蓄等金融机构盲目扩张，一度使我国金融机构的数量超过了均衡边界，导致各种金融组织之间的无序竞争，降低了金融资源的配置作用。近些年来，通胀高起使得民间借贷利率水平水涨船高，这是费雪效应[2]的体现。在资金价格双轨制的情况下，正规金融体系的资金变成一种可以套利的无风险资产，[3]这是近年来，我国地下金融层出不穷的主要原因。

3. 失信——地下金融的风险根源

各种形式的非正规金融都有自己特定的信息获取方式与合

---

〔1〕 参见林毅夫、孙希芳：“信息、非正规金融与中小企业融资”，载《经济研究》2005 年第 7 期。

〔2〕 所谓费雪效应是由美国著名经济学家欧文·费雪（Irving Fisher）率先提出的，主要揭示了通货膨胀率预期与利率之间的关系，即当通货膨胀率预期上升时，利率也将上升，两者呈现的是一种正向变化关系。

〔3〕 参见陈春良、曲东：“需求冲击、价格虚高与制造业挤出——对当前民间借贷困局的一个解读”，载《浙江社会科学》2011 年第 12 期。

约实施机制，并且都具有一个共同的特征：贷方依靠资金供求双方的人缘、地缘关系或其他商业关系获取关于借方的信息，从而使得非正式金融中信息不透明的借方在向需求方提供融资中具有信息优势。[1]如上所述，地下金融赖以存在的基础在于信用，它以血缘、地缘和人缘为纽带，构建起不同于传统正规金融方式在金融流转中盈利的模式，这种特殊的模式体现了“现身说法”的特点，要比“不可信赖”的媒体、令人生厌的银行经理或者彻头彻尾的陌生人有说服力得多。[2]信用保证的基础首先在于人的道德约束，即人的社会属性使得行为人在决定遵守信用与否时，一般具有一定的发自内心的强制力，这是由于失信会带来社会羞耻感甚至社会排斥所决定的。其次在于法律调整，毕竟道德是一种软性约束，失信后因道德约束的功能无法满足需要，必须依赖法律来恢复因失信而破坏的法律秩序和社会准则。地下金融由于没有外在的制度监管和法律保障，其赖以生存的信用根基极容易遭受破坏，不断爆发的地下金融案件就是由于涉案人放弃先前的承诺，携款潜逃或是将资金挥霍一空又或是挪作他用，导致资金无法归还，从而产生大量的金融风险。

二、我国地下金融的历史沿革

地下金融是一种以经营行为的非正规性、隐蔽性为特征的非正规的金融行为，一个国家或地区的金融体系的发展如果不能适应经济发展的正常需求，就有可能产生地下金融。地下金

---

〔1〕 参见林毅夫、孙希芳：“信息、非正规金融与中小企业融资”，载《经济研究》2005 年第 7 期。

〔2〕 参见［芬兰］卡里·纳尔斯：《一骗千金：史上十大金融欺诈案》，黄福宁译，法律出版社 2013 年版，第 11 页。

融的产生有其历史形成和社会发展的多重背景，地下金融因其独特的补充正式金融的作用和促进经济发展的功能，得以长时间存在并不断发展。由于金融本身具有风险性，正规金融在“理性地偏利性”选择后，自然将存在高风险的金融领域留给了地下金融，使得地下金融从产生之初就带有明显的风险特征。

（一）地下金融的发展变迁

在我国，地下金融有着悠久的历史，繁荣一时，从公元前两千多年的夏商时期，到秦朝统一货币，再到盛唐时期，伴随着国家统一和经济发展，以民间信贷为主要形式的地下金融日渐昌盛。例如，作为地下金融典型形式之一的合会，自唐宋年间产生以后，便在民间逐步兴盛与发达，这种以血缘、地缘和亲缘为纽带的金融形式成了我国传统的民间融通方式。地下金融在我国历久不衰，自然有其存在的内生原因和外部条件。在我国当代社会，地下金融在经济发展过程中仍然发挥着不得不承认的重要作用，根据中国人民银行研究局张健华的推算，我国民间融资额大约在2.5万亿元左右；而学者估计浙江民间融资规模在1万亿元~2万亿元之间。〔1〕近年来，媒体频频爆出我国区域性的地下金融事件，其规模之大、涉案金额之多令人咋舌。例如，作为中国“能源双子星”之一的陕西省榆林市因其具有丰富的煤炭资源而实现了经济的快速发展，一夜之间催生出众多亿万富豪，房价近年来暴涨了十多倍，然而在这个所谓“遍地黄金”的城市，地下金融竟然占整个金融业的八成，在房地产业出现萎靡甚至崩盘倾向时，为了保证社会的稳定，

〔1〕 参见李有星等：《浙江省民间融资问题研究报告》，调研报告（未刊本），第9页，转引自高艳东：“诈骗罪与集资诈骗罪的规范超越：吴英案的罪与罚”，载《中外法学》2012年第2期。

当地政府被迫出手救市。[1]根据金融学的理论，货币供应量是经济金融活动结果的货币表现，从货币供应总量中减掉经济增长所吸收的货币量，所得的剩余量则为非经济增长因素所吸收的货币供应量，从理论上讲，地下金融活动所吸收的货币资金就包含在这个剩余量中。由于地下金融主要是短期资金融通，有学者通过以1年内的贷款增量为基础，计算出2003年全国地下信贷规模介于7405亿元~8164亿元之间。[2]在我国改革开放的20世纪80年代初，我国江浙地区出现了最早的民间金融经济人——“钱中”和“银被”，他们被誉为小规模分散型市场经济下的资金中间人。1985年之后，我国江浙不少地方又陆续出现了“抬会”和“标会”，这种民间互助金融组织在一定程度上满足了当时市场发展的需求。在当时的市场上还存在着银行授信宽松的企业对融资困难企业的“转贷”，俗称“对缝”，即低价吸进资金，高价转贷出去，赚取其中的差价。自从1992年以来，有关地下金融的案件和报道就不断出现，之后随着社会主义市场经济的建立，社会对金融的需求更为强烈，导致脱离监管的地下金融得以更快发展。

1. 地下金融的主要表现形式

地下金融的模式日新月异，风险形式和犯罪样态愈来愈复杂，地下金融案件可谓“案案有不同，件件有花招”，根据地下金融的主要表现形式，解析其特性，有助于更好地认识和规范地下金融。关于地下金融的形式，学者们有不同的划分。有观

---

〔1〕 参见王力凝、黄杰：“地下金融占八成 政府出手救市”，载 http://finance.sina.com.cn/roll/20120428/034611948476.shtml，访问时间：2014年10月12日。

〔2〕 参见李建军等：《中国地下金融规模与宏观经济影响研究》，中国金融出版社2005年版，第83页。

点认为，中国目前的地下金融活动主要包括：地下借贷、农村合作基金会、农村金融服务社、证券业地下融资市场、金融担保合作社、地下彩票和地下保险等。[1]从不断暴露的地下金融风险案例来看，目前我国的地下金融体系主要涉及民间借贷、地下钱庄、典当行以及 P2P 形式的网络贷款平台等。尤其是一些披着合法外衣的地下金融组织，其形式日趋组织化、隐蔽化、系统化和科技化，甚至有与金融机构合流的态势。例如，地下钱庄与担保公司、拍卖行、典当行、中小企业贷款公司等合法金融机构勾结在一起，甚至还跟基层银行相互勾结，从事变相的金融活动。据对浙江省义乌市和东阳市地区的调查，寄售行、典当行、担保公司、投资公司等招牌在这些地方遍地皆是，虽然各自招牌的名字不同，但基本上都会涉及地下金融，且不同的招牌对应着地下金融体系中的不同层次。例如，寄售行开办手续简单，只要求工商登记即可，投入成本很小但按照规定不得融资。寄售行如果仅做正规生意则盈利有限，于是大多从事寄售行业务的人员都会偷放高利贷，他们私下以 3 分利、5 分利从亲友处集资，再以 5 分以上的利息放出去。再例如小额贷款公司本是监管部门意图引导地下金融阳光化之举，但这些地区实际上也在参与地下金融活动。[2]

从融资的对象和形式上，可以将金融方式区分为直接金融方式和间接金融方式，但直接金融方式和间接金融方式各有优

---

〔1〕 参见蒋寒迪、张孝锋：《中国地下金融市场中的利益群体及其博弈分析》，华龄出版社 2007 年版，第 2 页。

〔2〕 参见胡润峰："感受浙江地下金融风险"，载《第一财经日报》2011 年 8 月 29 日。

缺点，资金需求者会根据具体情况来选择不同的方式。[1]从融资方式来看，我国地下金融按照表现形式可以分为间接金融方式和直接金融方式：间接金融方式即是以合会等民间借贷和变相吸收存款的形式，通过储蓄主体将资金存入银行等金融机构作为资金周转载体，由金融机构以借贷等形式来间接实现储蓄到投资的转化的金融方式；直接金融方式则是指个人、企业或单位未经批准通过非法募集股份、发行债券或私募基金等方式来进行融资，具体表现为个人借贷、地下钱庄、企业非法集资和私募基金等。[2]由于我国存在着银行的国有垄断和利率的严格管制，当前的中小企业很难通过银行等间接融资渠道获得资金；相反，这些中小企业为了生存，转而求助于直接融资，对于我国的中小企业而言，通过证券市场进行融资不仅要求严格而且成本高昂，基于此，广泛存在的中小企业就会选择包括民

---

〔1〕 直接金融方式（直接融资）由于是储户和投资者直接面对面的借贷，省略了中间环节，可以节约中间环节中的交易费用。但其不利的地方在于：第一，由于储户直接面对投资者，投资失败的风险也直接由储户来承担，这样投资人面临的风险会更大，当然其追求的风险溢价也会更高。第二，现代直接融资的成本与其规模成反比，如果资金需求规模较小，则直接融资的成本就会很高。间接金融方式（间接融资）的优点在于：由于资金所有人和资金需求者之间不直接接触，资金所有人就避免了直接承担投资的风险，其追求的风险溢价自然就低些，加上金融中介机构的信息优势地位，可以通过选择性借贷来降低其风险，因此，间接融资的风险溢价就会低些。对于有资金需求的个人或企业来说，对于融资方式的选择标准，就在于看其直接融资中所要支付的风险溢价和融资成本是否高于间接融资中的相关机构的运营成本。因此在一个完备的自由竞争的金融市场下，对于大企业而言，因为其融资规模比较大，其信息优势更为明显，在直接融资中所需支付的风险溢价和融资成本会相对较小，则大企业一般会选择直接融资；对于中小企业来说，由于其融资规模较小，而且企业信息基本上属于私人信息，它们通过证券市场融资的成本相对较高，所以，它们可能会选择间接融资。参见王弟海：“银行垄断、利率管制与民企融资难”，载《浙江社会科学》2011 年第 12 期。

〔2〕 参见李建军等：《中国地下金融规模与宏观经济影响研究》，中国金融出版社 2005 年版，第 3～4 页。

间借贷等地下金融的原始的直接融资方式，但在大量地下金融兴起而缺乏完备法律制度保障的情况下，极易发生扰乱金融秩序和破坏社会稳定的地下金融风险事件。

地下金融极具隐蔽性，在我国，目前行为人主要通过以下一些方式来实施地下金融活动，而其中有些方式在形式上还具备合法性，这更增加了识别地下金融和认识地下金融风险的难度。

（1）合会。合会作为中国传统的一种民间信用互助方式，其在各地的称谓不尽相同，例如在山东和江苏北部等地被称为“请会”“聚会”或“集会”，安徽、江西和湖南则称之为“打会”，广东称之为“做会”，浙江称之为“纠会”，云南称之为“赊会”，〔1〕此外还有一些地区将合会称之为“互助会”“呈会”“邀会”等。合会一般由发起人（会首）邀请亲友若干人（会脚或会员）参加，按约定的时间举行，每次各缴一定数量的会款（会钱或会金），轮流交一人使用，借以互助。会首优先使用首期会款，以后依不同方式（如抽签、投标等），决定会员收款（得会）的次序，在每个会员都使用会款后，一个合会即告结束。合会的英文名称被翻译为“Rotating Savings and Credit Association”，意思是“轮转储蓄与信贷协会”。在我国，传统的合会是一种以民间习惯的方式流传于社会，依靠民众的血缘、地缘、信任等因素自我调节的一种资金融通活动。合会具有自身的内部规则即契约，在合会盛行的地方，人们都将合会当成习俗来看待，遵守合会的规则成为一种自然而然的行为。这是由于在不流动或流动性很低的传统社会中，守信的人可以得到更多的尊重或潜在的收益，而失信者不仅会受到社会舆论的谴责，

〔1〕 参见潘昌尚：《金融黑箱——对金融信用和秩序的挑战》，中信出版社2001年版，第237页。

而且还会有其他严重的惩罚或损失。[1]

关于合会的起源有多种传说，主要有：①庞公创始说，②晋代竹林七贤遗传说，③宋代“青苗法”演变说，④印度传来说。综合目前的史料来看，有学者认为：合会，雏形于汉代，成型于唐代，初步发展于宋代，即合会源起于中国古代的民间互助习俗，这种互助习俗逐步发展为古代的民间互助团体，然后经过长期的演变，才发展成为以民间储蓄、财产增值和经济互助为目的的合会。[2]合会逐渐成为民间金融游戏的代名词，目前的合会性质已经发生了很大的变化，其互助功能正在日益弱化，而其投机功能却日渐凸出。合会作为东方国家一种特有的民间融资方式，在我国有着悠久的历史，这种具有血缘与地缘特点的金融模式在我国经济发展的历史变迁中，发挥了积极的融资功能，促进了生产力的发展。直到今天，这种古老的融资活动仍活跃于我国广大地区，尤其是在浙江、江苏、福建和广东一带。从目前我国金融结构的特点来看，在正规金融尚无法完全满足金融需求时，民间合会作为一种自发的资金借贷形式和融资方式仍将继续存在。[3]按照得会的方法，合会分为轮会、摇会、标会三种形式：所谓“轮会”是指按座次轮收的办法收会，即事先固定资金的使用秩序；“摇会”是指以摇彩的方式收会，即以投标方式决定资金的使用秩序；“标会”则以竞标

---

〔1〕 参见廖天虎：“论我国民间合会的法律属性及其规制”，载《江西社会科学》2013 年第 7 期。

〔2〕 参见郑启福：“中国合会起源之考辨”，载《湖北经济学院学报》2011 年第 2 期。

〔3〕 虽然合会的存在对于经济发展具有一定的促进作用，但由于目前缺乏对合会明确的法律规范和约束，合会的风险不断发生。例如 1985 年发生在温州乐清的“抬会”风波和 2004 年发生在福建福安的“标会”崩盘风波，都给当地的金融秩序和社会稳定带来了诸多负面影响。

的方式收会，即以投标的方式来决定资金的使用秩序。[1]其中，“轮会”产生的时间最早，一般不收取利息，因而互助性最强，但在“摇会”和“标会”产生后，“轮会”在实际中就较少使用了，“摇会”和“标会”则使用较多，尤其是“标会”因其能够直接反映会员对资金需求程度，故成了合会中最为普遍的方式，当然其风险也最大。

（2）地下钱庄。地下钱庄是一种为规避国家金融监管而进行非法金融活动的职业化组织。其大多是提供资金转移通道和从事非法汇兑、洗钱业务，这主要涉及境外企业为规避税收或降低汇兑成本，通过地下钱庄来实现目的。境内外的利差和汇率差是地下钱庄经营者和洗钱者的动力所在。地下钱庄的繁荣促使地下资金跨境流动的增加。从地下钱庄流动的资金的来源来看，其一般都具有非法性，有些是通过权力腐败所得或非法经营其他业务所得的资金。由于不敢直接通过正规金融渠道转移，这类资金的所有人便通过地下钱庄来“洗白”这些资金。

---

〔1〕“标会”实际上就是一个基于权威领导的、融通资金的民间组织。标会中的标头，往往具有较高的社会威望或较为雄厚的经济实力，并在实际运作流程中起着主导地位，标会中的其他成员被称为标角。标会实质是以私募的形式进行资金余缺的调剂，盛行于我国的浙江、福建和台湾地区一带，所筹集的资金主要用于百姓生活中的应急之需，就其实质而言，是内部成员的一种共同储蓄活动，成员之间轮流提供有息贷款。“标会”在一定程度上弥补了金融机构信贷服务功能的不足。标会一旦无法运转，便会出现“倒会”或称“烂会”，典型的情况便是有成员标得会后，携款外逃或无法还款。维系标会的基础在于地缘和亲缘，这些软性的约束决定着“标会”的潜在风险难以消除。例如在我国台湾地区，标会最初大都是由地域接近的人员构成，由于相互之间非常了解，稳定性比较高。但随着标会规模的扩张，资金的诱惑也在加大，某些“标角”可能因投资失败以至无力支付后续标金，从而提高了标会的风险。为此，台湾当局明确规定“标角”的进入要遵循自愿原则，“标头”要对标会的风险负有全责。如果标会运作环节失败，“标头”要向其他尚未获得标金的“标角”全额偿付总标金，以法律形式明确规定“标头”的法律责任，以此来降低“标会”的风险。参见胡晓鹏：“台湾地下金融业何以这么兴盛”，载《上海证券报》2007 年 6 月 8 日。

地下钱庄的非法汇兑业务，最终会导致国内资金的大量外流，进而影响国家经济的发展和金融的安全。

地下钱庄主要从事地下外汇业务。我国的地下外汇市场形成于20世纪80年代中期，大体可以分为两个阶段：第一个阶段是1990年以前，当时地下外汇市场中的外币主要来源于来华的外国人和港澳同胞，地下外汇的场所主要集中在一些涉外宾馆、友谊商店和免税店周围，当时的地下外汇交易市场并没有形成一定的规模。第二个阶段是1990年以后，随着国家外汇管理制度的逐步放松，民间边境贸易的迅速升温促使外币需求量逐年增加，但由于受国家尚未放开外汇兑换等诸多条件的限制，民间对外币的大量需求只能通过地下黑市得以满足，从而促使地下外汇市场交易越来越猖獗，地下钱庄也越来越多。〔1〕当前，我国的地下钱庄买卖外币主要来源于珠三角一带的外资企业，尤其是数量众多的中小型外资企业。这些企业在生产经营过程中，因购买原材料、发放工资，短时间内需要大额人民币，如果通过正规金融渠道，则成本高、手续繁、周期长，若将外汇卖给地下钱庄，虽然汇率较银行兑换汇率低，但手续简单、快捷，资金周转迅捷，并且能够逃避银行、税务、工商等部门的监管。〔2〕基于此，有观点认为，让地下钱庄合法化和公开化：一是可以填补我国县及县级以下金融机构的短缺；二是有利于规范和监督地下民间金融机构，防止违法事件的发生；三是有助于不同类型金融机构的良性竞争，防止高利贷的产生；四是

---

〔1〕参见潘昌尚：《金融黑箱——对金融信用和秩序的挑战》，中信出版社2001年版，第244～245页。

〔2〕参见“深圳香港间地下钱庄调查——金融制度性缺陷凸显”，载 http://economy.enorth.com.cn/system/2004/10/07/000876346.shtml，访问时间：2014年10月3日。

有助于国家监管部门监控民间资本的流向。[1]笔者认为，地下钱庄与现代银行相比具有特性，地下钱庄的组成方式是个人合伙制，业务的纽带是人与人之间的关系，熟人是地下钱庄运行的核心，这能避免正规金融面临的信息不对称的逆向选择和事后不可控的道德风险。地下钱庄不会放弃对高额利润的追求，这也决定了地下钱庄不可能合法、正规地融入现代银行体系，因此目前地下钱庄还欠缺合法化的前提条件和社会基础。

（3）地下证券期货。地下证券主要是指一些不法分子在未取得证券咨询从业资格和未在工商部门登记的情况下，以互联网为媒介，开设股评博客、建立专门网站、设立炒股 QQ 群来招收会员和收取会费，非法开展证券投资咨询活动。[2]由于利用互联网非法经营证券业务的违法违规成本很低、欺骗性大、隐蔽性强且影响极为广泛和迅速，投资人在遭受损失后，很难寻求救济，因此严重影响了证券市场的正常秩序，严重危害了投资人的利益，且由于这类地下证券活动具有新型化、网络化、隐蔽性等特点，发现和查处地下证券较为困难。在证券市场处

---

〔1〕 参见王自力：“‘地下钱庄合法化’是个馊点子”，载《银行家》2004 年第 10 期。

〔2〕 地下证券在股市向好的时候会“异常繁荣”，例如吉林省长春市的王秀杰在网上以“带头大哥 777”的名义，通过网络传授炒股经验，其自称对股票预测准确率超过 90%，自诩为“散户的保护神”，引起了众多追随的股民，“带头大哥 777”也被誉为“天下第一博主”。在未经中国证监会许可的情况下，其自 2006 年 5 月至 2007 年 5 月多次在互联网上发布招募会员信息，先后以每人每年 3000 元、5000 元、1 万元、1. 3 万元、2. 7 万元、3. 7 万元不等的标准建立“777 团队”“快乐 777 团队”“777 财宝团队”等，并对收费会员进行证券交易指导，非法经营收入 20 余万元。2007 年 7 月 2 日，“带头大哥”王秀杰因涉嫌非法经营罪被吉林省警方刑事拘留，“带头大哥”的原形毕露让人大跌眼镜，这个事件给网络名博及网络股民间的相互信任带来不小影响，同时这个案件也形象地反映了我国地下证券的乱象。参见周立权：“带头大哥 777 涉嫌非法经营罪受审”，载 http://finance. sina. com. cn/stock/y/20080111/10494394747. shtml，访问时间：2014 年 10 月 3 日。

于“牛市”时，地下证券活动会比较活跃，例如我国从2005年启动了一轮大牛市，至2007年10月16日，上证指数达到A股历史最高的6124点，完成了A股历史上的一段传奇。在当时“躺着也能赚钱”的利益驱动下，证券市场的中小投资者的盲目乐观、人云亦云和无所畏惧的心态暴露无遗。一些地下证券机构则恰好利用了中小投资者的这种心态，从事地下证券业务，一定程度上造成了证券市场秩序造的紊乱。在此期间，国务院办公厅下发了《关于严厉打击非法发行股票和非法经营证券业务有关问题的通知》（国办发［2006］99号）和国务院《关于同意建立整治非法证券活动协调小组工作制度的批复》（国函［2007］14号）两项文件。为了保证查处非法证券案件时的分工协作明确、政策法律界限清晰，最高人民法院、最高人民检察院、公安部、中国证券监督管理委员会联合发布了《关于整治非法证券活动有关问题的通知》，〔1〕认定非法证券活动是一种典型的涉众型的违法犯罪活动，会严重干扰正常的经济金融秩序，破坏社会和谐与稳定。

地下期货是相对于正规期货而言的概念。国家正规的金融期货包括利率期货、外汇期货、股票价格指数期货和黄金期货等。但由于金融期货的业务内容往往是由国家有关机构专营专管，有着严格的门槛准入制度，投资者因正规金融期货准入门槛过高且手续繁杂，便转向了地下金融期货交易市场。目前统计的资料显示，地下金融期货交易的主要模式是行为人首先注

〔1〕《关于整治非法证券活动有关问题的通知》总结了非法证券的特征：一是绝大多数非法证券活动都涉嫌犯罪。二是花样不断翻新，隐蔽性强，欺骗性大，仿效性高。三是案件涉及地域广，涉案金额大，涉及人员多，同时资产易被转移，证据易被销毁，人员易潜逃，案件办理难度大。四是不少案件涉及境外资本市场，办理该类案件政策性强，专业水平要求高。五是投资者多为离退休人员、下岗职工等困难群众，承受能力差，极易引发群体事件。

册成立一个与金融行业相关的公司，租用服务器、设置期货交易软件平台，并制定期货买卖的规则和统一格式的期货合约，然后通过电话、广告等方式招揽客户。登记后的客户只要向公司存入一定数量的保证金，就可以按规则中约定的比例放大实际成交金额、买卖期货合约，客户按照期货买卖规则向公司支付交易佣金、手续费等费用。虽然行为人往往以咨询公司、延迟交付等名义来规避期货交易的规定，但这种交易模式由于具有当日无负债结算、保证金交易的特点，符合期货交易的实质要件，因此会被视为变相期货交易。[1] 地下金融期货交易市场看似降低了准入门槛，满足了部分投资者的需求，但由于其脱离了国家金融部门的监管，无疑会增加金融期货市场的风险。在司法实践中，对于地下证券和金融期货市场的犯罪行为，主要是运用《刑法》第225条的“非法经营罪”予以规制。

(4) 私募基金。私募基金是相对于公募基金而言的概念，两者以是否向社会不特定公众发行或公开发行证券作为区分标准。由于私募基金的销售和赎回都是通过基金管理人与投资者私下协商来进行的，因此它又被称为向特定对象募集的基金。私募基金分为两种形式：一种是私募证券投资基金；另一种是私募股权投资基金（Private Equity Fund，简称PE）。私募基金在我国是游离于金融监管之外的一种资金募集形式，由于私募基金从成立到资金的管理和运作都在“地下”进行，其性质和特点并不被很多人熟知，然而私募基金在我国长期存在并不断发展壮大却是一个不争的事实。中央财经大学课题组于2005年对中国地下金融进行的调查就显示，中国当时的地下金融的规模高达8000亿元，其中私募基金的规模占到约6000亿元至

---

〔1〕 参见任志强：“从联泰案谈地下金融期货市场的刑法规制”，载顾肖荣主编：《经济刑法》，上海社会科学院出版社2010年版，第354页。

7000亿元，私募基金占整个地下金融的近九成。[1]由于私募基金的发展较为隐蔽，国家监管部门对私募基金的监管和引导正处在改革试验阶段，相关监管措施并不完善。私募基金的资金募集方式与非法集资具有一定的相似性，导致一些私募基金假借私募基金的“面具”而实施非法集资活动。目前，私募中常见的涉嫌构成非法集资犯罪的情形主要包括：①募集宣传的范围与宣传对象失控，转化为“公开宣传”，符合“非法吸收公众存款罪”的“向不特定对象公开宣传”的行为特征。②代持股中的实际投资人数超限，涉嫌向不特定对象募集资金，一旦超过投资人数上限，就涉嫌构成“非法吸收公众存款罪”。③变相允诺给付固定回报涉嫌构成“非法吸收公众存款”。④基金管理违反“专款专用专管”原则，容易出现“携带资金逃匿”“恣意挥霍”等情形，这将涉嫌构成“集资诈骗罪”。⑤为了募集资金，故意隐瞒风险、虚假披露信息，涉嫌构成“集资诈骗罪”。[2]目前，我国私募基金监管的相关法律法规还不完善，国家尚未出台规范私募基金行业的统一的法律法规，这给私募基金的监管带来了一定的难度。对于借助私募基金的名义危害金融秩序的地下金融行为要予以刑法规制。但在涉嫌犯罪的案件中，司法机关也要慎重对待，只有确定了行为人具有非法集资故意，并实施了欺诈的集资行为或承诺固定回报的，才可考虑入罪。

（5）化丛。“化丛”是由我国的纳西族语音译过来的，是一种具有民族特色的金融互助组织，最早出现在明末清初的云

---

〔1〕 参见张培娟：“我国地下金融规模8000亿元 私募基金占据近九成”，载http://www.p5w.net/bank/ynjj/200512/t238832.htm，访问时间：2014年8月2日。

〔2〕 参见天津二中院课题组：“天津二中院关于私募基金涉非法集资犯罪情况的调查”，载http://news.enorth.com.cn/system/2012/06/14/009439717.shtml，访问时间：2014年8月2日。

南丽江。“化”表示一群人，“丛”表示聚在一起，“化丛”就是指一群人聚在一起，其主要目的是进行资金互助，并辅以各种娱乐和消遣活动。其具体流程为：一般由急需用钱的人发起，邀请亲朋好友组成“一丛”，并由参加人选出“丛”头，由其负责组织聚会商议资金的使用。轮流的顺序在第一次“化丛”时，以抽签的方式决定，遇有特殊情况，也可经商量后调换顺序。〔1〕云南丽江的“化丛”类似于浙江温州的“邀会”、福建福安的“标会”，但“化丛”是无利息的互助，一般不会出现大额的用款，因此风险相对较低。“化丛”在当地人的社会经济生活中发挥了积极作用，特别是在农民急需资金以用于购置生产工具、供子女读书和看病就医以及人情往来等方面发挥了积极作用。随着经济发展，“化丛”在当地经济社会中发挥的作用更加显著，但随着参与的金额越来越大，“化丛”的潜在风险也在逐渐增强。

（6）“丙种”。丙种被认为是一种民间筹资方式，它针对的是为获得高额回报而从事金融投资的人员。〔2〕在我国台湾地区，

---

〔1〕 参见李建军主编：《中国地下金融调查》，上海人民出版社2006年版，第34～35页。

〔2〕 在丙种方式中，由丙种的投资者承担风险，而出资人不承担风险。例如，一个消息灵通、有竞争实力的人士获得某项可能得到高额回报的投机机会，但他没有足够资金，可以寻求另一个有雄厚资金实力的人来帮助他，而金融证券或其他不动产则被当作投资人的抵押品，最后的投资收益要按事先约定拿出一定比例给予实际出资人。如果从事金融投资的人失败了，丙种制度还有一套风险防范机制，假设投资人买了股票，设一定比例为强制平仓点，实际出资者将在股票亏损达到该比例的时候强制把股票卖出。此后，投资者一方面要全额偿付本金，另一方面也要按照事前的约定支付利息。因此，作为民间融资方式的丙种，出资人不承担任何投资风险。在实际操作过程中，参与丙种的投资者往往拥有庞大的人际关系网络、自身的信用层级、运作能力也都很强大，并且投资人与出资人往往是相知甚熟，彼此相互了解。参见胡晓鹏：“台湾地下金融业何以这么兴盛”，载《上海证券报》2007年6月8日。

“证券交易法”于1988年修正公布前，证券市场中原有所谓的甲种证券商，即一般证券经纪商，只能替人中介买卖；另外还有乙种证券商，即证券自营商，包括各种信托投资公司、银行等，可以自行买卖股票。按照当时的“证券交易法”的规定，这两种证券商，依法皆不得办理融资及融券业务，因此私下提供融资融券的经纪人，即被称为“丙种经纪人”，简称“丙种”。丙种的具体行为方式系指未向主管机关申请核准办理融资、融券之证券商，或证券商营业员，上市公司负责人或大股东，或一般民间金主，私下为客户提供资金或股票，从事证券操作并从中获取利益。[1]但这些“丙种”经济的资金来源中的极大部分均为“黑钱”，因此丙种虽能活跃市场，但易滋生弊端，形成社会问题。在我国大陆地区的金融市场也存在着类似于丙种的行为方式，如证券市场的中的一些私募行为就具备丙种的一些特征。

（7）P2P[2]借贷平台。随着互联网的全面普及，民间借贷等地下金融正以网络方式传播，P2P借贷平台就是近年来兴起的一种网络借贷服务平台。其为有资金需求的借款人和有理财需求的出借人搭建了一个互动平台，即借款人在网上发布借款请求，通过信用评估后，获得出借人的信用借款资金支持，而出借人则可获得一定的经济收益。P2P网络借贷平台在英美等

---

〔1〕 参见王筱宁：“丙种垫款刑事案件之研究”，载“台湾地区司法官”第46期《学员法学研究报告》。

〔2〕 P2P借贷是“Peer – to – Peer Lending”的缩写，中文翻译为“人人贷”，这是一种随着互联网的发展和民间借贷的兴起而发展起来的新的金融模式。这种金融模式首先出现在英国和美国，英国第一个P2P贷款公司是于2005年2月建立的ZOPA公司，美国最早的该种金融模式平台是设立于2006年的Prosper Loans Marketplace，Inc. 成立于2006年的宜信汇才商务顾问（北京）有限公司是我国最早的P2P贷款服务平台。

发达国家发展已相对完善，这种新型的理财模式已逐渐被身处网络时代的普通民众所接受。我国的P2P网络借贷平台是近些年才发展起来的，规模在不断扩大，但风险也在上升。根据第一财经新金融研究中心于2013年7月1日出版的《中国P2P借贷服务行业白皮书2013》一书的数据，至2012年末，我国可统计的P2P平台线上业务借款余额将近一百亿元，而根据行业统计，P2P网贷在2013年将有望达到千亿规模。正常的P2P借贷平台有一套规避风险的制度设计，〔1〕但也有一些企图浑水摸鱼的所谓的P2P借贷平台，故意以高利率吸引他人出借款项并将资金用于套利或者以欺骗手段骗取他人出借款项，利用P2P平台"圈钱"。例如，某些P2P网贷平台推出的所谓的"秒标"，实际上是虚构一笔借款，辅以较高的利息吸引投资人来竞标投钱，承诺在满标后连本带息立即还款。但这实际上是利用新投资者的钱向老投资者支付利息和短期回报，制造赚钱的假象，以骗取更多投资人的钱财，无疑就是"庞氏骗局"。〔2〕目前，在一些网站的网页上经常悬挂着"无抵押贷款""只需要凭身份证即可办理"等各种极具诱惑性的广告，这些看起来非常简便的贷款方式，实际上蕴含着更大的风险，目前由网络借贷诱发

---

〔1〕出借保障具体包括：①第三方账户托管：出借人的资金全部存储在第三方支付平台出借人的虚拟账户中，由第三方支付平台进行托管。②信用评估：在借款人提出借款申请后，借贷平台会根据借款人的基本资料对其还款能力和还款意愿进行评估，并通过多种可掌握的有效渠道对借款人进行翔实、仔细的调查。③建立催收制度：最大限度地保障出借人的收益不受损害。

〔2〕"庞氏骗局"是一种最古老和最常见的投资诈骗，由意大利人查尔斯·庞兹（Charles Ponzi）设计了一个金字塔骗局的投资计划，利用新投资者的钱向老投资者支付利息和短期回报，以制造赚钱的假象，进而骗取更多的投资，后来人们将这种骗术称为"庞氏骗局"。

的非法集资已成为新的案件高发点。[1]由于P2P网贷具有操作简便、难度小、成本低的优势。作为传统金融的补充，P2P平台和平台借贷金额近年来都呈现了爆发性的增长。但伴随着P2P行业创业者的增加，资金链断裂、“跑路”事件却也在大面积发生。“网贷之家”的数据显示，2014年问题P2P平台竟达到了275家之多。[2]P2P网络借贷平台涉及的金融法律风险主要表现在：洗钱风险、非法集资风险等，这类风险需要刑法的及时介入才能得到有效控制。

（8）农民专业合作社。农业专业合作社[3]是农业生产经营自治组织，而非金融机构，无吸收存款和发放贷款的合法主体资格。为了吸引更多的农民加入合作社，《合作社法》对于入社的条件以及合作社成立的条件并未作严格限制。例如，对合作社法人的设立只要求“有符合章程规定的成员出资”，并没有最低资本金数额的规定和限制，这样低的门槛虽然有利于农村金融的发展，但是也会增加法律风险。近年来，我国农业专

〔1〕 中国人民银行于2013年11月25日对外公布了“以开展P2P网络借贷业务为名实施非法集资行为”的界定：第一类为资金池模式，将借款需求设计成理财产品出售给放贷人，或者先归集资金、再寻找借款对象等方式，使放贷人资金进入平台的中间账户，产生资金池，此类模式涉嫌非法吸收公众存款。第二类为不合格借款人导致的非法集资风险，即一些P2P网络借贷平台经营者发布大量虚假借款信息，向不特定多数人募集资金，用于投资房地产和股票等市场或直接将非法募集的资金高利贷出来赚取利差，这种行为涉嫌非法吸收公众存款。第三类是发布虚假的高利借款标募集资金，并采用在前期借新贷还旧贷的“庞氏骗局”模式，此类模式涉嫌非法吸收公众存款和集资诈骗。参见史进峰、张烁：“央行划界，三类P2P涉嫌非法集资”，载《21世纪经济报道》2013年11月26日。

〔2〕 参见熊定中：“P2P的法律风险：可能涉及严重刑事犯罪”，载《中国青年报》2015年3月17日。

〔3〕 我国于2006年颁布了《中华人民共和国农民专业合作社法》，根据该法第2条规定：“农民专业合作社是在农村家庭承包经营基础上，同类农产品的生产经营者或者同类农业生产经营服务的提供者、利用者，自愿联合、民主管理的互助性经济组织。”

业合作社发展迅猛，在促进农村农业发展、农民致富方面发挥了积极的作用。但有的农业专业合作社却背离了办社宗旨，由部分成员出资充顶全部成员出资，形成一资独大的状况，使得部分农民专业合作社被少数资本雄厚的大户所控制，并专门从事向农民集资和放贷等业务，甚至进行异地吸收资金和违法放贷，进而直接损害农民利益。这类行为对合作社的营运及规范化建设产生了危害，影响到了农村的发展与经济稳定，甚至会引发严重的社会问题。由于农民专业合作社转变为非法集资地下金融活动在一些地方所引起的严重危害，这类行为已引起国家高度重视。2013 年国务院处置非法集资部际联席会议办公室要求各省级政府办公厅、省打击和处置非法集资工作领导小组，对部分农民专业合作社运作不规范而诱发非法集资或假借农民专业合作社名义从事非法集资等地下金融活动进行集中整治，排除风险隐患、查找薄弱环节。

2. 我国地下金融发展现状

我国当前的地下金融规模到底有多少？这一问题一直存有争议，由于评价的标准不同，得出的最终结论也不同。[1]地下金融的隐蔽性决定了测度它的规模必须从多个角度，采用综合比较的方法。按照金融学的理论，金融活动规模可分为净额和总额两个部分，都是表现为资金来源和资金使用情况，其中净额反映出了金融活动的结果。因此，可以从资金来源和资金运用两个维度来考察地下金融对经济的影响。根据经济学理论，资金流量核算账户将国民经济划分为五大经济部门：政府部门、

---

〔1〕 中央财经大学地下金融课题研究小组于 2003 年采用大范围的抽样统计调查与现代经济计量手段相结合的方法，推测当年的地下货币资金规模为 8200 亿元～9200 亿元之间，约占当年国内生产总值（2003 年我国的 GDP 为 116 694 亿元）的 7% 左右。参见李建军主编：《中国地下金融调查》，上海人民出版社 2006 年版。

住户部门、非金融企业部门、金融机构部门和国外部门。其中的政府、住户、非金融企业、金融机构这四个部门构成了国内部门。由于地下金融虽然不具备合乎法律的形式要件，但在实质上却发挥了金融服务的功能，因此，在国民经济体系中，发挥地下金融功能的地下部门自然能够在正常的五大经济部门中占有“一席之地”。具体关系如下图所示：

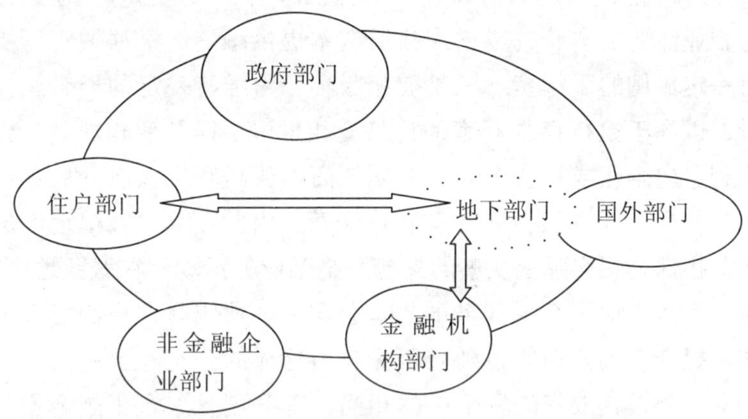

图 2－1　含有地下部门的国民经济部门结构图〔1〕

由于我国有着明显的城乡二元结构划分，城镇地区和农村地区在财富的分配上也存在着很大差别，中国社会科学院和社会科学文献出版社于 2013 年共同发布的《社会蓝皮书》显示，目前我国的城乡居民两极收入差为二十余倍，城乡之间的财富聚集的悬殊差异导致地下金融在城镇地区和农村地区有所不同。

（1）城镇地区地下金融概况。由于城镇地区居民手中的“闲钱”相对较多，而银行存款利率偏低，投资股市又有很大的

〔1〕 引自李建军等：《中国地下金融规模与宏观经济影响研究》，中国金融出版社 2005 年版。

风险，因此这些城镇居民更愿意通过熟人、朋友或同学等关系将钱投入地下钱庄或是其他能够获取高额利息的融资方式。对于位于城镇地区的中小企业来说，解决企业资金难的问题，就是通过一定的方式把这些“闲钱”汇集起来，供自己所用。由于目前城镇地区的信贷需求旺盛，担保公司最为常见。担保公司经营方式主要有以下几种情形：一是贷款置换，即为企业向银行进行贷款“还旧借新”周转提供融资。二是垫资注册，即为企业注册资本验资或增加注册资本提供融资，根据融资额支付一定比例的手续费。三是变相吸存，为维持一定的资金运作量，以高于银行存款利率的价格变相融资。四是变相放贷，以高利息向企业或社会个人、个体工商户放高利贷款或开展典当业务，变相开展银行业务和特许经营。由此可见，城镇地区的有些担保公司实际上从事的是地下金融业务活动。在城镇地区，除这类从事地下金融业务的担保公司外，典当行、小额贷款公司、投资咨询公司等也随处可见。但这样的公司除自有的一部分资金外，其放贷的资金中的相当一部分还是来自正规金融机构，一旦出现资金断裂，引起的风险将最终传导至传统金融机构。特别是由于民间借贷利率较高，少数民间融资实质是来自于银行体系，在高额利润的驱动下，再流向企业，这些担保公司或典当行等扮演了“资金掮客”的角色，这样的情形实质上违反了我国刑法不得高利转贷的规定。

（2）农村地区地下金融概况。基于我国城乡发展差距的现实，农村在金融需求量上自然要小于城镇。在我国金融部门商业化改革的过程中，金融部门看重的是城镇金融领域，为了防范金融风险，必然会退出无利可图的农村信用领域。有学者于2004年对分布在我国的东、中、西15个省份24个市县的41个村落进行了民间借贷的调查，调查到借贷案例57起，放贷案例

27起。其对调查资料作统计处理后发现：除了有两个地方存在不计利息的民间借贷外，其余地区均有高利息民间借贷存在。如果按照调查地点计算，民间借贷的发生率高达95%，高利息的民间借贷发生率达到了85%。[1]现阶段，随着经济的发展，农村的借贷行为开始发生变化，并呈现如下特点：①农民借贷活动逐渐频繁，并由生存性消费借贷向发展性生产借贷转化。②生产性借贷属市场风险投资，由于农业资金更加贫乏，急需资金的借贷者只能接受高利率的市场风险。③建房、婚丧嫁娶和生死病老等福利性借贷仅次于生产性借贷。[2]从借贷关系上看，农村的民间借贷也可分为直接借贷和间接借贷两种，间接借贷主要是通过银行获取资金，而直接借贷主要是通过银行以外的方式获取资金。[3]但目前农村的借贷还是以直接借贷方式为主。

被誉为“收编”地下金融的小额贷款公司在最近几年发展势头十分迅猛，[4]下列两个表格分别是2012年和2015年上半

---

〔1〕 参见廖天虎：“论我国农村高利贷的法律规制路径——兼及我国农村金融体制的完善”，载《农村经济》2011年第8期。

〔2〕 参见史清华、陈凯：“欠发达地区农民借贷行为的实证分析——山西745户农民家庭的借贷行为的调查”，载《农业经济问题》2002年第10期。

〔3〕 直接借贷的形式主要有：①自由借贷，这类借贷正逐渐向高息方向发展，范围也不再限于亲戚或熟人之间。②邀会，也叫摇会、轮会、合会、标会。在广大发展中国家的农村都存在，其正式名称为轮流储贷会。③民间商业信用，在商业活动中以赊销、预付货款等方式来推销或购买产品。④银背，属间接借贷活动，银背即借贷活动的中介人，为借贷双方搭桥牵线，收取手续费或信息费。⑤民间集资，指农户、个体经营户、乡镇企业及乡村政府组织筹集资金的活动。⑥典当行，贷款要求以不动产进行抵押，融资速度快、手续方便。参见廖天虎：“论我国农村高利贷的法律规制路径——兼及我国农村金融体制的完善”，载《农村经济》2011年第8期。

〔4〕 中国银行业监督管理委员会和中国人民银行于2008年5月4日联合发布了《关于小额贷款公司试点的指导意见》，就小额贷款公司的性质、设立、资金来源、资金运用和监督管理等作了规定。地方政府在实施《关于小额贷款公司试点的指导意见》的过程中，将一些规定予以了细化，为金融安全的考虑，将准入门槛和资金水准都予以了提高。

年我国小额贷款公司分地区情况统计表，可以反映出我国小额贷款公司的分布现状。

表 2－1　我国小额贷款公司分地区情况统计表 1〔1〕

（统计数据截至 2012 年 12 月 31 日）

地区名称	机构数量（家）	从业人员数（人）	实收资本（亿元）	贷款余额（亿元）
全国	6080	70 343	5146.96	5921.35
北京市	41	458	49.95	49.85
天津市	63	741	72.31	69.47
河北省	325	3766	194.76	205.43
山西省	243	2390	153.60	151.24
内蒙古自治区	452	4341	345.40	356.18
辽宁省	434	4116	245.81	222.84
吉林省	265	2231	69.84	55.85
黑龙江省	229	2030	73.23	66.36
上海市	80	695	98.15	136.95
江苏省	485	4614	798.38	1036.62
浙江省	250	2805	518.83	731.60
安徽省	454	5409	301.96	325.00
福建省	58	743	127.97	160.80
江西省	175	1940	167.44	191.25
山东省	257	2934	278.17	331.38

〔1〕 数据引自中国人民银行网：http://www.pbc.gov.cn，访问时间：2013 年 10 月 15 日。

续表

地区名称	机构数量（家）	从业人员数（人）	实收资本（亿元）	贷款余额（亿元）
河南省	241	3375	102.77	112.41
湖北省	154	1712	130.74	150.12
湖南省	77	921	50.19	56.63
广东省	234	6569	262.45	284.49
广西壮族自治区	159	2192	90.06	113.02
海南省	21	230	21.90	24.30
重庆市	157	3500	247.11	302.05
四川省	177	2828	246.88	286.49
贵州省	204	2168	60.71	59.42
云南省	276	2443	126.41	129.75
西藏自治区	1	9	0.50	0.65
陕西省	187	1555	131.90	128.86
甘肃省	171	1510	56.94	44.95
青海省	19	225	14.44	21.98
宁夏回族自治区	90	1088	45.49	43.52
新疆维吾尔自治区	101	805	62.67	71.89

*统计数据截至2012年12月31日。依据上表中2012年的数据可以看出，拥有小额贷款公司机构数量排在前三位的分别是江苏省、安徽省、内蒙古自治区，排在后三位的分别是海南省、青海省、西藏自治区；而贷款余额数量排在前三位的省份分别是江苏省、浙江省、内蒙古自治区，排在后三位的分别是海南省、青海省、西藏自治区。

标 2 – 2　我国小额贷款公司分地区情况统计表 2 [1]

地区名称	机构数量（家）	从业人员数（人）	实收资本（亿元）	贷款余额（亿元）
全国	8951	114 017	8443. 27	9594. 15
北京市	71	867	104. 48	117. 07
天津市	110	1445	130. 17	137. 53
河北省	475	5475	268. 31	287. 53
山西省	337	3631	212. 91	205. 41
内蒙古自治区	460	4640	333. 26	341. 68
辽宁省	604	5675	382. 63	346. 13
吉林省	453	3744	113. 24	85. 12
黑龙江省	260	2560	131. 19	120. 50
上海市	116	1615	171. 60	206. 68
江苏省	636	6324	922. 10	1119. 76
浙江省	338	4126	683. 73	869. 41
安徽省	460	5688	363. 68	427. 67
福建省	117	1841	255. 82	300. 68
江西省	223	2921	240. 22	276. 16
山东省	333	4132	416. 56	470. 08
河南省	321	4888	221. 87	239. 85
湖北省	281	4164	326. 75	336. 36
湖南省	127	1587	99. 27	106. 19

〔1〕 数据引自中国人民银行网：http://www.pbc.gov.cn，访问时间：2015 年 11 月 15 日。

续表

地区名称	机构数量（家）	从业人员数（人）	实收资本（亿元）	贷款余额（亿元）
广东省	427	9922	615.55	653.82
广西壮族自治区	319	4740	257.27	393.05
海南省	44	603	40.50	43.38
重庆市	256	6018	588.68	873.55
四川省	353	8283	588.76	666.65
贵州省	288	3306	88.99	87.01
云南省	406	3968	195.29	201.72
西藏自治区	12	115	8.06	5.92
陕西省	265	2769	232.21	230.50
甘肃省	352	3641	146.61	122.93
青海省	73	843	48.18	46.74
宁夏回族自治区	166	2113	83.18	81.02
新疆维吾尔自治区	268	2373	172.20	194.05

＊统计数据截至2015年6月30日。依据上表中2015年的数据可以看出，拥有小额贷款公司机构数量排在前三位的分别是江苏省、辽宁省、河北省，排在后三位的分别是北京市、海南省、西藏自治区；贷款余额数量排在前三位的分别是江苏省、重庆市、浙江省，排在后三位的分别是青海省、海南省、西藏自治区。

通过比较以上2012年和2015年的数据，不论是机构数量还是贷款余额江苏省始终位居第一，贷款余额排在后三位的依然是青海省、海南省、西藏自治区，波动情况不大；而排在前三位的虽仍然包括江苏省及浙江省，但重庆市已经跃居第二。江苏省和浙江省一直是我国地下金融比较发达的地区，这些地区的民间资本庞大，排位一直靠前自然有其社会基础。根据2012年的统计数据，拥有小额贷款公司机构数量和贷款余额数量均排在第三位的内蒙古自治区，由于鄂尔多斯地区地下金融泛滥，小额贷款公司的业务前景向好。但随着对该地区民间金融监管趋严，至2015年，内蒙古自治区内的小额贷款公司的数量和贷款余额都呈下降趋势。而在西藏自治区，由于该地区很少发生地下金融事件，在2012年时，其小额贷款公司仅有一家。至2015年，该地区的小额贷款公司也仅有12家，贷款余额也仅为5.92亿元。我国小额贷款公司分地区情况统计表的分析比较基本能反映出近些年来我国地下金融在各地区的分布情况和活跃程度，也可在一定程度上反映出某一地区对于民间金融的监管力度与社会效果。

（二）地下金融的产生背景

地下金融在我国历史上早就存在，例如“打会”“合会”等就是比较典型的草根金融机制。这些地下金融形式在我国的计划经济时期曾经一度销声匿迹，然而在20世纪70年代末，随着改革开放的推进和城乡经济的日渐活跃，地下金融再度以各种形式出现在我国一些农村地区，并呈不断蔓延之势。20世纪90年代后期，我国民营经济的异军突起促使我国的地下金融进入了一个较快的发展时期，并使地下金融事实上在我国经济中占据了较为凸显的位置。地下金融的产生有其社会原因和历史背景，就我国地下金融的历史变迁来看，中国的社会政治结构、金融体制、法制文化深深地影响着金融主体的行为范式，也影响着中国的金融法律构建。[1]地下金融作为一种非正规的金融，

〔1〕 参见张建伟：“法与金融学：路径依赖与金融法变革”，载《学术月刊》2005年第10期。

其产生和发展也是多种因素共同作用的结果，主要应体现在以下一些方面。

1. 国家政策的管制

新中国成立后，我国一直实行严格的计划经济管理体制，对作为经济重要支撑的金融更是实行了严格的监管制度，〔1〕计划色彩浓厚的信贷管制培育了肥沃的高利贷需求土壤，不仅使五花八门的民间资金都进入了高利贷市场，就连一些正规的金融机构也会出轨以获取高利贷收益。我国目前的储蓄和外汇储备都非常充裕，〔2〕但为什么我国在资本充裕的情况下，却同样面临着畸高的融资成本和中小企业融资难的困境呢？这主要是由于我国的金融政策和监管理念已相对涉及于经济发展，相对垄断的商业银行制度，造成企业的融资成本过高，致使企业利润减少。我国的银行、证券公司和保险公司等金融机构都有着严格的存贷款和融资制度，且规定有利率限制红线，再加上借贷的繁琐手续，自然让一些急需资金的中小企业和个人投资者望而却步，只能转而求助于地下金融。自 20 世纪 90 年代以来，

---

〔1〕 金融管制是地下金融产生的最为直接的因素之一，目前各国对金融的管制方式和侧重点有所不同，但主要有六种形式：一是金融机构市场准入的管制，即设立金融机构在满足条件后还必须获得政府部门的许可。二是经营活动和金融业务准入的管制，即金融机构开展的活动或开发的业务品种，都应事先获得金融监管部门的批准。三是资金来源与运用的控制，即金融机构要受制于流动性和资本金要求等规定。四是价格的管制，即金融商品的价格受国家计划的控制。五是银行结构的管制，即对于不同层级金融机构的功能和业务范围进行限制。六是消费者保证的管制，即侧重于保护消费者的权益。参见潘昌尚：《金融黑箱——对金融信用和秩序的挑战》，中信出版社 2001 年版，第 231 ~233 页。

〔2〕 根据公开数据显示，我国是当前全世界的大国中储蓄资本最多的国家，政府、企业、居民储蓄存款今年突破百万亿元；同时，国家外汇储备达 3. 66 万亿美元也创出全球之最。参见“中国外汇储备达 3. 66 万亿美元”，载 http://news. xinhuanet. com/yzyd/finance/20131015/c_ 117716139. htm，访问时间：2014 年 11 月 2 日。

以我国的浙江和福建等地为代表的地下金融市场成为中国金融市场的重要组织部分，尤其是近20年来，地下金融已成为我国非国有中小型企业发展的主要资金来源。

当前，我国仍然实行严格的存贷款利率管制，形成了存贷款利率偏低和较高存贷差的局面。较低的存贷款利率使得信贷市场的名义利率严重偏低，在投资回报率期望偏高的中国，信贷市场无法进行价格配给，非价格配给便成了信贷的主要手段。自2010年国家金融部门收缩银根以来，以高利贷为特征的民间借贷市场的地下金融风险日益趋高。正是因为这些原因，再加上政府部门对体制外金融持不鼓励甚至压制的态度，使得地下金融更倾向于法外生存甚至非法生存，继而形成了当前对地下金融管制不足的局面。可以想象，越是加强对民间借贷（或者高利贷）等地下金融的监管和压制，地下金融所引起的风险就越会增大，借贷主体更会倾向于高额利润从而铤而走险，不惜以身试法。因此，在“稳定优先”的监管理念下，我国在金融创新服务方面表现得非常谨慎，尤其是随着我国经济的快速发展，民众对于金融服务多样性的需要日益增长，金融市场也更为活跃，对金融服务的功能需求也更为旺盛，形成了固守僵硬监管理念与推动经济良性发展之间的矛盾与冲突。

2. 货币政策的抑制

“如果一个经济中存在利率管制、限制银行进入等金融抑制政策，使得正规金融通过信贷合约筛选借款人、屏蔽风险的能力和激励受到限制，则非正规金融存在的范围将更广。”〔1〕货币的本质就是寻找高收益和高回报，虽然获得收益的途径有很多，但“以钱生钱”的高利贷无疑是收益最高的一种方式，

〔1〕 林毅夫、孙希芳：“信息、非正规金融与中小企业融资”，载《经济研究》2005年第7期。

因而一直受到人们的青睐。例如，在我国历史上的南北朝时期就高利贷盛行。据考古发现，在出土的南朝墓葬中经常可以看到借贷契约，除了王公贵族的大型墓中发现借贷契约外，连相当一部分小康之家的墓葬中也可以见到借贷契约。这些契约记载了借贷事由、时限、利率，但债务人大多是自耕农，一般数额不会超过 30 文，以半年为限，年利率平均为 200%，是名副其实的高利贷。在乱世偏安的南朝，高利贷的规模如此之盛，令今天的经济学家们瞠目结舌。当然，高利贷的作用只是转移财富，而不能创造财富，如果所有人都不积极去创造财富，王朝自然难逃灭亡的命运。〔1〕历代王朝的兴盛与衰落也在其金融政策和货币政策的变化中得以体现。新中国成立后，我国实行单一的以公有制为主体的经济制度，在金融制度上采取统一的、严格的国家管理制度，在当时发挥了非常积极的作用，但随着社会生产的发展其也开始显现出一些问题。即其在一定程度上抑制了金融功能的发挥，影响到了金融为国家实体经济服务的功能。

20 世纪 70 年代末，随着我国改革开放拉开帷幕，在对外交往和投资的过程中，国家和社会对外汇的大量需求促使我国的货币政策有了松动，货币的功能效用得到了一定程度的释放。但从整体上看，我国的货币政策仍然是从严和从紧，在社会对资金存在大量需求的情形下，这使得在计划经济时代已经少见的地下金融重新抬头并得以迅速发展。经济类犯罪“是经济繁荣带来的一个具有必然性的附随现象，它可以说是工商业活动中所无法避免的一种社会事实”。〔2〕1996 年后，随着我国的国

---

〔1〕 参见陈雨露、杨忠恕：《中国是部金融史》，北京联合出版公司 2013 年版，第 157 页。

〔2〕 林山田：《经济犯罪与经济刑法》，三民书局 1981 年版，第 179 页。

有银行开始按商业化原则运行，银行对风险和流动性的控制也越来越严格，国有商业银行普遍出现了“惜贷”现象，连续几年出现了大量的存贷差。〔1〕问题的症结在于国有银行与中小企业之间存在交易成本过高和市场信息严重不对称的问题。这主要是由于银行和信用社等正规金融机构提供贷款服务的限制条件较多，中小企业、个体工商户往往因无法提供担保或抵押物而难以获得贷款。在投资规模决定投资成本的逻辑下，国有商业银行在选择投放贷款对象时，更偏好于资本实力和盈利能力更强的大型企业，而自动把数量庞大的中小微企业的金融业务留给了地下金融组织。相比于大型企业的资金需求特点而言，中小企业资金需求具有“时间急、次数多、利率高”的特点。而地下金融组织恰好适应了这种需求特点，在满足这种市场供需的条件下，中国的地下金融在此期间得到了极速发展。据统计，目前我国中小企业私募债的平均融资成本在10%以上，民间短期借贷的利率高达20%以上，而银行发行的短期理财产品

〔1〕 我国银行都明确规定了存贷比（银行贷款总额除以存款总额的比值），从银行抵抗风险的角度来看，存贷比例不宜过高，否则会出现银行的支付危机。中国人民银行为防止银行业的金融风险，目前规定银行存贷比例最高为75%，因此有观点认为存贷比的规定才是造成“钱荒”的根本原因。例如每到月末、季末和年末这三个时点，许多银行为了达到规定的存贷比水平，往往不惜高额揽储，因此“冲时点”是业内对基于存贷比考核要求而进行揽储行为的俗称。当银行需要资金时，资金掮客（替人介绍买卖，从中赚取佣金的人）会形成短期、临时团队，各方筹措资金以产生规模效应。他们将筹集而存入银行的资金称为时点存款，期限多为3天~7天，用于帮助银行度过存贷比考核期限，为此，银行往往要支付3‰至7‰的利息。银行会通过自身的资产负债情况来与资金掮客讨价还价，如果缺钱，3天的利息就能达到6‰或7‰。资金掮客从民间资本发达的江浙地区或福建厦门等地筹措的资金，利息一般为1.8‰~2‰，他们再转手以3.5‰~4‰的价格卖给银行，赚取其中的差价。可见，我国规定的贷款规模和存贷比的控制，侵害了商业银行的自主权，存贷比考核令商业银行的资产负债管理自主权受到侵蚀，成为资产负债管理的桎梏。参见李慧敏：“一名资金掮客的自白”，载 http://finance.21cbh.com/2014/1-3/zMMDAzNzFfMTAyNTIzMA.html，访问时间：2014年1月5日。

和信托的利率平均在5%～10%之间。2012年，中国银行业净利润总计为1.23万亿元，同比增长19%，远超过同期工业企业利润5.3%的增速。[1]严格利率管制下的利率差所产生的丰厚利润，不仅让正规金融机构收益颇丰，而且促使地下金融不断推陈出新和发展壮大。同时，我国实现利率双轨制[2]，银行利率和民间利率的严重背离形成了巨大的套利空间：一方面，银行存款实际利率为负，导致存款流入地下金融市场寻求保值增值；另一方面，一些能够获得低息贷款的大企业除满足自身需求外，还将银行贷款转手放贷给一些急需资金的中小企业或个人。由于地方政府融资平台和国有企业基本没有承担较高的信贷资金成本的能力，我国银行贷款利率上浮空间极为有限，贷款利率不高必然导致存款利率较低，这也是从事地下金融活动能获取利润的关键所在。

3. 社会结构的限制

长期以来，我国存在着典型的城乡二元结构，以“城市为中心”主义的制度模式在很大程度上违背了社会公正原则，忽视了农村的发展和农民的利益，更没有从国家和政府的角度对农村、农业和农民予以应有的支持。目前，我国农业所占比例仍较大，其他产业的比重仍然较小，这种产业结构决定了农民的收入对农业及种植业的依赖程度较大，一旦遇到自然灾害，农民的收入就会大幅度降低。当前，农村的现实情况是农村利益分化、阶层分化剧烈，农民要面临子女上学、看病就医，尤

---

〔1〕参见“滕泰：中国金融政策抑制经济发展，与货币政策存在错配”，载http://forex.hexun.com/2013-10-18/158861847.html，访问时间：2014年10月20日。

〔2〕由于我国的利率体系中，存在着受管制的存贷款利率和已完全市场化的回购利率两种利率体系，因此被被称为“利率双轨制”。

其是我国农村地区还保留着亲戚邻里之间的礼尚往来的习俗。在刚性需求与出借资金紧张的情况下，这类需求的借贷利息被不断推高。加之目前我国农村地区金融机构设置不合理，农民融资渠道的单一和信贷的局限为地下金融的产生及发展提供了土壤。单一的农村金融格局，致使农村金融为农村服务的意识明显淡化，四大商业银行从 1999 年起，开始进行大规模的机构撤并活动，农村金融资源分布的先天失衡，导致农村金融市场资源分布近乎空白，进而开始形成以信用社作为正规金融机构从而“一统天下”的局面。近些年，在农村的金融市场中，邮政储蓄利用政策扶持和点多面广的优势，也获得了大量的农村储蓄资金，但由于邮储机构只吸收存款，不发放贷款，实际上成了农村资金的“抽血机”。〔1〕由于农村信用社和邮政储蓄在农村金融市场中缺乏应有的竞争对手，内部也缺乏相应的激励机制，这些金融机构在农村的服务意识和质量都很差，满足不了农村社会发展的需要。加上正规金融机构的借贷手续复杂，一般农户的资金需求量小且季节性强，需要灵活、快捷的金融服务。但正规金融机构的借贷手续既严格又复杂，农户缺少贷款抵押资产，急需贷款的农户们只能对金融机构的繁杂手续望而却步。〔2〕这些因素都共同增强了农民在农村金融机构贷款的难度。

尤其值得关注的问题是，随着我国现阶段城镇化进程的加快，原来泾渭分明的城乡二元结构已慢慢变得模糊，无论是在城市还是在乡村，传统的熟人社会印迹都在逐渐淡去。在金融领域，传统的人格化合约机制能够比较有效地保证合约的履行

---

〔1〕 参见张正昌、管东平：“试论农村金融在构建和谐社会中的作用”，载《现代金融》2006 年第 2 期。

〔2〕 参见廖天虎：“论我国农村高利贷的法律规制路径——兼及我国农村金融体制的完善”，载《农村经济》2011 年第 8 期。

和防范区域性民间金融风险的发生。但改革开放以后，尤其是随着民营经济的发展，民间资金用途发生了变化、民间融资规模越来越大，出资人募集者和资金使用者之间的关系越来越松散，实际资金使用者的活动完全处于出资人的有效监督范围之外，最初的人格化的合约执行机制根本就不能有效地保证民间金融市场中合约的有效履行，致使金融风险加速集聚和爆发。[1]社会发展造成的差序格局中的熟人社会的破坏和诚实信用的缺失，在经济利益的驱动下，致使地下金融的风险也在不断显现和放大。

4. 文化观念的影响

制度有其内生的需求，这与一个国家的文化传统是分不开的。中国社会的差序格局，尤其是悠久的乡村经济，形成了中国特有的地缘和亲缘的关系，每个人都生活在一个特殊的关系网中，这给人一种天然的认同感和归属感。例如，在民间金融活跃的浙江温州，就有一种“盟兄弟、盟姐妹”的民俗，并延续至今，强调人与人之间相互协作和依靠集体的力量而生存，这为民间信用奠定了稳定的社会基础，从而促进了当地民间借贷的发展与繁荣。根据调查分析，中国民间借贷活跃地区的地域分布具有一致性，[2]这反映出了地方文化与习俗与地下金融发展的相关性。

地下金融的本质就在于避开国家的监管而获取超额的利润，这正符合了人类的逐利思想。出自《史记》的“天下熙熙，皆

---

〔1〕 参见史晋川：“人格化交易与民间金融风险”，载《浙江社会科学》2011年第12期。

〔2〕 参见罗培新主编：《温州金融实践与危机调研报告》，法律出版社2013年版，第211页。

为利来；天下攘攘，皆为利往”〔1〕生动地体现了战国时期的各国在经历变法与改革后所经历的巨大变化。传统的贵族宗法制度和等级制度松动，低阶层的人获得了较多改变自己身份地位的机会，社会的变化促使人们追求金钱、利益的机会增多，由此可见，拜金求利之风在我国的历史上就极其盛行。在金融领域，人们往往只是以最终赚取钱财的多少来论英雄，却忽视了赚取钱财方式的合法性。社会存在决定社会意识，经济形态变革必然反映在社会观念形态上。我国在改革的过程中，由于金融体制的固有缺陷，一些人基于贪利的思想，便产生了为获取利益铤而走险的机会主义思想。〔2〕经济体制和监管制度的固有缺陷，对于经济人而言具有利欲性和投机性，巨额经济利益的诱惑和“拜金主义”“唯结果论英雄”观念的影响是导致地下金融泛滥的内在动因。地下金融犯罪属于违反国家金融管理秩序的法定犯，〔3〕人们对于实施地下金融犯罪的行为人有时更多的是报以同情之心。相比传统的自然犯——例如不管出于何种理由和原因而杀人、抢劫都是为伦理和国法所不容，其行为的社会危害性能被民众所评价——对于诸如从事地下金融犯罪的行为，由于受到国家法律政策的影响，国民对其判断时不需要生活经验和道德上的评价，这便使得国民对这类经济犯罪的判断有所偏差。一些民众甚至认为地下金融犯罪的存在是“合情

〔1〕 参见《史记》第一百二十九章“货殖列传”。

〔2〕 所谓机会主义是指人具有强烈而复杂的追求自我利益的行为倾向，即人不仅追求自身利益，而且会采用非常微妙隐蔽的手段，要弄狡黠的伎俩，只要有可能，他的行为就呈机会主义倾向。参见曾长虹：“证券欺诈行为原因的经济学分析”，载《经济管理》2003 年第 16 期。

〔3〕 意大利著名犯罪学家加罗法洛最先提出了自然犯与法定犯的划分标准，自然犯罪的本质是恶劣的，是真正的、本质的犯罪，而法定犯罪是法律规定予以禁止的行为，法定犯罪的范围会随着社会的变迁而变化。地下金融涉及的犯罪行为，便是一种典型的法定犯。

合理”的，甚至是衡量一个人“能力”大小的尺码。[1]由于地下金融违法犯罪行为具有较强的隐蔽性，因此被侦查、起诉或处以重刑的可能性相对较小。特别是在现代社会中，经济方式和手段日趋复杂多样，各种经济欺诈犯罪的边线愈渐模糊，经济欺诈行为与可接受的其他经济行为相互交织，欺诈手段有时甚至被看作是其他合法经济行为的“非法附加物”（illegal appendage），是“过分的商人行为”或者“精明的经济行为”。[2]在地下金融或地下经济活动中，最为常见的就是欺诈行为和逃税行为，但参与这些活动的人们通常都不认为自己是在实施犯罪行为，即使他们知道自己的行为可能违法。例如，一位受人尊敬的艺术家或企业家如果从事逃税等地下经济活动，往往只会认为自己无非涉及轻微违法，根本谈不上犯罪。[3]这样的外部社会环境往往使实施地下金融犯罪的行为人产生错误的感觉，认为其不管通过何种方式，只要能够获取经济利益，便是自身能力的体现，甚至还会因此而产生一种成就感。

地下金融频发的原因还在于其利用了人们的经济行为及逐利心理——通过编织高额回报率的谎言，吸引懵懂的投资者体面地“入瓮”。芬兰著名金融专家卡里·纳尔斯教授描述了受骗者的心理：“在我们这个奇妙的世界上，很多人都感觉自己与众不同，比一般人更有能力、更加聪明。他们打心眼里认为自己

---

〔1〕 已经爆发的地下金融案件几乎都有一个共同的特点——这些地下金融案件的主角都是当地的明星式的人物。例如：2003 年“孙大午案”中的孙大午原系河北省徐水县大午集团董事长，是当地的明星企业家。再如 2007 年轰动的“吴英案”的吴英原系浙江东阳亿万富姐、浙江本色控股集团有限公司法人代表。关于“孙大午案”和“吴英案”具体情况参见后文相应章节的具体论述。

〔2〕 参见王文华主编：《加拿大与中国经济诈欺犯罪比较》，中国检察出版社 2003 年版，第 2 页。

〔3〕 参见［芬兰］卡里·纳尔斯：《一骗千金：史上十大金融欺诈案》，黄福宁译，法律出版社 2013 年版，第 28 页。

应该比其他人过上更好的生活。对于这类自以为是的人，当有人特意与他联系，许以丰厚回报，私下承诺让他快速致富时，他的感觉会十分美妙，这会进一步增强人们对自己重要地位的自我感觉。”〔1〕现今，自恃理性的投资者一般不会轻易地被巨额投资收益迷惑得失去方向，因此新型地下金融的某些案件在谎言编造过程中紧贴人们的想法。特别是部分“成功人士”自以为是、自作聪明的优越心理和生活习性，利用欺诈对象不求高额回报仅求低风险稳定收益的“理财理念”，承诺高于一般的合法理财产品的收益率，但高得并不离谱。然而，一些投资者过于追求投资利润的心理往往被地下金融犯罪行为人所利用。他们编造并散布虚假信息，编织着一个个发财致富的“美丽谎言”，欺骗或诱骗那些想“一夜暴富”的投资者，最后造成这些想获得更多投资回报的投资者们得不偿失、损失惨重，有的家破人亡，甚至因此而引发群起性事件。例如，2004 年爆发的福建宁德福安合会大规模崩盘影响甚大，该案涉及金额高达 25 亿元，牵涉福安市 80% 的家庭，给当地的社会稳定带来了巨大的压力。民众对高利贷的模糊认识和对高额利益的觊觎迫使政府监管部门和司法部门不得不应急出台一些通知和规定，〔2〕意在提醒广大民众树立法制观念，慎重对待身边的地下金融风险。

---

〔1〕 参见［芬兰］卡里·纳尔斯：《一骗千金：史上十大金融欺诈案》，黄福宁译，法律出版社 2013 年版，第 152 页。

〔2〕 在 1998 年前后，面对当时疯狂的非法集资等地下金融现状，中国人民银行先后颁布了《关于严禁利用庄园开发进行非法集资的紧急通知》（银发［1998］509 号）、《关于加强农林开发项目信贷管理，严禁利用土地开发和土地转让名义非法集资的通知》（银发［1999］254 号）和《关于进一步打击非法集资等活动的通知》（银发［1999］289 号）。再如 2007 年 7 月 9 日，全国人大常委会法工委、国务院法制办负责人就防范和打击非法集资、非法从事金融业务活动、传销活动等问题，回答新华社记者提问时，对目前存在的非法集资的方式进行了归纳和总结，提醒广大民众注意，避免上当受骗。

5. 法律制度的缺陷

在我国经济体制改革的过程，地下金融违法犯罪等贪利性犯罪逐渐增多。“就宏观而言，贪利性犯罪最具普遍意义的诱发因素，不是在市场经济条件下，犯罪人因物质欲望被极大地激发而使得贪利动机较计划经济时代更为强烈，而在于制度性因素即制度本身设计得不合理和制度的缺失与失范。”〔1〕地下金融的产生与发展当然也与相关法律制度的缺陷有很大关系。

(1) 监管法律制度不健全。完善的金融监管体系应当是一个包括政府监管、金融机构内部控制、行业自律和社会监督四个层次的立体监管体系。〔2〕我国金融监管采取的是单层多头的金融监管体制，中国人民银行、银监会、证监会、保监会等都是监管机关，其他商业性金融机构都要接受这“一行三会”的监督和管理。但由于各监管部门各自独立和实行分业经营下的分业监管制度，从联合监管的效果来看，监管力度并未凸显，效果并不理想。经过改革开放几十年的发展，我国已陆续颁布了与规制金融相关的《刑法》《中国人民银行法》《商业银行法》《票据法》《证券法》《保险法》和《税法》等一系列法律、法规，相应的金融监管的法律、法规框架初步形成。但由于我国目前有一些重要的法律法规没有及时出台，金融法律体系仍存在漏洞。如我国金融市场还没有建立金融市场退出机制，私募基金等民间性的金融并没有取得相应的、明确的法律地位，即使已有相应的制度，但由于缺乏配套法规、实施细则和其他规章制度，同样导致相关法律法规的可操作性不强。近年来，

〔1〕 张远煌：“贪利性犯罪死刑正当性的犯罪学追问”，载《现代法学》2007年第3期。

〔2〕 参见戎生灵：《金融风险与金融监管》，中国金融出版社2007年版，第201页。

随着我国经济全球化的推进，许多从事地下金融的犯罪人开始与国外人员相互勾结，利用我国现行的经济体制、监管体制和司法体制的滞后和存在的漏洞，实施跨国地下金融犯罪，并将赃款转移至海外，增加了我国金融监管机构的监管难度和公安机关的侦查难度，这对地下金融相关法律制度的完善提出了更高的要求。

（2）认定案件难度大。我国近些年来出台了若干有关金融领域的政策与法规，但由于这些法律法规并无具体的配套实施方案，再加上我国金融机构自身建设无法适应快速发展的金融需求，给地下金融领域违法犯罪行为的查处带来了困难。在一些地下金融犯罪案件中，某些犯罪分子利用现代计算机技术、现代通信技术和现代信息技术提供的便利条件，利用“电子银行”“网上交易”“电子票据”等新型金融工具来实施高智能犯罪，给司法机关破获、检控和处罚这类犯罪造成了很大的困难。

由于地下金融犯罪案件往往比较隐蔽且潜藏时间长，因此查处资金流向和资金数额的证据繁杂，资金去向难以掌握，导致与案件相关的物证和书证难以收集，有的甚至被销毁或因时间久而灭失。公安机关或司法机关光是核查某一案件的涉案金额和被害人人数就需要耗费大量的人力、物力和财力。社会缺乏对于金融犯罪复杂性的认识和理解导致监管部门不愿意介入调查，而且警方在调查金融犯罪案件时准备往往并不充分，他们由于缺乏专业的金融知识对该类案件感觉十分棘手。[1]从事地下金融活动的行为人都具有较强的反侦察能力，他们谙熟金融活动的操作流程和操作手法。一些犯罪嫌疑人为了逃避打击，

〔1〕 Sss City of London Police, *Assessment*: *Financial Crime Against Vulnerable Adults*, Published by the Social Care Institute for Excellence in Great Britain in November 2011, p. 15.

会故意隐匿、销毁会计账簿和其他材料，导致证据缺失。而我国目前的侦查机关和司法机关却缺乏精通金融知识的专业办案人员，因此更加增大了查处地下金融犯罪案件的难度。尤其是爆发影响较大的地下金融案件，往往伴随着群体性事件的发生，刚刚介入案件的侦查机关不得不将主要精力放在维护社会经济秩序和稳定受害人情绪上，以致耽误和影响了对案件证据的收集，导致检察机关在证据不足的情形下无法提起诉讼，或者即使提起诉讼，也会由于证据的不完整，而给随后的案件诉讼带来困难。由于地下金融犯罪案件的立案标准等缺乏明确规定，公安机关对于立案时机和采取强制措施时间很难把握，若介入过早，由于犯罪行为未充分暴露，则不利于打击犯罪和取证；若介入过晚，则可能导致被害人损失进一步扩大，也有可能导致犯罪嫌疑人潜逃。这些相关的实体法和程序法上的不完善，影响了地下金融案件的查处。

第三章

刑法视野下的地下金融风险

一、风险的含义

（一）社会生活中的“风险”

据外国学者考证，“风险”一词来自意大利语“risque”。在现代早期的航海贸易和保险业中，风险被理解为客观的危险，具体是指自然灾害或者在航海过程中触礁、遭遇风暴等情形。[1]关于风险的含义，理论界有不同的解读，站在不同的立场，学者们对风险的定义也就不同，如将“风险”界定为：受伤害的危险、损失的机会、损失的可能性和不确定性等。也有观点将风险界定为：“风险是费用、损失或与损失相关的不确定性。”[2]风险管理和保险界普遍认为风险为“损失发生的不确定性”，其要素包括“损失”和“不确定性”两个方面。风险就是事件结果的可测定的不确定性，具有发生损失的可能性，是对特定的情境下的未来结果的客观疑虑。因此，在社会生活中，风险是指可能发生的事情，例如对于投资证券市场的投资者来说，风

---

〔1〕 参见田宏杰：“‘风险社会’的刑法立场”，载《法商研究》2011 年第 4 期。

〔2〕 转引自马民书主编：《风险论》，军事科学出版社 2000 年版，第 4 页。

险就意味可能赚钱或可能赔钱的前景；对于热爱户外运动的“驴友”来说，其风险则与探险兴趣有着密切关系。对风险的判断不仅要考虑后果发生的可能性，还要考虑后果的严重性。因此，风险的完整定义可为：“受危险源影响并导致不良后果的可能性。”〔1〕当然，在有些情形下，所谓的风险其实是指风险导致的结果。例如，中风和糖尿病是一个最终结果，它们可能是自然的生物发展结果，也可能是受到了危险源的影响而产生。在现代社会，致人死亡的因素中，心脏病、癌症和肥胖病占了很大的比重，并且还是不少危险源的普遍后果。例如，癌症不是一种风险，而是一种结果，是吸烟或长期暴晒在太阳下等危害健康的行为所导致的结果。癌症风险的高低取决于其个人因素，如吸烟或长期大量饮酒等。〔2〕

从严格意义上来讲，风险是在一定时间内，由风险因素、风险事件和风险结果三个因素相互联系而呈现出的一种可能性。风险具有明显的社会危害性，其危害可分为有形危害和无形危害两种。风险的有形危害是指风险造成的有形代价，包括直接危害和间接危害。风险的无形危害是指由于风险发生的不确定性导致经济单位发生的经济损失。〔3〕因此，风险是一种能给人类社会带来损失的客观存在的现象，虽然风险具有很大的偶然性和不可预测性，但随着人类社会的进步、知识能力水平的提升和防范风险能力的增强，控制风险将成为一种现实。

---

〔1〕［美］大卫·罗佩克、乔治·格雷：《风险指南：分辨你身边真正安全和危险的事物》，薛丽、李向晖译，东方出版社2006年版，导言第7页。

〔2〕参见［美］大卫·罗佩克、乔治·格雷：《风险指南：分辨你身边真正安全和危险的事物》，薛丽、李向晖译，东方出版社2006年版，导言第16、405页。

〔3〕参见戎生灵：《金融风险与金融监管》，中国金融出版社2007年版，第1~2页。

风险与危险是有区别的，风险包含有危险和机遇的双重内涵，而危险一般是指外在实体或者实践活动造成的困难、阻碍、损失甚至伤害。风险取决于人的决断，而危险所导致的损失是由外在的因素来决定的。风险相比较于危险而言，更强调主体的认知判断与社会评价行为。〔1〕

（二）刑法理论中的“风险”

刑法理论中有时会用“风险”一词来表示行为或结果的危害性，但传统的刑法理论在涉及评价某一行为的威胁或危害时，大多都用“危险”一词，而很少用“风险”一词。所谓“危险”，“其一般之定义，乃某事物，对于另一事物，造成不利益结果发生之可能性；在刑法上，危险犯之‘危险’即指构成要件行为，对于保护法益，造成实害结果发生之可能性”。〔2〕刑法中的“危险”，比较典型的是危险犯中的“危险”，尤其是抽象危险犯中的“危险”是立法者拟制出来的危险，在具体案例中，法官无须再去判断行为是否真实地对保护法益具有危险性。我国传统的刑法理论认为行为具有的危害性包括两种情形：一种是对某一法益造成实际危害；另一种情况是对某一社会关系造成现实威胁，即具有造成损害的现实可能性，这种情况所体现的社会危害性实质上就表现为“风险”。

现代刑法中的客观归责理论规定了不被容许的“风险”。客观归责理论由德国刑法学者罗克辛（Roxin）教授提出并倡导，是基于德国刑法学中的因果关系理论发展起来的学说，旨在解决客观上的可归责性问题。客观归责的要义为：行为的客观可归责性在于制造不被允许的风险，这里的“法所不允许的风险”

---

〔1〕 参见潘斌：《社会风险论》，中国社会科学出版社 2011 年版，第 27 页。

〔2〕 甘添贵：《体系刑法各论——侵害个人专属法益之犯罪》（修订版），瑞兴图书股份有限公司 2001 年版，第 225 页。

在于表明不被允许的风险具有法的层级性，而不只是具有道德的层级，这种风险应该是法秩序所关心的，具有法律上的重要性。风险是否具有法律上的重要意义，取决于风险的高度，高的风险之所以有法律上的意义，是因为这样的风险对法益的威胁较大，所以为法律所不允许，有些情形下的风险虽高，但法律却不在乎，这样的高风险就没有归责上的意义。〔1〕但应当注意的是，客观归责理论中所讨论的风险并不是指"风险社会"中的"风险"，而只是一般意义上的"风险"。归责理论中的"风险"在具体案例中就是一个行为是否具有侵害法益的可能性。

当前，人们喜欢用"风险"一词来替代"危险"，因为计算的理性和科学的程序已经在我们的文化中固定下来，并且人们认为这样表述更为科学，也更容易获得政府或其他权威性制度的回应。〔2〕这反映在刑法理论中便是关于"风险刑法"理论的讨论。自20世纪70年代以来，世界各国围绕风险问题展开了广泛的学术讨论，西方学者谈及的现代"风险社会"的"风险"是一种混合了现代政治、伦理、媒体、科技和文化及人们的特别感知而形成的、由现代文明制度和科技发展带来的风险。但是，我国的刑法学者对于风险社会之"风险"的理解，似乎和国外学者所阐释的"风险"有较大差别，并有泛化的倾向，尤其是其否定了现行的罪责刑法的观点。〔3〕实质上，风险社会的"风险"特点应是后果不可预测、不易控制，是由社会制度

---

〔1〕 参见许玉秀：《主观与客观之间——主观理论与客观归责》，法律出版社2008年版，第12页。

〔2〕 参见田宏杰："'风险社会'的刑法立场"，载《法商研究》2011年第4期。

〔3〕 参见魏东、何为："风险刑法理论研究综述"，载《山东警察学院学报》2012年第5期；黎宏："对风险刑法观的反思"，载《人民检察》2011年第3期。

异变而来。刑法探讨风险社会的意义在于在应对风险和保护安全时，改变现行刑法的处罚范围。伴随着人类社会的发展，风险无时无刻不在，从这个意义上讲，“风险社会”中的“风险”，只是社会发展到一定阶段才出现的，它仅仅存在于一切社会中的“实害发生可能性”的一部分或者阶段性表现，这与“实害发生可能性”这种社会危害性意义上的“风险”是完全不同的。〔1〕因此，风险刑法理论中的“风险”并不是传统刑法理论中的“风险”，刑法上的风险实质上是指对法益具有侵害性，即某一行为的风险量已达到具有刑法否定性评价的意义。

（三）本书对“风险”界定

人们对生活中的风险反应往往是感性大于理性，但法律对于风险的防范和控制只能是理性。在一般生活的用语中，其常常会与法律用语发生重叠，乃至混用，但因其各自所指的内容与对象不同，事实上还是有所差异的。尤其是法律用语常隐藏一定的法律判断而可能发生一定的法律效果，因此一般生活上的用语在使用上须经过文字意义与内涵的转化，方能成为法律用语。例如，对于“危险”一词而言，虽然刑法中也使用“危险”，但其与一般生活用语中的“危险”是不同的。生活用语的“危险”是指由人的观点所引发的一种感觉或表达一种事实状态的静态存在，并不针对任何的具体对象物，但这样的涵义套用到刑法用语中却并无太大的意义，因此必须从刑法的“观点规范”来重新定义“危险”的意义。〔2〕同样，“风险”一词在生

〔1〕 参见夏勇：“‘风险社会’中的‘风险’辨析——刑法学研究中‘风险’误区之澄清”，载《中外法学》2012 年第 2 期。

〔2〕 参见王荣圣：“刑法上危险之确认与预测”，载甘添贵教授七秩华诞祝寿论文集编辑委员会编：《甘添贵教授七秩华诞祝寿论文集》（下册），承法数位文化有限公司 2012 年版，第 416 页、第 419 页。

活中的涵义和刑法适用之间也是存在着差异的，生活用语中的“风险”是指可能发生的危险，风险的客观存在而非虚化决定了风险可被现实所感知并作出反应。如生活用语有“承担风险”“这件事情有风险”“股市有风险，入市须谨慎”；而刑法理论中的“风险”是指某一行为会对某一社会关系造成现实威胁，或者说具有造成损害的现实可能性。

本书对论及的刑法控制的地下金融的“风险”范畴作了限缩性界定。首先，这里的“风险”并不是金融自身引起的风险（因为这种风险是金融的固有特征），[1]而是专注于研究由于行为人实施的危害行为而引起的风险。其次，本书并不赞同“风险刑法”所提倡的刑法介入提前、犯罪圈扩大和设立更多危险犯模式来规范社会生活中的失范行为。换言之，不能将刑法中的“实害发生可能性”等同于“风险社会”中的“风险”，而是应当立足于刑法的规范层面，针对某一行为人实施的地下金融活动的风险的量做一个相应判断，只有在达到一定的程度时——对法益具有一定程度的侵害性时，或者说地下金融活动风险的程度已达到刑法所关注的社会危害性程度时——刑法才不得不对这种有着社会危害性的风险行为加以审视和规制。

地下金融风险之所以存在，是因为地下金融脱离了法律制

---

〔1〕 金融自身的风险是不可避免的，对于这种风险只可以预测。而不能提前预知。例如在股票市场，有很多的证券分析师和专家都在研究股票的涨跌走势，但没有任何人敢于宣称其对股票的涨跌走势完全确定，这是因为影响股票市场的涨跌因素很多，如宏观经济发展变化、国内政治情况和上市公司突发事件甚至是极端的恶劣天气情况等，都会影响到股票市场的走势，甚至导致股票市场的下跌，这就是一种无法准确预判的风险。但在现代市场经济中，金融领域的竞争最为激烈，风险也最高，可以说没有风险，就没有金融。相反无风险的投资环境会使得资金流向经济效率较低的部门，最终反而会导致金融体系的系统性风险增加。

度监管而具有危害性，因此行为人为了超额利润而实施的严重破坏金融秩序的行为，是一种为国家和社会所不允许的风险，当然应该纳入刑法规制的范畴。刑法对地下金融活动准确而及时地介入，一方面是通过刑法的惩治功能消除地下金融集聚的已有风险；另一方面则是利用刑法的预防功能防范地下金融潜在的未来风险。按照风险控制的相关理论，对于风险作出更为准确的判断，关键在于始终把握住危险源、接触范围、后果和可能性这几个要素。〔1〕在判断风险的大小时，具有决定意义的应当是引起风险的后果本质及其严重性。

二、地下金融的风险

金融风险主要有市场性风险以及体制性和机制性两种类型，所谓市场性风险，系完全由市场的不确定性所导致；而体制性和机制性风险，则是由于市场经济体制不完善或尚未根本建立，进而导致的内外监督不到位而引起的风险，如信用风险、犯罪风险、政策风险和管理风险等。〔2〕从影响的范围来看，金融风险还可划分为宏观风险、微观风险等。根据巴塞尔银行有效监管的核心原则，我们可将金融风险划分为包括信用风险、市场风险、操作风险、流动性风险和法律风险在内的八类风险。在我国，金融风险一般主要包括：①契约风险：因合同执行等产生的违约等情形。②流动性风险：由于现金流不足而出现无法归还资金或资金链断裂的情形。③信用风险：因投资失败而致使丧失偿债能力，使以前的承诺无法兑现。④道德风险：行为人实施欺诈或诈骗行为。刑事司法应当明确将契约风险与流动

〔1〕 参见［美］大卫·罗佩克、乔治·格雷：《风险指南：分辨你身边真正安全和危险的事物》，薛丽、李向晖译，东方出版社2006年版，导言第8页。

〔2〕 参见曹建明：“金融安全与法制建设”，载《法学》1998年第8期。

性风险排除出刑事责任追究体系，应公平地评估道德风险是否具有欺诈成分，对于信用风险，应仅将严重违反信息披露规则与严重背离资金用途的信用风险情形纳入刑事处罚范畴。[1]作为广义金融的形式之一的地下金融，其风险表现也主要集中在以上几种类型。但由于地下金融脱离了国家金融部门的监管，导致查处难度加大，其释放的风险也将难以得到有效监控和抑制。本书所研究的地下金融风险主要是指体制性和机制性风险，是由于市场经济体制不完善或尚未根本建立，行为人利用规则不完善和监督不到位实施的金融活动而导致的风险。笔者希冀用刑法的特殊预防和一般预防的功能来有效控制地下金融的这类风险。

地下金融作为一种追逐高利的自愿性的风险游戏，在参与的人足够多的时候，便会转变为一种社会性的风险游戏，从而具有较大的社会危害性。地下金融风险在发展过程中，由于风险的量的变化会导致其危害性逐渐增加，甚至引起刑法的介入。以我国现在多发的集资案件为例，危害性最为严重的就是“金字塔集资模式”，[2]具体发展阶段和表现方式如下表所示：

---

〔1〕 参见谢杰：“论融资犯罪金融风险的刑事控制”，载《新疆警官高等专科学校学报》2012 年第 2 期。

〔2〕 金字塔集资是一种银行体系外的集资行为，其本质特征就是以诱人的超高收益率来吸引投资者的存款，对前期投资者进行本息偿付的资金来源于后期投资者的存款，如此往复，会形成一个金字塔。参见危素华：“关于金字塔集资的思考：以阿尔巴尼亚为个案”，载《学术界》2001 年第 1 期。

表 3-1　金字塔集资模式发展阶段及表现方式[1]

发展阶段	行为方式与风险表现
第1阶段	设计严密的金字塔结构和虚假诱人的高额回报。
第2阶段	推介投资产品或运营项目，承诺高额投资回报。
第3阶段	早期投资者获得丰厚回报，使得后来的投资者确信投资的真实性。
第4阶段	有关该项目可轻而易举地获得高额利润的传言开始传播。
第5阶段	更多的人开始参与或投资该项目，影响面开始不断扩大。
第6阶段	投资者、媒体和监管部门开始对该投资项目产生怀疑，部分投资者开始紧急兑现自己的投资利润，风险开始显露。
第7阶段	在挤兑出现后，前期筹集的资金慢慢耗尽，无法再支付投资回报，骗徒被捕或者逃亡，警方开始介入调查，风险被揭露。
第8阶段	金字塔集资模式应声垮塌，投资者损失全部或部分资金，诉讼或非法索债事件发生，风险完全爆发。

我国近些年的一系列监管政策和司法制度体现了政府和司法机关对地下金融风险的认识正不断提升。[2]我国的地下金融风险主要表现为国家经济运行的风险、国家金融安全的风险、

[1] 金字塔集资对于内心贪婪和一心想发横财的人很有吸引力，因此金字塔集资回报必须十分诱人且足够隐蔽和复杂，避免在早期就被人所察觉。金字塔集资通常表现为8个阶段，具体参见文中表格所示。参见［芬兰］卡里·纳尔斯：《一骗千金：史上十大金融欺诈案》，黄福宁译，法律出版社2013年版，第208页。

[2] 例如2012年2月21日，最高人民法院下发《最高人民法院关于当前形势下加强民事审判切实保障民生若干问题的通知》（法［2012］40号），要求妥善审理民间借贷案件，维护合法有序的民间借贷关系，要从维护国家金融安全、保障经济健康发展的高度，统一审判理念和裁判思路，全面、准确、及时地了解和掌握国家经济、金融政策精神。要依法准确认定民间借贷行为效力，正确划分合法的民间借贷与集资诈骗、非法吸收公众存款等犯罪行为的界限。要正确分析当事人诉讼请求的实质，判断当事人有关约定的效力，保护合法的民间借贷行为以及当事人的合法权益，促进实体经济发展。该通知中强调了处理地下金融案件时，要从经济发展和金融安全的高度来准确界定和裁判。

引发刑事犯罪的风险和破坏社会秩序稳定的风险。

（一）引发国家经济运行的风险

由于地下金融会影响到银行等关系着国家经济运行的重要部门，因此会对国家的经济运行造成很大的影响。根据金融风险所涉及的范围，我们可以将其分为宏观金融风险和微观金融风险。宏观金融风险是指在一个国家范围内发生的所有微观金融风险的总和；而微观金融风险是指某一个经济实体在其筹措资金和经营资金的过程中存在与发生的风险。〔1〕

1. 宏观经济影响

地下金融对宏观经济的影响表现在不同的方面。实质上，不同的地区存在的经济差异导致了对地下金融需求的差别。地下金融所造成的危害，近年来已严重影响了许多国家的整体经济发展，甚至影响到了全世界的金融体系。地下金融对宏观经济的影响主要体现在对经济均衡、增长速度和经济效率的影响。地下金融对宏观经济的影响具体表现为以下几个方面：〔2〕

（1）影响国民储蓄的偏离度。正常经济活动造成的资本和储蓄量发生偏离，金融部门是可以预测和调节的。但由于地下金融活动的隐蔽性，其造成的资本与储蓄的偏离，将使宏观经济调控难以发挥其功能，这样将影响国家金融政策的制定与落实，影响投资和制约实体经济的发展。

（2）影响国际收支均衡。政府宏观经济调控的目标之一是追求国际收支平衡，稳定的汇率是一个国家国际信用的基础，汇率的变动将影响到国家的经济增长和物价波动，进而影响到国家的整个金融市场，并影响到国家的宏观经济决策。

---

〔1〕 参见戎生灵：《金融风险与金融监管》，中国金融出版社 2007 年版，第 9 页。

〔2〕 参见李建军等：《中国地下金融规模与宏观经济影响研究》，中国金融出版社 2005 年版，第 6 页。

（3）影响货币政策的施行效果。货币供求均衡是经济均衡的重要保障，但地下货币资金的存在会使得名义货币供给与公开经济决定的均衡货币供给之间发生实质性偏离，导致货币政策功能的失效。

（4）影响宏观经济管理目标的实现。经济的增长、经济的均衡和经济的效率是宏观经济的核心，由于地下货币资金未被纳入统计和监管范围，对于地下金融对宏观经济这三个重要方面的影响便无法估算，必然导致宏观经济管理的目标难以实现。

2. 微观经济影响

金融对微观经济也有很大的影响，良好的金融供给是企业发展和民众消费的重要保障，金融能为企业等社会个体的发展提供现金支撑，有助于企业的原材料采购、研究开发、物流仓储、销售网络和品牌建设等，保证现代制造业和现代服务业的发展，同时也能为民众手头富余的资金提供更多的“增值性财富”的机会。但由于受全球金融危机的影响，我国自2008年以来，国内资金供需关系进一步紧张，导致非法集资等地下金融活动大量爆发，并催生了一些新型的非法集资犯罪活动，尤其是一些新的非法集资手段具有极强的隐蔽性和欺骗性。行为人往往利用经营投资、电子商务、风险投资、黄金期货或新能源开发等形式实施非法集资活动，呈现由传统农业向商贸、文化、卫生和教育等领域渗透的趋势。其涉及领域的广度和深度不断延伸，并影响到了我国微观经济的发展。

（二）引发国家金融安全的风险

“防范和化解金融风险的终极目的即是维护金融安全。”[1]金融作为现代经济的核心，其稳定和安全关系着一个国家的经

---

〔1〕 戴小平：“论金融安全区的构建”，载《经济问题》2000年第6期。

济发展和社会稳定，因此应将金融安全作为维护国家安全的重要因素予以保障。金融安全主要是指国家金融系统的安全，是指国家金融体系诸要素不被破坏和威胁、国内和国际金融资源供给得到有效保障的状态。宏观意义的金融安全是指金融业整体性的抵御危机的能力；微观意义上的金融安全是指金融机构维持正常运转，避免破产、挤兑、流动性危机等支付不能的发生。影响金融安全的两个重要因素是金融开放和金融创新。虽然金融开放和金融创新能够增加融通国际资本的管道和增强一国的金融竞争力，但与此同时，不断增加的金融风险，也威胁着一国乃至国际金融系统的安全。〔1〕地下金融机构一般通过非法方式将资金流到境外，为逃汇和走私等犯罪活动提供了便利，造成国家资金外流和外汇储备的损失，尤其会影响到国家的外汇管理秩序，危机国家金融安全。〔2〕通常认为，判断一个国家

〔1〕 参见曾筱清：《金融全球化与金融监管立法研究》，北京大学出版社 2005 年版，第 28 ~29 页。

〔2〕 受外汇管理的限制，在我国的大陆地区和台湾地区的资金流转过程中，一直存在着地下通汇市场。按照“台湾地区与大陆地区人民关系条例”第 36 条之一规定：“大陆地区资金进出台湾地区之管理及处罚，准用管理外汇条例第六条之一、第二十条、第二十二条、第二十四条及第二十六条规定；对于台湾地区之金融市场或外汇市场有重大影响情事时，并得由中央银行同有关机关予以其他必要限制或禁止。”该法令规定了两岸不能直接通商及通汇，须经设于第三地之子公司转投资，促使许多台商以各种方式偷渡转赴大陆地区。由于地下通汇具有秘密、便捷、汇兑手续费较低等诱因，民众在“理性选择”的考量下，自然选择进行地下通汇。这种地下通汇之金额有大有小，但日积月累，其金额不小。如 1993 年至 1995 年间，两岸通过金门走私洗钱高达七十四亿多元。例如启瑞公司案，启瑞公司从 2001 年 1 月至 2002 年 11 月，通过地下汇款金额高达 19 . 074 亿元，2005 ~2007 年间，我国台湾地区“法务部”调查局先后查获多起地下通汇案件，其中既包括与大陆地区也包括与东南亚国家的汇兑，金额惊人。依“法务部”调查局统计，2009 年未经有关部门核准办理地区汇兑业务，涉犯违反“银行法”者共有 39 件，金额达 40 088 033 514 元；2010 年有 26 件，金额有 17 852 577 612 元。参见台湾地区“法务部”调查局：《经济犯罪防制工作年报》2011 年版，第 43 页。

金融安全的衡量标准在于：①人们持有的金融资产的价值（包括货币）不遭受损失；②社会金融秩序能得到维护；③金融机构能正常运转；④国家政权不受到金融威胁。[1]这为实施金融安全保护战略提供了具体标准和实施路径。

为了保证我国的金融安全，最高人民法院先后多次出台了有关防范和化解金融风险以及为推进金融改革发展提供司法保障的意见，并明确提出法院系统要切实维护国家金融安全和金融秩序，[2]尤其是随着经济全球化和金融全球化的迅猛发展，金融犯罪也日益国际化。[3]因此，在全球化背景下，发展规模越来越大的地下金融给国家金融安全带来的风险也会越来越大。

（三）引发金融领域犯罪的风险

地下金融的法律风险是指经济主体[4]在金融活动中可能违反相关法律而引起的风险。由于地下金融一直没有得到相关法律的认可和承认，只能在“地下”生存和发展，这样其面临的法律风险便会更大。地下金融犯罪植根于金融活动之中，它与地下金融风险有着必然联系，地下金融犯罪是加速地下金融风险生成和累积的重要因素。金融风险转化为金融犯罪的载体表

---

〔1〕 参见曾康霖：“试析金融风险、金融危机与金融安全”，载《金融发展研究》2008 年第 2 期。

〔2〕 参见原最高人民法院院长王胜俊同志于 2012 年 3 月 11 日在第十一届全国人民代表大会第五次会议上所作的《最高人民法院工作报告》。

〔3〕 参见顾肖荣：“金融风险与金融法治的制度创新”，载《文汇报》2009 年 8 月 10 日。

〔4〕 在现代经济学中，经济人一般被假定为取得效用最大化的经济主体。经济人具有四种秉性：一是天性的趋利避害，二是需求偏好的多样性，三是有限理性，四是机会主义倾向。这些秉性特点决定了经济主体在经济活动，特别是市场交易活动中，往往是一种非合作的博弈。经济人天生具有的“道义上不负责任的随意性”的机会主义倾向，必然导致经济主体的道德风险问题和逆向风险问题。参见戎生灵：《金融风险与金融监管》，中国金融出版社 2007 年版，第 6～7 页。

现为金融工具、金融制度、金融规范和金融业务等，载体不是单一的元素，而是多个元素的组合体。载体是实施金融犯罪的必备条件，如果没有载体，金融风险便不会转化为被害因素，金融犯罪也就不会发生。但有了载体也不必然导致金融风险转化为被害因素，因为只有结合了人的因素后，载体才能进入犯罪系统之中，形成有机联系体，金融犯罪的发生也才能成为可能。因此，载体作为加害与被害相互作用的媒介和场所，是金融风险的蕴藏所在，其在金融犯罪过程中发挥着特殊作用和居于特殊地位。〔1〕因此，金融风险不是犯罪发生的原因，而是犯罪发生的条件，正是因为有了风险的存在，才会导致金融犯罪的发生。以地下金融中的高利借贷方式为例，由于高额利息缺少法律的保障，放贷人往往会采取暴力讨债、非法拘禁等违法犯罪来索取债务而引发犯罪的风险。根据温州市鹿城区人民法院的一项统计，从2011年9月至2012年3月，该院共受理因暴力讨债引发的非法拘禁、故意伤害等刑事案件75件，123人因此而成被告人。〔2〕此类由高利息索债型刑事案件和故意伤害等刑事案件所引发的风险，对人民的生命财产和社会稳定造成了很大的威胁。

地下金融风险的危害之处还在于，行为人以较高的利率吸引民间的资金，〔3〕而合法金融市场上的资金相对就会被挤压，

---

〔1〕参见张守涛、张慧："金融风险与金融犯罪被害"，载《犯罪研究》2011年第6期。

〔2〕参见陈东升、陈逸群："温州民间借贷纠纷案井喷 挑战法院审理"，载《法制日报》2012年3月7日。

〔3〕地下金融的利率一般都很高，这是因为出借者要承担比较大的风险。对于高利贷，我国大陆地区采取的是否定态度，即高利贷并不得到法律的承认，但刑法中并没有高利贷罪的相关规定。在我国台湾地区，这些高利率的行为都可依照台湾"刑法典"第344条规定的重利罪处罚，即"乘他人急迫、轻率或无经验，贷以金钱或其他物品，而取得与原本显不相当之重利者，处一年以下有期徒刑、拘役或科或并科一千元以下罚金。"重利罪在台湾称之为"个别重利罪"，俗称之高利贷，因

向金融机构借贷的资金就会相对减少，从而影响到国家金融监管部门和统计部门作出正确的经济统计。更大的问题是，地下金融没有受到监督与保护，从事地下金融的行为人很可能在吸收资金之后便逃逸无踪，从而伤害无数的资金提供者。而这些提供资金的人，恰恰都是一些普通民众，他们有的把毕生的积蓄投注到地下金融机构（如地下钱庄之类），一旦受到伤害，一家人的生计从此便会出现大问题。地下金融的另一个附随危险就是暴力讨债，地下金融的吸收或放款手续都很简单，很容易获取高利或使得急需资金得到满足，其间没有严格的信用审核，甚至也无须审核。这种看似缺乏保障的地下金融行为何以盛行？主要在于除了一定的人缘和地缘甚至血缘的结构关系外，这些地下金融活动大都无需依仗法律的强制执行力，一旦借款人不还钱，他们就会动用严厉乃至残酷的手法逼迫借款人偿还本金和高额利息。与此相应的地下金融的暴力索债案件屡见报端，[1]这

（接上页）为重利剥削有害他人之财产权益，也关系到经济的发展，台湾地区的“民法”亦有约定利率的规定，最高不得超过周年20%，债权人对于超过部分之利益，无请求权。台湾地区的“民法”第74条对暴利行为规定为：“法律行为，系乘他人之急迫、轻率或无经验，使其为财产上之给付或为给付之约定，依当时情形显失公平者，法院得因利害关系人之声请，撤销其法律行为或减轻其给付。前项声请，应于法律行为后一年内为之”。重利罪的犯罪人的犯罪意思应是故意，即明知他人处于急迫、轻率或无经验的状态下而实施的行为。参见谢瑞智：《刑法概论Ⅱ——刑法分则》，台湾商务印书馆2011年版，第418页。

〔1〕 例如曾求助民间高利贷来解决资金危机的温州中小企业主由于无法偿还因民间高利贷所欠下的债务，温州中小企业经营者正处在官司缠身的尴尬境地，甚至频频遭遇暴力索债或非法拘禁等犯罪行为的侵犯。民间借贷引发暴力索债等犯罪活动主要呈现三方面的特点：一是出借人在索债不能时，为了收回本金并获取高额利息，往往以威胁、殴打、扣押人质等手段，逼迫债务人或其亲属偿还债务；二是众多受雇于利益集团的“马仔”直接出面进行暴力追债，真正的债权人则躲在幕后；三是因为民间借贷“短期、高息、利滚利”，以及放贷人“转贷、吃利差、告诉周转”的特点，出借人实施非法拘禁逼迫债务人尽快偿还欠款。参见胡俊华：“高利贷为祸 温州频现暴力索债”，载《每日经济新闻》2008年8月20日。

主要缘于地下金融本身不受法律保护，涉及地下金融的纠纷自然无法获得司法救济，行为人往往会采用非法拘禁、故意伤害等犯罪手段来保证其预期的收益。其中由高利贷引起的纠纷已成为刑事案件多发的源头，犯罪人实施犯罪的手段呈多样化发展，且犯罪动机也有从索债型犯罪向索命型犯罪发展的倾向。

（四）引发破坏社会稳定的风险

地下金融的正面经济效应是为中小企业的发展提供了资金支持，促进了经济的发展，但地下金融对经济的负面效应同样明显：由于地下金融缺乏外部约束，容易产生逆向选择和道德风险，在无法诉诸法律的情形下，一旦金融风险显化，尤其在我国现阶段的投资者缺乏“责任自负”观念的情况下，如果出现问题便会导致违法等暴力事件或群体性事件的发生，影响到社会稳定和经济安全。现阶段，我国的地下金融分流了大量的居民储蓄，使得庞大的资金在国家正常的金融体系外循环，直接削弱了宏观调控的效果，破坏了社会资源的合理配置，扰乱了金融秩序。地下金融风险中的欺诈会造成严重的社会后果，欺诈会削弱人们之间的社会纽带，造成人与人之间的不信任，特别会引起参与地下金融活动者对诱导自己参加地下金融活动的人的仇视，并实施一些过激行为，如实施聚众打砸引导自己参加集资的人的住所等行为。

1995 年 11 月，江苏省无锡市的邓斌因全国首例非法集资案而被判处死刑，其非法集资额高达 32 亿元，之后又相继爆发了“浙江‘首富’吴英非法集资案”“内蒙古鄂尔多斯石小红非法集资案”“陕西咸阳李春非法集资案”等具有广泛社会影响的案件。再如位于陕西能源集结地榆林市的绥德县从 2013 年 6 月开始被卷入地下金融大案。案发时，绥德县汇集了 17 家投资公司和小额贷款公司，资金总量接近 30 亿元。这些公司大多是以房地产项目、矿产资源项目、煤炭开采项目等注册，但这些公司实际上除了吸收存款和放款给其他公司之外，很少涉及实体业务。在这些公司的高额利率的诱惑下，直接参与民间借贷的人数超过4000人，间接的关联人数接近10万人，严重影响到了社会的安全与稳定。2013年6月1日，陕西省榆林市浩怀投资有限公司法定代表人杨浩被公安机关以涉嫌“非法吸收公众存款罪”和“集资诈骗罪”刑事拘留。2013年6月6日，公安机关又提请检察机关对绥德县瑞意投资有限公司法定代表人徐卫东进行逮捕，这些曾在绥德县红极一时的风云人物瞬间倒塌。〔1〕再如，曾经因高利贷泛滥而成为“宝马县”的江苏省泗洪县，在借贷大户“跑路”、停止付息后，出现了高利贷市场崩盘，众多放贷人血本无归，以致引发了群体性事件。〔2〕这些典型案例都反映了地下金融涉及的金额之大、牵涉的范围之广和对社会的影响之深，显示了地下金融释放的巨大风险和带来的严重社会危害。尤其是在2008年，由美国次贷危机引发的一场史无前例的金融风暴席卷全球，在金融全球化的背景下，我国的金融稳定和安全也受到了影响。由于次贷危机引发了金融市场的银根收紧和流通货币供应量减少，一些因次贷危机而处于“风雨飘摇”中的中小企业为了生存转而求助于地下金融，以躲避金融监管部门的监管。当时，一些企业或个人在资金周转不灵的情况下，利用民众拥有闲散资金且有投资理财需求的愿望，采取高息方式诱惑吸纳资金，但有些企业因经营不善或市场风险，

---

〔1〕 参见王金龙、黄杰：“当地政府监管存漏洞：榆林绥德30亿元地下金融濒危”，载《中国经营报》2013年6月29日。

〔2〕 邢志刚：“江苏泗洪县宝马乡豪车云集背后 他们的钱哪里来的”，载http://finance.sina.com.cn/roll/20110710/044810121676.shtml，访问时间：2014年9月20日。

出现了资金链断裂现象，民间借贷行为也就因此转化为了集资诈骗、非法吸收公众存款等金融犯罪活动。由于金融危机使市场环境进一步恶化，这些通过地下金融筹集资金的企业的资金链极易发生断链，致使用资者无法兑现当初的承诺，甚至连本金都无法按时归还，投资者为了挽回自己的损失，必然会采取各种手段讨要投资款，甚至是采用绑架等极端手段，进而在部分地区引发了一系列暴力索债、非法拘禁等违法犯罪事件，产生了严重的社会危害性，引发了社会的不稳定。[1]目前，在一些地下金融犯罪案件中，还不乏一些地方官员的身影。例如，辽宁省铁岭市人大代表麻德强及妻子、儿女、儿媳涉嫌非法集资上亿元，其中儿子麻慰是西丰县德兴满族乡副乡长，女儿麻伊娜为西丰县统计局副局长，5 名家庭成员于 2014 年 1 月全部被检察机关批准逮捕。麻德强的妻子、西丰县好福典当有限责任公司法人代表程红以典当公司为名，采取体外循环方式，绕开监管，以高息回报为手段，非法收取公众存款，根据公安机关的统计，登记涉案人员 466 人，涉案金额 10 844.945 万元。[2]这类牵涉官员的地下金融案件，更容易引起社会的巨大反响和群体性事件。

三、刑法控制地下金融风险的功能

（一）法律与金融的互动关系

金融作为一个国家经济发展的重要枢纽，在现代国家的发

---

〔1〕 参见廖天虎：“论我国当前的金融犯罪规制的刑事政策”，载《西南科技大学学报（哲学社会科学版）》2010 年第 4 期。

〔2〕 参见孙仁斌：“辽宁铁岭一人大代表全家卷入亿元非法集资案”，载 http://news.xinhuanet.com/legal/2014-01/18/c_119027034.htm，访问时间 2014 年 1 月 18 日。

展中起着重要的作用。与此同时，作为现代国家建设和发展基础的法律制度，在倡导人权保障和保护人身权利、财产权利以及国家发展等方面发挥了巨大作用。法律与金融作为现代国家两大重要支柱具有怎样的关系？从形式上看，金融倾向于市场，法律依赖于规则，法律在金融发展的过程中应该起到保驾护航的作用。但随着学者们研究的深入，我们发现法律对金融的作用还不仅仅限于此。20 世纪 90 年代中后期，于美国兴起的“法律和金融”理论〔1〕就是用经济学方法，分析和探究法律制度对国家金融体系发展模式的形成和经济发展的影响。根据制度经济学的研究成果，法律制度的好坏将直接影响到金融生态的优劣：首先，法律制度是金融生态的基础环境。在现代社会，任何金融机构和金融活动都应当在法制环境下生存和发展，必须接受法律制度的规范。其次，法律制度决定金融活动的交易费用，减少交易费用是人们对有关金融法律制度进行选择与改革的主要动因，完善的法律制度能够改善金融生态结构，增强金融生态功能。再次，法律制度对金融生态发展有重要的保障和推动作用。良好的法律制度有助于解决市场失灵或是避免政府失灵。最后，法律制度的好坏会明显改变微观经济主体的预期，好的法律制度可以有效发挥制度的激励作用，增强金融生态的自我

---

〔1〕 法律金融理论（Law and Finance）是从 20 世纪 90 年代中后期才在美国兴起的一门由金融学和法学交叉而形成的新兴交叉学科，是法律经济学在金融学领域的运用和发展，属于法律经济学研究的前沿分支领域。1998 年，来自美国哈佛大学、芝加哥大学的四位学者拉·波尔塔（La Porta）、洛佩兹·西拉内斯（Lopez - de - Silanes）、施莱费尔（Shleifer）和维什尼（Vishny）发表了“法律金融”（Law and Finance）这篇奠基性文献，标志着法律金融理论的产生。自此以后，法律金融理论渐渐引起了越来越多的法律学者、经济学者、金融学者、管理学者甚至历史学者的研究兴趣，他们的工作，极大地推动了法学和金融学的融合，推动了法律金融理论的发展，取得了引人注目的成就。参见余保福：“法律、金融发展与经济增长——法律金融理论研究述评”，载《财经理论与实践》2005 年第 4 期。

调节功能。[1]概言之，完善的法律制度，有助于改善金融生态结构，为增强金融自身功能，提高金融市场的健康发展提供保障。

在当代社会经济生活中，经济和法律正在有机结合，金融法律关系的创新已成为金融创新的重要组成部分。根据世界银行的界定，法律是“金融基础设施”的重要组成部分，是决定金融运行质量和金融安全的重要因素。国外学者就法律制度的完善程度与金融风险及金融发展之间的关系进行了专门研究，论证了“法律保护有助于支持金融市场发展”的基本思想。法律的完善程度决定了债权人或投资者的权利保护和风险规避，并由此决定了金融交易倾向。但各国金融的发展应根据本国经济水平、金融与法律、文化实际情况因地制宜地实现法律制度的创新。[2]我国在近些年的金融发展过程中，经历了1998年的亚洲金融危机和2008年的美国次贷金融危机，对金融风险的认识可谓是更为深刻了。在金融全球化的过程中，随着我国经济的转轨和金融改革的不断深入，金融风险的表现形式会不断出现变化，需要解决的风险隐患也不断显现。法律与金融之间关系的连接点在于金融行为，而金融行为是个人理性行为，实质是一种法律行为。从经济和金融的本质上来看，国家应该保障行为主体的金融行为的充分自由，但不加限制的、恣意的金融行为，显然又会对金融运行和经济发展造成巨大破坏力。因此，在倡导自由的市场经济条件下，经济人在追求其自身利益时，便会出现经济人的有限理性和市场失灵之间的冲突。这就需要

---

〔1〕 参见匡国建：“完善金融生态法律制度的思考”，载《金融研究》2005年第8期。

〔2〕 参见项俊波：“金融风险的防范与法律制度的完善”，载《金融研究》2005年第8期。

法律的强制性规范，以保障金融市场的稳定和有序。因此，有效的金融法律体系属于市场经济法律体系的一个有机组成部分，并且依然处于不断发展和完善过程中。

在法律对金融实施监管并保障其安全的过程中，还会涉及如何保证金融的自由〔1〕和安全的平衡问题。目前，国内外学者们比较倡导的是功能监管模式。例如，美国于1999年11月通过了《金融服务现代化法案》，该法提出了“效率与竞争”这种金融法律发展的新理念，即一方面确立金融自由化的混业经营的制度模式；另一方面保留其双线多头的金融监管体制并扩展监管机构，以此来实现功能监管和控制金融风险。〔2〕有效而完善的金融立法将规范和调整金融监督管理者、金融机构、金融客户之间的职责、权利和义务等法律关系，通过政府的强化监督管理，尊重市场在金融发展中的主导作用，达到金融管制与市场自律之间的平衡和协调，充分保护金融客户合法权益，以

---

〔1〕 考察金融近现代发展历史，可以发现，金融自由与金融干预之争一直存在。以美国的金融发展史与金融立法的价值取向为例：美国在20世纪30年代以前，主张自由市场经济，反对任何形式的政府干预，主要金融活动形式为混业经营、全能银行、利率自由。在20世纪30年代～70年代，美国主张国家干预、重视财政政策，主要金融活动形式为分业经营、严格市场准入、利率管制。在20世纪70年代以后，其主张金融自由化，提倡放松管制，主要金融活动形式由分业经营向综合经营转变，推进利率市场化，强调在金融安全前提下的自由竞争。20世纪80年代以后，随着西方发达国家金融一体化和全球化，金融创新使得金融机构和金融业务之间的界限日渐模糊，致使混业经营趋势不断加强。20世纪90年代初，世界各国纷纷放松对金融业的管制，使全球金融自由化达到高潮。但随着20世纪90年代中期，国际金融市场接连发生国际性金融危机，引起各国金融监管政策相应转变，强调确立安全与效率并重的观念，并加强国际合作与协调。参见周海林：“金融监管法的价值：自由竞争与金融安全”，载《福建金融管理干部学院学报》2007年第4期；戎生灵：《金融风险与金融监管》，中国金融出版社2007年版，第148页。

〔2〕 参见张宇润：“金融自由和安全的法律平衡”，载《法学家》2005年第5期。

此降低系统性金融风险。〔1〕虽然法律制度从功能上来讲具一定的有限性，但完善的法律法规应是减少金融制度性风险的一个重要手段。

（二）刑法在法律体系中的地位

一切法益，都会受到国家法律的禁止法规和制裁法规的双重保护。所谓禁止法规，是指国家对于一定的法益予以承认，从而命令或禁止为一定的行为，以保护该法益的法规；而制裁法规的作用则是对于违反禁止法规的行为主体，科以制裁，以确保法益的存立。这样禁止法规就训示于前，制裁法规确保于后，以此来保证人类生存利益和维持社会秩序。禁止法规的范围很广，一般公私法规大都属于禁止法规，而刑法对于法益常作第二次的保护，因此属于制裁法规，但其在保护法益时，要以禁止法规为基础。〔2〕可见，刑法不仅与其他部门法之间关系密切，而且在法律体系中居于重要的地位。刑法作为我国社会主义法律体系中的一个重要部门法，与其他部门法相比，在法律性质上有其特殊之处。〔3〕在处理地下金融案件时，刑法的这些特征将能得到充分发挥。在规范金融领域的法律规范中，我国

〔1〕参见项俊波：“金融风险的防范与法律制度的完善”，载《金融研究》2005年第8期。

〔2〕参见韩忠谟：《刑法原理》，北京大学出版社2009年版，第12页。

〔3〕刑法与其他法律相较，具有一些自身的特色，分别是刑法的道德性、不完整性、高度政治性和最后手段性。刑法还具有其他部门法律所没有的功能，主要表现在以下几个方面：一是保护法益，以强制手段，对一定犯罪加以处罚，遏阻犯罪，保护可能受到犯罪侵害或威胁的共同生活利益；二是压制与预防犯罪，犯罪时最严重的不法行为，国家以最严厉的方式加以处罚，借刑罚的威慑力，产生压制犯罪，达到有效预防犯罪的功效；三是保障人权，刑法明确规定应予刑事制裁的犯罪行为与法律后果，借此限制刑罚权的滥用，以达到保障人权的功效；四是矫治犯罪人，以法律效果科处犯罪人应得的刑罚，并利用执行刑罚的机会矫治犯罪人，促使犯罪人再社会化。参见张丽卿：《刑法总则理论与运用》（增订版），五南图书出版股份有限公司2012年版，第23～24页。

目前有《中国人民银行法》《商业银行法》《银行业监督管理法》《证券法》等基本金融法律制度，但对于具有严重社会危害性的行为，这些基本的金融法律制度的制裁手段已不能控制和预防危害金融秩序的行为发生，这时就得借助于刑法典中有关危害金融管理秩序的相应规定来予以处罚，以达到恢复金融秩序的目的。

刑法的目的是保护法益。“因为各种犯罪都是侵犯法益的行为，运用刑罚与各种犯罪行为做斗争，正是为了抑制犯罪行为，从而保护法益，刑罚的目的是预防犯罪，之所以要预防犯罪，是因为犯罪侵犯了法益，预防犯罪是为了保护法益，这正是刑法的目的。”〔1〕当然，我们也不能盲目地认为或期待刑法制度能够像灵丹妙药一样，〔2〕完全解决极具危害性的社会问题。刑法的功能毕竟具有有限性，因此刑法应当恪守谦抑的秉性，发挥其避免潜在的社会风险的作用，充分运用刑法的特殊预防和一般预防的保障机能来有效体现出对犯罪风险的控制。

---

〔1〕 张明楷：《刑法学》，法律出版社2007年版，第27页。

〔2〕 刑法理论中一直存有刑罚的目的是“犯罪报应”——追求公平正义，还是“预防犯罪”——维护社会安全这两种观点之争，刑法学者们期望能找到“报应”与“预防”两者之间的平衡点。报应刑理念为刑罚的轻重与大小提供了一个公平正义的标准，同时可以限制国家刑罚权的恣意滥用。报应刑理论同时认为，刑罚仅允许针对过去已发生的犯罪加以报应，而不允许有事先预防犯罪的效果。对于当今的社会而言，这样的刑罚思想未免过于消极，且与民众期待国家应该营造一个没有犯罪的社会的愿望相差甚远。预防理论中，不论是以矫治犯罪人为诉求的特别预防理论，还是以一般社会大众为刑罚实施对象的一般预防理论，都强力诉求“犯罪预防”是刑罚之所以存在的原因。这样的理论诉求能迎合现代社会大众追求社会安全的普遍心态，然而仅推崇刑罚的预防作用，难免会使刑罚的轻重失去尺度，甚至把个人贬抑成为虚幻的预防犯罪目的之工具，仅坚持报应或预防的一种理念，都可能导致极端或有失偏颇。因此，现今世界各国的刑罚制度，都是融合报应刑理论与预防理论，一方面希望通过刑罚来预防犯罪，另一方面则通过报应刑的理念，勾画出一个合理的刑罚界限。参见王皇玉：《刑罚与社会规训——台湾刑事制裁新旧思维的冲突与转变》，元照出版有限公司2009年版，第31～32页。

（三）刑法防范金融风险的效果

对于风险的控制与防范，首先是要认识风险和评估风险，然后是要规划控制风险的措施并权衡措施的成本效益，最后是要防范风险措施的执行。重大金融风险所引起的损失，严重危及了资本市场的交易秩序和国家金融的稳定。在金融犯罪多发时，政府一般都会动用严厉的刑罚方式，以体现“打击金融犯罪，防范金融风险”的政策。如上所述，刑法的特殊预防和一般预防的保障机能为刑法介入金融风险的控制和金融秩序的保护提供了依据。运用刑法手段控制经济系统中的风险，就是以让行为人预期承担或者实施某一活动后实际承担某种犯罪成本的方式，引导人们理性地参与或从事金融活动。金融活动的核心是金融交易，金融秩序的本质是以信用为基础的金融交易秩序，与金融相关的法律法规要保护好金融交易的合同制度。〔1〕为了保证金融参与者的权益，维护投资者和存款人的合法利益，国家必然要对金融进行有效、适当的监管。一般而言，金融监管的目的有三个：一是维护金融体系的安全和稳定；二是促进金融业开展公平竞争；三是保护投资者和存款人的利益。〔2〕随着我国经济的高速发展，金融领域的案件正在日趋多发，而且各种形式的大案要案不断出现，尤其是隐蔽性更强的地下金融案件不断爆发。刑法对于这些高风险的地下金融进行有效规制，对于维护国家的金融秩序具有积极作用。地下金融带来了一系列的政策风险 、管理风险、信用风险和法律风险等，这些风险的集聚会引发犯罪，从而影响社会秩序，具有严重的社会危害

---

〔1〕 参见张宇润：“金融自由和安全的法律平衡”，载《法学家》2005 年第 5 期。

〔2〕 参见魏方：“简论我国的金融监管”，载徐杰主编：《经济法论丛》（第 2 卷），法律出版社 2001 年版，第 425～426 页。

性。行为人制造了不被允许的地下金融风险，且该地下金融风险实现了危害结果的发生，严重侵害了国家法律所保护的金融秩序、金融安全与投资者权益，这是运用刑法手段控制地下金融风险的正当性基础。因此，地下金融行为的可罚性实质在于产生了法律所禁止的金融风险，且必须动用刑罚方式才能有效控制风险；如果某一行为并不存在法益侵害的风险，即使客观上发生了致使其他人财产严重损失的结果，刑法也不应对该行为进行否定性评价，〔1〕这是刑法的正当性和正义性的要求。

在法治化的金融市场，法律成了金融风险监管过程中的重要手段并扮演着抵御金融风险、维护金融秩序和保护金融安全的重要角色。“通过对于金融违法行为的否认和打击，防范和化解了金融风险，促进了金融机构的优胜劣汰。”〔2〕刑罚作为抗制手段，对于经济犯罪的遏制可能很有效，但如果刑罚太严厉，则会产生过分限制经济活动自由的结果，从而阻碍经济的增长。对金融领域的行为是否加以刑罚的利害权衡，应该就整个经济生活秩序与经济活动作全面性的考虑，不能单就刑事政策的目的性考虑，而妨碍了企业自主精神与自由竞争的经济结构。〔3〕因此，虽然刑法对规范和预防金融犯罪具有积极的作用，但对经济领域的介入应坚持一定的条件。美国著名法学家哈伯特·L. 帕克提出了在经济领域里，谨慎适用刑事制裁的几个条件：首先，行为人应当被清楚地认定为责任方；其次，行为的性质应当足够简单，可以被非专业的法官和陪审团所理解；再次，

〔1〕 我们完全不必担心刑法不规制某些情况下的侵犯他人财产权利的行为会纵容此类行为的发生，因为在我国的法律体系中，除刑法的规制外，还可以根据民商事法和行政法的相关规定来规制这类行为。

〔2〕 董秀红：“从美国次贷危机看我国金融刑法的立法完善”，载《政治与法律》2010 年第 4 期。

〔3〕 参见林山田：《经济犯罪与经济刑法》，三民书局 1981 年版，第 102 页。

在行为能够被理解的前提下，该行为被社会的主流看作是错误的，这也是行为的内在本质要求，并且要求被告人知道或者应当知道他的行为违反了一个可接受的社会标准；最后，应当有理由相信有争议的经济法规适用于某一具体被告人时，不具有歧视性或武断性。〔1〕刑法规制金融领域犯罪以此来保护金融安全的效果显而易见，因此完善的刑事立法不仅仅为惩治地下金融领域的犯罪提供了法律根据，而且也是国家调控和防范金融风险的手段，但刑法对金融领域的介入的范围和程度应“适可而止”，避免刑法过度介入后对金融发展造成阻碍。

四、地下金融风险典型案件的理论思考

地下金融形式多样又极具隐蔽性，这为认识地下金融、监管地下金融和规制地下金融带来了很大的困难，且地下金融的犯罪类型多属涉众型经济犯罪。〔2〕不少受害投资人贪图所谓的高额利息回报，往往倾其所有，最终“竹篮打水一场空”。下面，笔者将结合地下金融犯罪典型案件，对我国有关地下金融的现行刑法规制进行剖析，便于找出现行刑法规制之不足，以助于完善我国相应的法律体系。

(一)“涂汉江非法经营案”

涂汉江，原系武汉市贺胜桥贸易有限责任公司法定代表人兼董事长。1998 年至 2002 年期间，涂汉江和他人以贺胜桥公司

---

〔1〕 参见［美］哈伯特·L. 帕克：《刑事制裁的界限》，梁根林等译，法律出版社 2008 年版，第 358～359 页。

〔2〕 我国现行刑法中没有专门关于涉众型经济犯罪的相应规定，涉众型经济犯罪从严格意义上来讲，并非法律专业术语，更多体现的是一种政治术语，由于其涉案金额巨大、涉案人数众多，使得涉众型经济犯罪已成为危害国家经济秩序、动摇社会稳定和引发群体性事件的重要诱因。参见曹坚：“解读涉众型经济犯罪”，载顾肖荣主编：《经济刑法》，上海社会科学院出版社 2010 年版，第 237 页。

或个人名义，或假借中国农业银行武汉市江汉支行以及未经批准成立的武汉市江夏区工商联互助基金会的名义，采取签订借据的形式，按月息2.5%、超期按月息9%的利率，先后向21家单位及个人发放贷款共计人民币907万元，牟取利益共计人民币114万余元。2002年9月24日，公安机关以涂汉江的行为“严重扰乱了社会主义金融秩序”“涉嫌擅自设立金融机构罪”立案侦查。2003年11月4日，武汉市江汉区人民检察院最终以“非法经营罪”对涂汉江提起公诉。在该案中，中国人民银行办公厅出具了关于贺胜桥公司非法从事金融业务活动性质认定的复函，证实涂汉江以个人名义高息发放贷款的行为属于非法金融业务活动。一审法院认定涂汉江违反国家规定，从事非法金融业务活动，严重扰乱市场秩序，情节严重，其行为构成非法经营罪。〔1〕2004年6月5日，武汉市中级人民法院作出终审裁判，罪名仍确定为“非法经营罪”，确定判处涂汉江有期徒刑3年。

该案属于全国首例对于涉及高息借贷的地下金融活动认定为“非法经营罪”的案件，根据该案的案卷材料，对涂汉江案起主要定性作用的是4份文件，依次为：2002年11月28日，由武汉大学法学院马克昌教授等人作出的《关于涂汉江等人涉嫌擅自设立金融机构罪的初步法律意见书》，该法律意见书起初认为涂汉江等人的行为构成擅自设立金融机构罪，之后的意见倾向于认定为“非法经营罪”更合适。2002年12月，中国人民银行办公厅发出的“银办函［2002］874号”文件，认定贺胜桥公司是典型的非法金融机构，涂汉江以个人名义从事放贷业务属于非法从事金融业务的行为。2003年1月，最高人民法院刑二庭针对

〔1〕 参见湖北省武汉市江汉区人民法院刑事判决书［2003］汉刑初字第711号。

公安部经济犯罪侦查局所发出的《关于涂汉江非法从事金融业务行为性质认定的复函》中对于涂汉江构成“非法经营罪”的认定，以及公安部于2003年4月给湖北省公安厅下发的《关于涂汉江等人从事非法金融业务行为性质认定问题的批复》，要求该案应以“非法经营罪”进行立案侦查。〔1〕多份对案件的定性材料都显示，作为首例被认定为构成“非法经营罪”的地下金融活动，该案在定性上存在着法律选择与罪名适用的难点。

1. 涂汉江的行为是否属于民间借贷

涂汉江称其在本案中“经手借予”他人的资金，全部来源于其个人私有财产，其行为性质应属于民间借贷。涂汉江及其辩护律师认为，1998年的武汉市贺胜桥贸易有限责任公司的年检报告书可以证实，该公司股东出资额为600万元，涂汉江现金出资520万元，其弟涂洪斌出资现金80万元。涂汉江认为，该公司注册资金实为其一人出资，该公司的财产及资金由其一人所有和支配，因此其以该公司名义出借予他人的资金，构成其个人的债权，应当属于民间的个人借贷，而现行法律并未禁止民间借贷。〔2〕实际上，这一辩护理由并不成立，因为公司作

---

〔1〕 参见徐恺：“民间借贷者涂汉江的非法经营罪”，载《21世纪经济报道》2004年7月19日。

〔2〕《最高人民法院关于人民法院审理借贷案件的若干意见》（1991年8月31日法民发［1991］21号）中明确规定：“人民法院审理借贷案件，并应当按照自愿、互利、公平、合法的原则，保护债权和债务人的合法权益，限制高利率。”其中第1条规定：“公民之间的借贷纠纷，公民与法人之间的贷款纠纷以及公民与其他组织之间借贷纠纷，应作为借款案件受理。”第6条又规定：“民间借款的利率可以适当高于银行的利率，各地人民法院可根据本地区的实际情况具体掌握，但最高不得超过国家同类贷款利率的四倍（包含利率本数）。超出此限度的，超出部分的利息不予以保护。”第11条还规定：“对双方的违法借贷行为，可按照《民法通则》第134条第3款及《关于贯彻执行〈中华人民共和国民法通则〉若干问题的意见（试行）》第163、164条的规定予以制裁。”

为独立承担责任的法人，其资产与公司股东的个人资产是截然分开的，即使公司实际为一人出资，[1]一旦以公司的形式予以注册，则股东投入的资本便归公司所有和支配，股东对原资本仅享有股东权。因此，本案首先应该明确的是，涂汉江的行为不属于民间借贷。

2. 是否具有违法牟利的意图

涂汉江认为，其原本是应武汉市江夏区有关机关及负责人的要求，为支持当地区办企业、民营企业和个人的正当所需而短期出借资金，主要是为了解决武汉市江夏区企业生产流动资金临时周转问题。这与“发放贷款”行为存在本质上的不同，并无违法牟利的企图。其设定逾期重罚的协议条款是为了促使借款人按期还款，是在保障自己的合法权益。涂汉江认为，其并不知道将个人资金出借他人、采取通过公司等单位账户或单位名义收入、出借及返还资金、约定收取一定的利息违法，因此并无扰乱市场秩序的犯罪故意。这是本案争论的焦点，我国民间借贷与非法集资行为之间界限十分模糊，导致无论是政府部门、司法机关，还是普通民众，都无法对其加以准确判断和认定。本案中，涂汉江的“发放贷款”行为还得到了当地政府部门甚至司法机关的认可，这可能会导致行为人在违法性的判断上产生错误认识。基于此，能否判定行为人涂汉江所实施的行为具有违法牟利的主观意图就很值得探讨了。

3. “其他严重扰乱市场秩序的非法经营行为”的认定

本案被告人涂汉江的行为被认定为“非法经营罪”，依据的是我国《刑法》第225条的规定，即“违反国家规定，扰乱市

---

〔1〕 涂汉江案件案发于2003年，当时我国的《公司法》中还没有规定一人公司，依据当时法律规定，公司的发起必须有2人以上的股东。我国于2005年10月27日修订通过的《公司法》增加了一人公司的规定。

场秩序，情节严重的”的四种行为[1]属于非法经营罪行为。本案争论焦点在于被告人涂汉江的行为是否属于《刑法》第225条规定的第4项“其他严重扰乱市场秩序的非法经营行为”。该条属于“兜底”条款，因此非法经营罪又被称为“口袋罪”。而根据刑法的解释基本原理，《刑法》第225条规定的第4项“其他严重扰乱市场秩序的非法经营行为”的性质应当与该条规定的前三项行为性质具有同质性，否则很容易造成对刑法中类似“兜底”条款的滥用。因此，须以相关法律、行政法规已将某种具有社会危害性的、严重扰乱市场秩序的非法经营行为予以规定为前提，才能以“非法经营罪”论处。本案中将资金出借给他人或非法出借资金给他人以获取高额利息的行为是否属于“其他严重扰乱市场秩序的非法经营行为”？借给他人资金而获取利息的行为是否也需要国家相关部门批准？与此相关的我国民商事法律和行政法规的具体规定的模糊性，也给刑法的最后认定带来了不确定性。

4. 行政认定是否具有司法效力

公诉机关在本案中向法庭提交的证据材料包含了中国人民银行和公安部对本案性质作出的行政认定。被告人涂汉江及其辩护人认为行政认定并不具有司法效力，并认为国务院于1998年发布的《非法金融机构和非法金融业务活动取缔办法》在于维护金融秩序。在判定非法金融业务是否构成犯罪时，应依照《刑法》分则中第三章第四节的“破坏金融管理秩序罪”的规

---

〔1〕按照《刑法》第225条的规定，四种情形具体为：“（一）未经许可经营法律、行政法规规定的专营、专卖物品或者其他限制买卖的物品的；（二）买卖进出口许可证、进出口原产地证明以及其他法律、行政法规规定的经营许可证或者批准文件的；（三）未经国家有关主管部门批准，非法经营证券、期货或者保险业务的，或者非法从事资金支付结算业务的；（四）其他严重扰乱市场秩序的非法经营行为。”

定，而该节规定中并没有公民将自有资金以其个人名义或借用企业名义借予他人并收取高息的行为构成犯罪的规定，因此认为行政机关依据《非法金融机构和非法金融业务活动取缔办法》作出的认定并不能作为法院援引《刑法》分则中第三章第八节“扰乱市场秩序罪”的规定对本案以“非法经营罪”论处的依据。

笔者认为，《非法金融机构和非法金融业务活动取缔办法》属于行政法规系列，的确不能直接以此来定罪处罚。但由于金融领域的犯罪具有其特殊性和复杂性，司法机关在对案件定性时，有必要借助对该领域或某业务更为熟悉的行政机关对行为性质进行前提性的违法判断。例如，在认定证券欺诈中的内幕交易罪时，关于内幕信息的“敏感期”认定便一直是一个技术难题。司法实践中，司法机关往往以证券监管部门的认定为标准，因为中国证监会作为国务院下属的对全国证券市场实行监督管理的专业部门，对上市公司涉及内幕信息的有关问题进行认定属于其法定职权。其在职权范围内根据相关证据对证券市场所涉及的内幕信息价格敏感期的起算时间、内幕交易行为等认定意见，与案件事实有关联性，可作为证据使用。[1]在本案中，由作为国家金融主管部门的中国人民银行出具的行政认定，当然可以作为与案件事实具有关联性的证据使用。

（二）“孙大午非法吸收公众存款案”

孙大午原系河北大午农牧集团有限公司（以下简称“大午公司”）法定代表人、董事长。2003 年 5 月 29 日，孙大午因涉嫌“非法吸收公众存款罪”被刑事拘留，于同年 7 月 5 日被徐

〔1〕 参见广东省广州市中级人民法院刑事判决书（［2011］穗中法刑二初字第 67 号），载 http://www.gzcourt.org.cn/ywxt/cpws/cpws.jsp，访问时间：2014 年 10 月 3 日。

水县公安局逮捕。经法院审理查明，被告单位大午公司未经中国人民银行批准，经时任董事长的被告人孙大午决策，招收代办人员，设立代办点，于2000年1月至2003年5月间，以多于银行同期存款利率，承诺不交付利息税的方式，出具名为“借款凭证”或“借据”，实为存单的制式凭证，向社会公众变相吸收存款1627单，共计13 083 161元，涉及611人。法院认为，孙大午作为被告单位河北大午农牧集团有限公司的法定代表人、董事长，对单位非法吸收公众存款的行为作出决策，系单位直接负责的主要人员，构成“非法吸收公众存款罪”，应依法予以惩处。2003年10月30日，河北省徐水县人民法院判处被告人孙大午犯“非法吸收公众存款罪”，判处有期徒刑3年，缓刑4年，并处罚金10万元。[1]

孙大午案发后，舆论给予他本人及大午公司的更多的是惋惜、遗憾和同情。从媒体的报道中人们发现，孙大午不是一个富豪阶层的反面人物，而是一个被誉为“中国企业家的良心”的农民企业家，甚至被媒体渲染成了一个“遗憾的时代英雄”。“对民营企业家孙大午非法吸收公众存款案的审理，俨然成了一场对僵化、保守的金融体制的控诉，对粗糙、苛峻的刑法手段的批判。”[2]在我国现存的法律体制和金融监管的现状下，尽管孙大午博得了社会公众的同情——人们更倾向于将孙大午的遭遇归咎于现行金融的僵硬体制——但按照现有的法律规定，孙大午还是注定有罪。

---

〔1〕 参见河北省徐水县人民法院［2003］徐刑初字第192号刑事判决书。

〔2〕 刘燕：“发现金融监管的制度逻辑——对孙大午案件的一个点评”，载《法学家》2004年第3期。

1. 大午公司的行为是否属于民间借贷行为?

孙大午及其辩护人认为，大午公司的借贷行为都有借据为证，应属于大午公司与自然人之间的借款合同。按照1999年《最高人民法院关于如何确认公民与企业之间借贷行为效力问题的批复》的规定："公民与非金融企业之间的借贷属于民间借贷，只要双方当事人意思表示真实即可有效。"[1]大午公司在对外借款时，其约定的利率并不高，没有超过中国人民银行公布的金融机构同期同档次贷款利率的4倍。[2]孙大午及其辩护人认为大午公司作为企业具有向个人借贷的民事权利能力，因此其借贷行为应属于民间借贷。

---

〔1〕 1998年国务院发布了《非法金融机构和非法金融业务活动取缔办法》第4条规定："本办法所称非法金融业务活动，是指未经中国人民银行批准，擅自从事的下列活动:（一）非法吸收公众存款或者变相吸收公众存款；（二）未经依法批准，以任何名义向社会不特定对象进行的非法集资；（三）非法发放贷款、办理结算、票据贴现、资金拆借、信托投资、金融租赁、融资担保、外汇买卖；（四）中国人民银行认定的其他非法金融业务活动。"这与1999年《最高人民法院关于如何确认公民与企业之间借贷行为效力问题的批复》中的"公民与非金融企业之间的借贷属于民间借贷，只要双方当事人意思表示真实即可有效"存在冲突。国务院于1998年亚洲危机发布的《非法金融机构和非法金融业务活动取缔办法》虽然是针对当时经济乱象的一剂猛药，但显然过于严苛。其直接导致大量正常的民间借贷行为也被列入了刑事打击范围。这种刑事打击面的扩大化在目前已经造成了一定的负面影响。

〔2〕 实际上，在民间借贷中，超过中国人民银行公布的金融机构同期同档次贷款利率的4倍的借贷行为也并非一律无效。如果借款人自愿给付超过同期同档次贷款基准利率4倍的，该借贷行为仍然可以被认定为有效，这在我国一些地方法院已得到认可。例如，浙江省高级人民法院于2009年9月8日发布的《关于审理民间借贷纠纷案件若干问题的指导意见》（浙高法［2009］297号）第20条规定："借贷双方对借款期限内的利率有约定的，从其约定。约定的利率超过借贷行为发生时中国人民银行公布的同期同档次贷款基准利率四倍的，超过部分的利息，法院一般不予保护。但借款人自愿给付出借人四倍利率以上利息，且不损害国家、社会共同利益或者他人合法权益的，法院可不予干预。"可见，在司法实践中，对于民间借贷的处理首先要尊重出借双方的真实合意，利率的高低并不是决定民间借贷合法与否的唯一因素。

关于非金融企业开展的借贷行为在什么情况下有效，其界限一直比较模糊，一些地方法院对此予以了尝试性的界定，认为对于民间借贷的处理应当首先尊重出借双方的真实合意。〔1〕但我们在司法实践中执行这些标准时，却往往将案件涉及的金额和社会的影响作为主要的判断标准，政府部门和司法机关在处理地下金融风险案件时，带有“选择性打击”的倾向。

2. 大午公司是否属于公开向公众吸储?

本案中，控辩双方争论的焦点之一在于大午公司是否属于公开向公众吸储？理论界一般认为，如果行为人已向社会公众发放吸储公告或者通过其他方式让公众得知吸储消息并达到一定数额标准，即使实际只吸收了少数几个储户的存款，也应当成立“非法吸收公众存款罪”。〔2〕因此，非法吸收公众存款的行为应具有对象的不特定性和广泛性，同时手段还应具有公开性。大午公司的借贷对象基本局限于其员工、员工的亲朋好友以及熟人等，如果认定为特定对象，则属于民间借贷行为；如果认定为不特定的对象，则属于非法集资行为。这是目前在认定非法吸收公众存款罪时的一个比较棘手的问题。笔者认为，结合本案所涉及的人员范围和集资的巨大金额，集资对象应认定为“公众”且具有“公开性”。但若集资对象是仅限于向公司内部的人员筹集资金的，则不宜认定为“公众”，但本案的集资对象显然超出了公司内部人员的范畴。

---

〔1〕 例如，江苏省高级人民法院认定非金融企业开展的下列借贷行为有效：①依照法律规定的条件和程序募集资金的；②为企业的生产经营需要向特定的自然人进行的临时性小额借款；③企业非以获取高额利息为目的，临时向自然人提供的小额借款。参见江苏省高级人民法院印发的《关于当前宏观经济形势下依法妥善审理非金融机构借贷合同纠纷案件若干问题的意见》（苏高法审委［2009］45 号）。

〔2〕 参见赵秉志主编：《新千年刑法热点问题研究与适用》（下册），中国检察出版社 2001 年版，第 804 页。

根据相关司法解释的规定，[1]非法吸收公众存款的“公开性”是指，通过媒体、推介会、传单、手机短信等途径向社会公开宣传。然而规定“公开性”可能会使认定此类犯罪陷入困境，反而不利于打击犯罪行为。行为人为逃避监管和打击，可能会采用发展会员的方式或者口口相传的模式非法吸收公众存款或变相吸收公众存款，而不向社会公开宣传。如果严格按照司法解释的规定，这些方式将因不具有公开性而不能被认定为“非法吸收公众存款”。因此将“公开性”作为“非法吸收公众存款罪”的犯罪构成要件不利于维护金融管理秩序。“公开性”的实质是向公众传播推广，达到广泛知悉的目的，采用的宣传方式和途径可以多种多样，在宣传形式上不一定要求必须具有开放性，而只要在本质上具有向不特定多数人宣传的特征，达到了广泛知悉的目的即可。[2]当然，在《刑法》作相应修改之前，我们也可以通过合理解释，达到限定“非法吸收公众存款罪”调整范围的目的。除了从立法沿革角度论证，我们还可以将现行条文的“非法”解释为违反国家规定，同时与“存款”

---

〔1〕 关于非法吸收公众存款，我国有一系列的规定和解释。如1998年7月国务院颁布了《非法金融机构和非法金融业务活动取缔办法》。该办法提出了“变相吸收公众存款”的概念，同时设置了“未经依法批准，以任何名义向社会不特定对象进行的非法集资”的兜底条款，极大地扩展了监管机关的权限和执法空间。最高人民法院于2000年下发了《全国法院审理金融犯罪案件工作座谈会纪要》。2001年，最高人民检察院、公安部联合发布了《关于经济犯罪案件追诉标准的规定》，对“非法吸收公众存款罪”的立案、定罪、量刑与审理程序给予了具体化的标准。2011年1月4日实施的《最高人民法院关于审理非法集资刑事案件具体应用法律若干问题的解释》，更是扩大了非法吸收公众存款的行为方式。全国各地相继出现了一批对民间融资行为被认定为“非法吸收公众存款”的案件。其虽然对维护全国金融秩序的稳定发挥了积极的作用，但同时也引起了广泛争议。

〔2〕 参见翟二闯、高原雪：“非法吸收公众存款罪不应规定‘公开性’”，载《检察日报》2011年11月9日。

相联系进行解释。[1]这意味着“非法吸收公众存款罪”必须事先违反国家有关存款的法律规定——这些法律规定只能是诸如《商业银行法》这类调整货币、资本营业行为的法律。其同样能够达到限制本罪适用范围的目的。

3. 大午公司的行为是否违反国家的有关规定，从而扰乱了金融秩序？

在该案中，中国人民银行徐水县支行出具的证明证实，孙大午公司并未向中国人民银行申请《经营金融业务许可证》。[2]该公司在银行未曾批准其办理任何金融业务的情况下，以高于银行同期利率的方式吸收公众存款的行为系属违法。本案较有争议的是大午公司的借贷行为是否扰乱了金融秩序，从而具有严重的社会危害性？大午公司把附近村庄闲散资金集中起来用于

---

〔1〕 参见刘宪权、卢勤忠：《金融犯罪理论专题研究》，复旦大学出版社2002年版，第336页。《中国大百科全书》对“存款”的解释是：“存款人在保留所有权的条件下，把使用权暂时转让给银行的资金或货币，是银行最重要的信贷资金来源。”我国台湾地区现行的“银行法”第5条之1规定了“收受存款”的意义，并对“存款”进行了界定：“本法称收受存款，谓向不特定多数人收受款项或吸收资金，并约定返还本金或给付相当或高于本金之行为。”同时，其第29条之1规定了“视为收受存款”的情形，即“以借款、收受投资、使加入为股东或其他名义，向多数人或不特定之人收受款项或吸收资金，而约定或给付与本金显不相当之红利、利息、股息或者其他报酬者，以收受存款论”。台湾地区规定的“视为收受存款”的规定对于规制地下金融活动具有积极意义。

〔2〕 根据中国人民银行于1984年10月17日颁布的《中国人民银行关于金融机构设置或撤并管理的暂行规定》规定：“凡是与货币流通和银行信用有关的一切金融活动，包括货币信贷、信用委托、各种保险，以及国内外汇兑往来等业务，其机构的设置或撤并均须按该暂行规定执行。”“中国人民银行是我国金融机构管理的主管机关。”“金融机构的设置必须符合以下条件：一、确属经济发展需要，并具有相当业务量的；二、符合各金融部门专业分工的要求的；三、符合经济核算原则，能够取得较好的经营效益的。”“设置金融机构，必须按本暂行规定向审批单位申请。经审核获得批准的，由批准单位发给‘经营金融业务许可证’。在本暂行规定公布前设立的金融机构，应补办审批手续，领取‘经营金融业务许可证’。‘经营金融业务许可证’由中国人民银行统一印制和颁发。”

发展生产和教育，造福地方百姓。大午公司的信用状况及资产负债比率远好于附近的金融机构和公司企业，能否仅仅根据某些金融机构吸储数额减少就认定其扰乱了金融秩序？按照《刑法》第176条规定的“非法吸收公众存款罪”的立法原意，其打击的是既存又贷的事实金融行为，而不应当是广泛的民间借贷。我们不宜将该罪名作盲目扩大解释，这也是本案引起社会广泛关注和争论的焦点。实际上，中国人民银行于1999年出台的《关于取缔非法金融机构和非法金融业务活动中有关问题的通知》认为，构成非法集资以“未经有关部门依法批准”为前提。但在司法实务中，“未经有关部门依法批准”的限定条件仅适用于法律政策明确规定应当审批而未经审批的非法融资行为，而对于法律政策没有明确规定应当审批和一些禁止性法律规定的行为，则无法适用。如对于在生产经营和商品流通环节出现的非法融资活动，便无法用该标准去衡量和判定。因此，理论界有观点认为，判定某一行为是否构成“非法吸收公众存款罪”，不需要以“未经有关部门依法批准”为要件，而应当以行为是否“违反国家融资管理法律规定”作为要件。[1]这将有助于定罪量刑的严密性。

（三）“吴英集资诈骗案”

吴英原系浙江本色控股集团有限公司法定代表人，因“涉嫌非法吸收公众存款罪”于2007年3月16日被东阳市公安局逮捕。金华市人民检察院指控吴英在2005年5月至2007年2月间，以非法占有为目的，以个人或企业名义，采用高额利息为诱饵，以注册公司、投资、借款、资金周转等为名，从林卫平、杨卫陵、杨卫江等11人处非法集资。集资款项被用于偿还前期借贷的本金和支付高额利息，并购买房产、汽车等，集资诈骗

〔1〕 参见肖晚祥：“非法吸收公众存款罪的司法认定”，载顾肖荣主编：《经济刑法》，上海社会科学院出版社2010年版，第251页。

人民币达 38 985.5 万元。公诉机关以“集资诈骗罪”对吴英提起公诉。吴英辩称，其主观上并无非法占有的故意，所筹集的资金主要用于公司的经营活动，认为其行为不构成犯罪。一审法院认为，被告人吴英以非法占有为目的，隐瞒事实真相，虚构资金用途，以高额利息或高额投资回报为诱饵，骗取集资款，数额特别巨大。其行为不仅侵犯了他人的财产所有权，而且破坏了国家的金融管理秩序，已构成“集资诈骗罪”，依法判处死刑，剥夺政治权利终身，并处没收其个人全部财产，追缴其违法所得，返还给被害人。[1]2012 年 4 月 20 日，最高人民法院依法裁定不核准吴英死刑，将案件发回浙江省高级人民法院重新审判。2012 年 5 月 21 日，浙江省高级人民法院经重新审理后，对“吴英案”作出终审判决，判处吴英死刑缓期二年执行。

“吴英案”是中国地下金融市场中的一个缩影。“吴英案”经过媒体报道后，引起了全社会各界围的广泛关注。一时间，围绕“吴英该不该死”的争论甚嚣尘上。在争论中，舆论与法律裁判的观点截然相反，公众对吴英的遭遇多是报以同情和惋惜。本案的焦点主要在于：

1. 吴英主观上是否具有非法占有他人财物的故意?

本案中，法院根据吴英的经济基础、吸收资金的行为方式、处置资产的态度及造成的后果等相关事实和证据，最终认定吴英的行为不属于正常的民间借贷，其行为具有集资诈骗的主观故意。我国刑法对于金融领域诈骗犯罪的“非法占有目的”的认定主要是依据最高人民法院于 1996 年颁布的《关于审理诈骗案件具体应用法律若干问题的解释》、2001 年印发的《全国法

---

〔1〕 参见浙江省金华市中级人民法院刑事判决书［2009］浙金刑二初字第 1 号和浙江省高级人民法院刑事裁定书［2010］浙刑二终字第 27 号。

院审理金融犯罪案件工作座谈会纪要》以及2010年出台的《关于审理非法集资刑事案件具体应用法律若干问题的解释》。由于近些年非法集资等地下金融案件频发，这些规定呈现出了从严打击的态度。在刑法适用过程中，对于“集资诈骗罪”的主观认定标准不仅出现了客观推定过度的趋向，还呈现出了进一步弱化非法占有主观认定的趋势。在目前的司法实践中，司法机关往往是以案发后造成的损害作为评价“非法占有目的”的重要标准。因此，造成较大损失的案件往往会被定性为“集资诈骗罪”而损失较小的案件则会被定性为“非法吸收公众存款罪”。这显示了我国司法机关“审理集资诈骗和非法吸收公众存款犯罪案件政策性强”〔1〕的特点。

“非法占有的故意”中能否包含间接故意？我国传统刑法理论认为，“非法占有的目的”只能由直接故意构成，目的犯没有间接故意。但也有论点认为，凭借具有间接故意同样可以认定被告人有“非法占有的目的”。如行为人在以高额回报为诱饵吸揽他人存款时，负有告知投资人所承担的风险和随时通报经营状况的义务。如果行为人明知自己无法支付高额回报，也明知自己将会因他人的错误而获得非法利益，却不明确告知投资人，而任由他们继续投入大量资金，放任他人受损失从而使自己非法获利的结果发生，则无论行为人先前支付了他人多少利息或回报，都应认定其具有“非法占有的目的”。〔2〕实际上，在处理地下金融风险案件时，凭间接故意可以认定被告人有“非法

〔1〕 参见《最高人民法院关于依法严厉打击集资诈骗和非法吸收公众存款犯罪活动的通知》（法［2004］240号）第4条之规定：审理集资诈骗和非法吸收公众存款犯罪案件政策性强，涉及法律适用问题疑难，各高级人民法院对在审判工作中遇到的新情况、新问题，要认真研究，提出意见，加强指导，及时报告最高人民法院。

〔2〕 参见天津市人民检察院第二分院课题组：“涉众型经济犯罪司法难题对策研究”，载《法学杂志》2010年第6期。

占有的目的”，是因为在地下金融活动中，除了金融自身的灵活性和多变性外，其亦缺乏法律的明确保障，这种情形下的行为人的“放任”的意志状态会带来很大的风险。当然，我们在认定“非法占有目的”时，应更多地以直接认定为基础，须在确定客观真实的基础事实的情况下，运用合理的方法进行司法推定，既要防止集资行为过度犯罪化倾向，又要防止绝对无罪化的倾向，[1]准确界定行为人实施的金融活动的真实目的。

2. 吴英的行为是否符合集资诈骗罪的“公开性”特征？

“吴英案”中的被害人只有11人，是否符合“集资诈骗罪”要求的被害人具有“公开性”？吴英及其辩护人认为其借款行为限于特定的11人，是熟人和朋友之间的借贷行为，属于民间借贷。法院综合案件事实和相关证据，最后还是认为吴英的行为完全符合“集资诈骗罪”的构成要件，主要是由于吴英明知款项中的一部分是从社会公众处吸收而来，因此法院认定吴英仍然属于向不特定的社会公众非法集资，具有公众性。但这一处理问题的思路引出了间接行骗和间接受骗能否成立犯罪的问题。[2]因为传统的诈骗犯罪理论认为，行骗者和被骗者之间应该是直接发生财物交付行为的，本案中将间接诈骗视为诈骗的观点缺乏理论基础。这种将诈骗的对象的外延无限延伸的处理方式，从刑法理论上讲是缺乏逻辑性的。

2010年11月22日，最高人民法院发布的《关于审理非法集资刑事案件具体应用法律若干问题的解释》对“非法吸收公众存款罪”的社会性要件作了“公开宣传”与“不特定对象”的具体

〔1〕 参见杨兴培、朱可人：“论民间融资行为的刑法应对与出入罪标准”，载《东方法学》2012年第4期。

〔2〕 参见薛进展：“从吴英集资诈骗案看刑法保护的平衡性”，载《法学》2012年第3期。

化要求，但具体化反而带来了大量争议，本案就是典型实例。社会性问题的理解和判断应该抽象化而不是具体化，金融的高度信用化特性决定了其具有系统化、网络化和传染性等风险。外部性风险的原理说明了集资的社会性取决于集资主体社会网络的扩散延伸程度，判断集资的社会性应着力于一个集资系统外部伸张的社会网络的规模。〔1〕本案中，吴英的直接集资对象虽然只有 11 人，但其联系的社会网络非常广阔，其行为的社会性应当是相当明显的。

3. 向非法吸收公众存款的犯罪人集资，是否符合集资诈骗罪的诈骗特征？

在本案中，借款人林卫平将其非法吸收的 4.7 亿元公众存款借贷给了吴英，在法院认定的吴英集资数额 3.8 亿元中，属于诈骗林卫平一人的资金额就达到 3.2 亿元。由于林卫平的巨额资金也是以“高息揽储”的方式吸收的，林卫平最终也被浙江省东阳市人民法院以“非法吸收公众存款罪”判处有期徒刑 6 年。按照我国《刑法》和相关司法解释的规定，集资诈骗中的行骗一方应当具有虚构事实或者隐瞒真相的欺骗行为，从而让受骗者自愿交付财物。在本案中，是否存在欺骗行为的界定十分模糊，对于类似林卫平这些从事资金生意的“金融掮客”来说，他们都有着丰富的金融投资经验和防范风险的意识，但他们却还是抵挡不住高额回报的“诱惑”，将自己吸收的资金再放贷给利息更高的吸储者以赚取利息差。因此，以非法吸收公众存款者为集资对象的非法集资，实际就是一个由较低回报的借贷向中高回报借贷发展再向最高回报借贷的发展过程。因此，能否把这些非法吸收的公众存款再投向高回报集资的犯罪人视为集资诈骗罪中的受害者或受骗者，就会涉及一个刑法的正义

〔1〕 参见林越坚：“非法集资与民间借贷的刑民界分”，载《财经科学》2013 年第 1 期。

性问题。根据传统理论对受害者的界定，类似本案中的林卫平这样的从事资金生意的“金融掮客”不应被视为刑法理论中的受害者，自然也就不符合“集资诈骗罪”的诈骗特征。

（四）“曾成杰集资诈骗案”

曾成杰，原系湖南三馆房地产开发集团有限公司总裁，2008年12月18日，其因涉嫌集资诈骗被批准逮捕。经法院审理查明，2003年11月，被告人曾成杰和范吉湘在吉首市挂牌成立“三馆建设工程筹建处”后，即开始在媒体上以大量广告虚假宣传三馆项目已由吉首市国土房屋综合开发公司和邵阳市建筑安装工程公司驻吉首开发部联合开发。曾成杰和范吉湘还商议决定，以邵阳市建筑安装工程公司驻吉首开发部为集资主体，依托“三馆项目”，面向社会公众非法集资，并于同月15日正式开始以《关于参与“三馆”开发项目的协议书》的形式，以年回报20%为诱饵，非法向不特定公众集资。从2003年11月至2008年8月，曾成杰先后使用多种集资方式向社会集资，将集资利率从月息1.67%逐渐提高至10%。曾成杰还给三馆公司员工布置了集资任务，为鼓励员工对外揽资，曾成杰决定对员工按揽资额的6%予以奖励。最后，曾成杰集资总额达34.52亿余元，但是实际投入工程项目支出的只有5.56亿元，仅占集资总数16.12%。2008年7月，三馆公司集资款退本付息出现困难，因三馆公司及吉首市其他进行非法集资的公司相继不能兑付到期的集资款本息，2008年9月5日，吉首市万余名群众围堵铁路及火车站，同月25日数千名被集资群众围堵湘西自治州人民政府并引发“打砸”事件。2009年1月12日，集资户吴安英见集资款兑付无望，在湘西自治州人民政府旁的人行道上用汽油当众自焚造成七级伤残。最后，法院认定曾成杰集资诈骗金额为8.29亿元，造成集资户经济损失共计6.2亿元，认定被告人曾成杰以非法占有为目的，以高额利息为诱饵，使用诈骗方法向社会公众非法集资，其行为已构成“集资诈骗罪”。2011年5月20日，湖南省长沙市中级人民法院宣判曾成杰犯“集资诈骗罪”，判处死刑，剥夺政治权利终身，并处没收个人全部财产。宣判后，曾成杰提出上诉。湖南省高级人民法院于2011年12月26日经依法开庭审理，驳回了曾成杰的上诉，维持原审对曾成杰的刑事判决，并报请最高人民法院核准。最高人民法院于2013年6月14日依法作出裁定，核准了判处曾成杰死刑，剥夺政治权利终身，并处没收个人全部财产的刑事判决。〔1〕2013年7月12日，长沙市中级人民法院依法对曾成杰执行死刑。

曾成杰案跨度时间长，引起的争议也非常多。虽然作为当事人的曾成杰已被执行死刑，但关于该案的反思却从未间断。

1. 曾成杰案中的刑事违法性问题

根据该案公开的材料来看，曾成杰所在的当地政府为了发展地方经济，广泛鼓励民间投资，民间融资行为在当地曾一度得到官方的认可，〔2〕民众自然也就认为这种“民间融资”行为具有“合法性”。曾成杰在投资过程中，之所以选择民间借贷，在很大程度上是因为我国的金融垄断制度。金融垄断下的低利率使得民众不甘心将钱存储在银行，这种双方的“需求合意”

---

〔1〕 参见湖南省长沙市中级人民法院［2010］长中刑二初字第0029号刑事判决，湖南省高级人民法院［2011］湘高法刑二终字第60号，最高人民法院刑事裁定书［2012］刑二复43282497号。

〔2〕 实际上，在目前发现的地下金融案件中，政府涉入因素突显，这是由于企业与政府之间的联系越来越密切。政府领导为了提升政绩，推高当地GDP的增长，不断增设项目和大兴基础建设，尤其是房地产项目受到了各个地方政府的青睐。而这些利润极高的项目需要大量的资金和雄厚的实力，仅仅依靠国有资金是有限的，必须需要多方资金参与，因此在政府大力宣传下，大量民间资本流入到这些项目，“曾成杰案”就是这样的典型案例。

便是地下金融屡禁不止的本质所在。曾成杰及其辩护人都认为，曾成杰集资的款项，基本都被投入到了企业运作中，并没有恣意挥霍或携款潜逃，应当没有非法占有的主观故意，导致资金链断裂的原因在于经济环境的变化，因此曾成杰的集资行为不具有刑事违法性。但最终，法院还是根据集资款项的损失巨大和造成的社会影响恶劣，而认为曾成杰具有集资诈骗的故意，从而构成"集资诈骗罪"。

2. "曾成杰案"的社会危害性问题

在"曾成杰案"中，法院认定其社会危害极其严重表现在两个方面：一是集资诈骗的数额巨大，二是引发群体性事件，对社会稳定造成了影响。在本案中，较有争议的是案件所涉及的数额，由于该案尚未开庭时，其资产即已被处置，这给随后法院对犯罪数额的认定带来了一定的困难。但在民间借贷等地下金融案件中，这种先于法院判决的资产处置方式已成为地方政府采取的主要手段，这样的做法违反了"罪刑法定"和"无罪推定"的基本原则，也不利于案件证据的收集。曾成杰"罪行极其严重，当处死刑"的理由是引起了三起群体性事件和一起集资人自焚事件。这种仅将引起群体性事件和自焚事件的客观外在危害作为"罪行极其严重"当判处死刑的唯一标准的做法是否恰当？[1]况且，在非法吸收公众存款等集资类案件中，

---

〔1〕 我国在1997年修订《刑法》时，将原《刑法》第43条中的"罪大恶极"修改为"罪行极其严重"，立法者的初衷是为了力求概念明确化和将"罪大恶极"的涵义具体化，以便于死刑的司法操作。由于立法技术的原因，"罪行极其严重"在字面意义上体现的仅是犯罪行为的客观危害的一个方面。在司法实践中，为了贯彻"坚持少杀、防止错杀"的死刑政策，法院在做相关死刑案件的量刑时，除应当根据犯罪人的社会危害行为和后果去确定是否应当判处死刑外，还应当考察犯罪人的主观恶性和人身危险性。参见高铭暄主编：《刑法专论》（第2版），高等教育出版社2006年版，第527～528页。

作为投资者大都应该清楚自己的成本和收益，他们以群体上访等形式来争取自己收益的行为和集资者实施的集资行为的危害之间有多大的关联性，尚是一个存疑的问题。

（五）案例小结

上述四个案例都非常具有典型性，在全国范围内也都有着广泛的影响（甚至在国外也有对于这些案件的相关报道和评论），是近些年来我国的地下金融在夹缝中求生存的缩影。对这四个案件的叙述是按照时间的先后顺序展开的，案件当事人的刑事处罚程度也逐渐变强，分别有缓刑、有期徒刑、死刑缓期二年执行和死刑。虽然地下金融的产生有国家金融政策的限定和货币政策的僵化等原因，然而在“维稳”思维和对社会危害评价客观化的情形下，我国对地下金融案件的处罚力度逐年上升，趋向严厉。根据最高人民法院发布的数据，近年来，我国法院受理的非法集资犯罪案件呈逐年上升趋势：2011 年，全国法院共受理该类案件 1274 件，2012 年则为受理案件 2223 件，收案数上升约 79%。从判处刑罚的情况看，重刑（五年以上有期徒刑至死刑）适用比例较高。2011 年全国法院“非法集资犯罪”案件生效判决中，有 583 名被告人被判处重刑，重刑率为 35.88%；2012 年判被处重刑的被告人为 701 名，重刑率为 34.40%。〔1〕刑罚最重的“集资诈骗罪”的适用逐年增多，〔2〕显示了国家希望通过严厉的刑罚方式达到预防地下金融犯罪的目的。通过对上述四

〔1〕参见任重远“最高法院：改革之际非法集资或将高发”，载 http://china.caixin.com/2013-11-25/100609351.html，访问时间：2014 年 12 月 1 日。

〔2〕以地下金融活跃的浙江省为例，从 2007 年至 2012 年的 5 年间，该省共有 219 人因犯集资诈骗罪而被判处刑罚，因集资诈骗获刑人数从 2007 年的 8 人上升到 2011 年的 75 人，5 年增长数超过 8 倍，在此期间，浙江全省至少有 10 人因犯集资诈骗罪而被判处死刑、死刑缓期执行。参见陈东升、王春：“暴利驱动定罪模糊致浙江非法集资泛滥”，载《法制日报》2012 年 2 月 9 日。

个案例中的争点叙述和焦点分析，我们可以发现，在涉及地下金融犯罪的案件中，最需要判断或定性的是违法性、社会危害性以及刑罚趋严问题。

1. 刑事违法性

2007年“吴英案”和2008年“曾成杰案”分别在2008年的全球金融危机前后爆发。金融危机时，国内金融措施的进一步收紧，导致了这两起案件都有所涉及的房地产行业受到了极大的影响，最终出现了资本链断裂，引发了社会恐慌和民间融资危机。“吴英案”和“曾成杰案”之所以运行多年而未爆发风险，是源于无论是当事人还是借贷者甚至是普通民众都认为民间借贷的地下金融形式是“合法”的。在“涂汉江案”和“曾成杰案”中，民间集资和借贷行为甚至还得到了当地政府的认可。[1]这种将政府认可和社会认同的金融方式作为犯罪来处理的作法，在刑事违法性的判断上值得探讨。

刑法中的违法性错误的表现形式主要有两种情形：一种情形为因不知法律而产生的违法性错误，另一种为因误解法律而产生的违法性错误。容易产生争议的是由于误解法律而产生的

---

〔1〕 例如在“涂汉江案”中，涂汉江在武汉市东西湖区以经销啤酒完成自己原始资本积累后，以“知名商人和社会名流”的身份被当地政府盛邀回到武汉市江夏区。为了欢迎涂汉江，当地政府曾经召开了一次座谈会，在此次座谈会上，涂汉江允诺无息借款100万元给当地政府发展企业。涂汉江愿意借钱支持企业发展的名声开始以公开的方式传播，许多企业陆陆续续找涂汉江借贷资金，到涂汉江案发前，涂汉江的借款者遍布武汉市江夏区，甚至包括江夏区法院和公安局。2001年7月24日，江夏区公安局纸坊派出所曾经向涂汉江借款60万元，而担任这笔借款的担保人为江夏区公安局时任纪委书记。通过案发后的调查，涂汉江出借资金的对象主要分两种：一是经朋友介绍来的借款者，另一种是经过当地政府或机关负责人签字“批条子”的借款者，而第二类借款者的“介绍人”包括当地的区委书记、区长、人大常委会主任、农委主任等当地政府主要负责人。参见徐恺：“一个民间借贷者的获罪路径 质疑放贷等于犯罪”，载 http://finance.sina.com.cn/crz/20040512/0933755962.shtml，访问时间：2014年12月8日。

违法性错误的情形。其具体包括：①基于信赖而产生的违法性错误，②基于法律规范的效力范围认识而产生的错误，③基于归类错误而产生的违法性错误。其中，基于信赖而产生的违法性错误的情形最为常见，是指行为人在有意识地审查自己行为合法性的过程中，由于信赖有瑕疵的信息产生的违法性错误。典型的情形是行为人基于对错误解释的信赖产生的违法性错误，即行为人为了确定自己的行为是否合法，向政府机关等官方结构中的公务人员或者法律专业人士进行咨询，但由于被咨询对象提供了错误的信息，致使行为人错误地认为自己所实施的非法行为具有合法性而产生的违法性错误。〔1〕在这种情形下，我们是不可能期待行为人能够认识到自身错误的，因而不应当具有违法性。在国家鼓励民间资本进入社会各个领域的政策下，一些部门据此会制定一些政策和办法，吸引各种民间资本从事某项金融活动或参与某个投资项目，但其中的某些政策和办法本身就具有制度风险和执行风险，在执行过程中极易酿成金融风险，“曾成杰案”即体现出了这一点。尤其应当注意的是，对于一些金融形式或金融活动，如果民商法和行政法等前提性的法律法规没有相应的规定，则不能认定该项金融形式或金融活动具有刑事违法性。

2. 社会危害性

上述四个案例都是由于涉及的数额巨大和牵涉的人员众多，而被认定为具有严重的社会危害性的，其中尤以判处死刑的“吴英案”和“曾成杰案”最为典型。经过全国经济界和法律界广泛讨论，吴英最终被改判死缓，而曾成杰则被核准死刑。在地下金融案件中，无论是行为人还是被害人，都是为了规避

〔1〕 参见于洪伟：《违法性认识理论研究》，中国人民公安大学出版社2007年版，第108～116页。

法律和政府监管以追求利益，但逐利是有风险的，对于双方充分协商的合意后行为，是否可被认定为诈骗并具有社会危害性是值得商榷的。地下金融风险的爆发和犯罪的发生有其时代背景和现实原因。随着经济体制的逐步放开，社会对资金的需求越来越大，要求也越来越高。纵观全球，在金融市场发达的国家，企业进行非法集资的情况非常少见，但在我国却是屡禁不止，主要原因在于我国的金融体系结构并不合理。[1]因此，对于地下金融的社会危害性评价应结合金融政策环境和行为人的主观方面，而不能仅仅依据数额大小和社会反响来判断地下金融风险案件中的社会危害性。

3. 惩罚严厉性

我国对于经济类犯罪一直采取的是从严的刑事政策。最高人民法院于2010年2月8日发布了《关于贯彻宽严相济刑事政策的若干意见》，明确要求对于集资诈骗、贷款诈骗等严重危害金融秩序的犯罪，要依法从严惩处，以维护国家的经济秩序。对于数额特别巨大、情节特别恶劣、危害后果特别严重的经济犯罪，要依法从严惩处，对于罪行极其严重的经济犯罪分子，依法应当判处死刑的，要坚决适用死刑。近些年来，有很多涉及地下金融的集资诈骗案的犯罪人被判处死刑，与上述案例中的吴英和曾成杰被判处死刑的类似典型案例还有：原浙江溢诚投资管理有限公司董事长杜益敏，被浙江省丽水市中级人民法院于2008年3月21日一审认定，犯“集资诈骗罪”，被判处死刑，剥夺政治权利终身，并处没收个人全部财产，并由最高人民法院作出核准死刑的裁定后被执行死刑。再如，浙江省乐清市的普通妇女高秋荷，组织“经济互助会”并任会主，在2003

〔1〕 参见吴晓波：“或可不杀‘小姑娘’”，载《招商周刊》2008年第7期。

年至2007年间，以高息回报为诱饵，引诱他人参加其非法组织的“经济互助会”，案发时有1.16亿元被骗的巨额资金无法归还被害人。温州市中级人民法院一审以“集资诈骗罪”判处乐清高秋荷死刑，并处没收个人全部财产。然而，这类死刑的判决不仅引发了公众的关注，也引发了司法界和金融界等业内人士广泛而深入的讨论。

死刑的适用能否收到应有的威慑效果，必须根据犯罪根源而定。对于经济犯罪而言，人的贪利本性是经济犯罪发生的根源。司法实践证明，试图用死刑的立法配置和司法适用来防治经济犯罪的效果并不理想，臆想的死刑威慑力并未得到体现。因此，根据经济犯罪的贪利特征配置合理的财产刑和有效的资格刑才是切实的解决之道。从世界各国对于经济犯罪的立法来看，不适用死刑已成为国际社会的发展趋势。就我国而言，从刑事政策角度来控制和减少经济犯罪死刑的适用应成为司法实践活动的重要方向。虽然2011年颁布的《刑法修正案（八）》不再就13个经济性非暴力犯罪判处死刑，使我国的死刑罪名由68个减至55个，占刑法典中的死刑罪名的近五分之一，然而备受争议的“集资诈骗罪”却仍然保留了死刑的规定。经过近几年学术界的呼吁和对司法实践的反思，2015年11月1日起实施的《中华人民共和国刑法修正案（九）》为贯彻党的十八届三中全会决定提出了要“逐步减少适用死刑罪名”的要求，取消了9个罪名的死刑配置，其中就包括“集资诈骗罪”，〔1〕彰显

〔1〕 党的十八届三中、四中全会决定提出了加强人权的司法保障要求，这彰显了党和国家对生命至高无上价值的尊重，也符合联合国《公民权利和政治权利国际公约》规定的“在未废除死刑的国家，死刑只能是作为对最严重罪行的惩罚”的精神，进一步向国际社会宣示我国致力于从立法上严格控制死刑、逐步减少死刑的态度，有助于推进我国的刑事立法与司法标准的现代化和轻缓化，加强我国同其他废除死刑国家和地区在人权领域进行平等互利的交流与合作。

了国家对于经济领域犯罪死刑政策的逐步限制并最终走向废除的目标。

五、小结：刑法防范地下金融风险的效果反思

地下金融风险与金融犯罪有着紧密联系，地下金融运行中的违规违法容易造成金融活动秩序的紊乱和失范，容易促使整个金融系统风险的发生，并给金融犯罪提供可供利用的漏洞和条件，而金融犯罪反过来又会激发更大的和更剧烈的各类金融风险。[1]金融犯罪刑事立法作为国家规范金融活动的最后一道防线，凭借刑事法律的严厉性，理所应当地成了维护金融秩序、克服其他手段失灵的有效方式。我国目前的金融刑事立法采取的是“事后主义”和“结果无价值”的立法理念。“一方面，由于金融法制不健全，金融刑法难以对一些金融活动进行预防性、惩治性的事前规制，结果难免陷入事后主义的泥潭；另一方面，金融刑法对一些造成严重后果的金融违法行为，不得不在缺乏金融法调整的情况下，一马当先地介入调整，结果驶入背离刑法最后性、谦抑性精神的轨道。”[2]由于立法者缺乏对金融违法行为的一般危害性的重视，导致只有在金融类的违法违规行为出现巨大风险时，国家才不得不直接依据刑法规定来予以处罚，这使得刑法在防范和化解金融风险方面具有明显的滞后性。

地下金融风险典型案例的不断爆发，反映了我国现行刑法对地下金融风险处理显得“心有余而力不足”，问题的症结在于

---

〔1〕参见许新源：“面对金融犯罪与风险的我国公安机关金融安保工作之对策”，载《公安研究》1998 年第 1 期。

〔2〕刘远、赵玮：“金融刑法立法理念的宏观分析——为金融刑法改革进言”，载《河北法学》2006 年第 9 期。

我国在处理地下金融风险问题时，过于偏向政策考量——将维护社会稳定作为首要任务，致使刑法的打击效果并不理想。当前，“在金融市场竞争不断深化的时代背景下，权力控制的逐渐剥离与金融垄断的逐渐分化，促使融资犯罪刑法规范的建构与解释有必要从单纯的前置性规范维护转向以金融风险控制为核心制定与适用刑法规定”。〔1〕正确的做法是，应当充分利用刑法的特殊预防和一般预防的功能来防范和控制地下金融风险。当然，刑法作为法律边界的最后守卫者，也必须秉承稳重与内敛的特性。

〔1〕 谢杰：“论融资犯罪金融风险的刑事控制”，载《新疆警官高等专科学校学报》2012 年第 2 期。

第四章
地下金融风险的政策法律规定介述

经济政策是一个国家在某一时期经济发展的行动准则，为了保证经济政策的落实，国家要采取各种方式和手段，包括利用最为严厉的刑法来保证经济政策的实现。经济政策在打击经济犯罪中处于基础性地位，某一特定时期的经济政策甚至会决定当时的刑事政策，乃至左右立法机关的犯罪化决策。当然，在经济政策出现问题时，其也会影响到经济刑法对经济犯罪的规制效果。例如，在 19 世纪末之前的资本主义自由竞争阶段，在“自由放任”经济政策的指导下，对于一些经济欺诈行为，当时的许多国家都选择不干预或非犯罪化。然而，在经历过几次大的经济危机后，以美国为首的发达资本主义国家开始实施国家干预主义，国家权力广泛开始介入经济生活，以解决市场失灵，并以立法的方式将具有欺诈性质的经济行为予以犯罪化。

基于经济政策和监管制度对刑事政策和刑事立法的影响，我国有关地下金融刑事政策的规制，将既涉及刑事政策的制定，又关系到刑法规范的具体适用。下面，笔者将对涉及我国地下金融的经济政策和监管理念进行梳理，分析和比较国内外有关金融犯罪的刑事政策，并对我国地下金融风险的刑法控制现状进行评析。

一、我国地下金融的监管政策

金融监管的制度逻辑在于风险的控制。地下金融在我国的历史悠久，且形式多样，然而由于其对经济生活具有“实用性”，导致地下金融经久不衰，地下金融的风险也在不断发展过程中得以显现。我国金融监管部门在意识到地下金融风险及其危害性后，在新中国成立后的不同历史时期，采取了不同的监管思路，并运用了相应的法律手段来予以规制。

（一）新中国成立后的金融监管制度变迁

新中国成立后，我国一直坚持严格的计划经济体制，在不同的历史阶段，经济体制的变化影响到了金融监管体系的演变。我国金融监管体系的演进经历了四个阶段〔1〕，这四个不同阶段的金融政策变化，体现了我国地下金融监管政策的演变过程，也反映了出国家对地下金融态度的变化。

（1）初始阶段（1949～1978年）。嵌入计划经济中的“大一统”管理：金融体系以银行业为主，即以中国人民银行为单一主体的金融集中管理体制，中国人民银行集货币政策、金融经营和管理职能于一身。

新中国成立后的第一届全国农村金融工作会议于1951年5月召开，〔2〕这次会议明确了农村信用社在组织性质、功能定位

---

〔1〕 以下关于我国金融监管几个阶段的划分的时间节点，参见胡滨：“中国金融监管发展道路：1949～2011”，载胡滨主编：《中国金融监管报告（2012）》，社会科学文献出版社2012年版，第2～4页。

〔2〕 中国人民银行第一任行长南汉宸在会议上指出：“信用合作是群众性的资金互助的合作组织，主要是组织农民自己的资金，调剂有无，以解决社员生产上和生活上的资金困难，银行给以资金周转及业务上的支持，并可代理银行的一些委托业务，以活泼农村金融，发展农村生产。”参见“农村金融工作的重要意义和努力方向——南汉宸行长一九五一年五月十日在第一届全国农村金融会议上的报告”，载《中国金融》1951年第7期。

以及业务范围等方面的问题，为农村信用社的发展指明了方向。但由于新中国成立初期，农村金融制度并不能满足农村的金融需求，因此一些民间高利贷等地下金融仍然存在。20 世纪 60 年代初，我国把高利贷活动提升到了阶级斗争的高度，认为高利贷活动是农村资本主义自发势力在金融方面的反映，是对贫农、下中农进行封建剥削的行为，是农村阶级斗争的一个重要方面，并认为放高利贷者已经演化为了一个“新的剥削阶层”——“新兴资产阶级”。在明确了政治定位之后，从 1963 年开始，有关部门逐步综合运用经济、行政和政治运动等手段对农村高利贷进行了打击。[1]这种置农村生存经济状态于不顾的单方面打击高利贷等地下金融的行动，不仅没能根除高利贷等地下金融活动产生的土壤，反而加剧了高利贷等地下金融活动的风险溢价。至此，我国对“高利贷”等地下金融活动的治理开始被标上“政治”色彩，坚持的是“严控和严打”的思路。

（2）过渡阶段（1979～1991 年）。初步建立以银行监管为主的金融监管体系：十一届三中全会后改革开放政策的施行，促使我国金融体制也作出了相应的调整。中国人民银行被正式确立为中央银行，开始成为相对独立的监管机构，同时国家相继恢复或新设了几大专业银行和保险、信托及证券等行业的金融机构。但此时的金融监管的地位和权力仍依托行政体系，而并非依托法律的明确授权和规定。

正如中国的改革开放始于农村一样，中国的金融改革也是从农村金融问题开始的。1978 年，党的十一届三中全会通过了《中共中央关于加快农业发展若干问题的决定（草案)》，决定全面推进农村改革和城市开放，鼓励和支持农村个体经营的发

〔1〕参见杨乙丹、高德步：“农村高利贷及其治理的历史审视：1957～1966 年”，载《中国经济史研究》2008 年第 2 期。

展，提出支持农村信贷事业，并于 1979 年恢复中国农业银行。1983 年下半年，农村基金会在我国一些农村地区开始产生和发展，深受农村群众的欢迎，也得到了地方政府部门的支持。1986 年 1 月 7 日，为了加强对银行和其他金融机构的管理，保证金融事业的健康发展，国务院颁布了《中华人民共和国银行管理暂行条例》[1]。其明确规定：个人不得设立银行和其他金融机构。1987 年，党中央又决定我国开始进行中国农村改革试验区建设，农村合作金融组织的改革试验于 1992 年开始进入普及发展和配套改革阶段，意在解决农村的金融难问题。在此时期的城市地区，尤其是在我国的沿海一带，由于市场化进程推进得更快，出现了分散型的作坊式生产企业，但这些企业没有体制内明确的社会地位，因而很难获得国家正规金融服务体系的支持，致使民间金融在我国的沿海地区得到了较快的发展。1988 年，我国经济过热，物价开始上涨，全国掀起了“抢购风”，导致各个行业资金链紧张，抬高了民间借贷的利率，致使“抬会”等各种类型的地下金融组织又开始流行起来。在当时体制创新的思潮和经济法规缺失的情形下，合会和地下钱庄等地下金融得到了更多的发展空间。

（3）发展阶段。（1992～2003 年）此时期，国家确立了“一行三会”[2]的金融分业监管体制：党的十四大提出了建立社会主义市场经济体制，推动了金融体制的根本性变革，设立了银监会、证监会和保监会等专业监管机构，分业监管体制得以确立。立法

〔1〕《中华人民共和国银行管理暂行条例》已被 2001 年 10 月 6 日颁布并实施的《国务院关于废止 2000 年底以前发布的部分行政法规的决定》废止。该条例已被 1995 年 3 月 18 日全国人大通过并公布的《中华人民共和国中国人民银行法》、1995 年 5 月 10 日全国人大常委会通过并公布的《中华人民共和国商业银行法》、1998 年 7 月 13 日国务院发布的《非法金融机构和非法金融业务活动取缔办法》代替。

〔2〕“一行三会”中的“一行”是指中国人民银行，“三会”是指中国证监会、中国银监会和中国保监会。

部门还先后颁布了《商业银行法》和《保险法》等法律法规，使我国的金融监管进入法治化阶段，并确立了基本的金融法律体系。

1992 年之后，我国的改革开放政策得到了更进一步的推进，由于在金融体制改革过程中出现了法律缺失与法律滞后，使得在 1993 年和 1994 年先后发生的“长城机电公司非法集资案”“无锡新兴公司非法集资案”中，司法机关对案件中的相关主要责任人都是以 1979 年制定的《刑法》中的“投机倒把罪”来定罪量刑。1995 年被称为我国金融的立法之年：全国人大常委会于 1995 年 5 月通过的《商业银行法》首次提出了“非法吸收公众存款”的概念。1996 年 8 月，国务院颁布了《关于农村金融体制改革的决定》，提出建立以合作金融为基础，商业性和政策性金融分工协作的农村金融体系。当年，我国的农业银行与农村信用社开始分开经营。1997 年 8 月，中国人民银行发布了《关于对农村合作基金会进行清理整顿、切实规范管理的报告》，对过去几年脱离有效监管而泛滥发展的农村合作基金会进行了清理。为防范金融风险，国务院于 1997 年 11 月决定全面整顿农村合作基金会，1998 年各地普遍出现农村合作基金会的挤兑热潮，危及了农村地区的经济发展和社会稳定。基于 1998 年亚洲金融危机的巨大影响和深刻教训，国务院于 1998 年 7 月颁布了《非法金融机构和非法金融业务活动取缔办法》〔1〕，并对非法金融机构和非法金融业务活动进行了定义。该规定将民间金融视为“非法”，认为其属于地下金融的一部分。根据国务院的上

---

〔1〕《非法金融机构和非法金融业务活动取缔办法》是在 1998 年的亚洲金融危机的背景下出台，由于受当时的亚洲金融危机的影响，我国的非法金融机构和非法金融业务活动十分活跃，严重干扰了国家正常的经济、金融秩序，极易引发社会风险，具有很大的社会危害性 。出台此项“办法”的目的就是为了整顿金融秩序，限制金融资本的自由流动，降低金融风险。

述规定，中国人民银行又先后颁布了《整顿乱集资、乱批设金融机构和乱办金融业务实施方案》和《金融违法行为处罚办法》。在这些严厉的金融政策打压下，此后的民间金融活动彻底转入了“地下”。1999 年，由于农村基金会在运行过程中造成的金融混乱进一步显现，给各地金融秩序带来了很大的影响，国务院于 1999 年 1 月发布了“3 号文件”，决定对农村合作基金会进行全面清理整顿。清理整顿的目标任务是：停止新设农村合作基金会；现有的农村合作基金会一律停止以任何名义吸收存款和办理贷款，同时进行清产核资，冲销实际形成的呆账，对符合条件的并入农村信用社，对资不抵债又不能支付到期债务的予以清盘、关闭。由此，全国开始了大范围取缔和清理农村基金会的行动。2003 年 8 月，国务院发出了《关于印发深化农村信用社改革试点方案的通知》，要求加快农村信用社管理体制和产权制度改革。该阶段的政策与法律制度的变迁，清晰地反映出了我国市场化改革过程中的金融体系带有非常明显的“金融抑制”色彩。“金融抑制”战略的实施给中国金融的市场化和法治化造成了障碍，致使国家制定的政策与法律都只是从“正规金融”的需求出发，而忽略了对“非正式金融”的有效响应，缺乏“非正式金融”对经济正面效应的认识。

（4）完善阶段（2004 年至今）。发展和完善分业监管体制：在应对金融全球化机遇和金融危机挑战的背景下，我国金融监管加强了对以宏观审慎监管为代表的一系列制度改革的探索，完善了金融法律体系，丰富了监管内容，加强了监管执法。

为了应对金融全球化，我国在完善监管体制和法律体系的同时，对金融采取了宏观、审慎的监管政策。经济快速发展和为防止流动性泛滥实施的银根紧缩政策，使得经济发展与货币流动性之间的矛盾愈发凸显，利率控制和银根紧缩导致地下金融发展势头更为迅猛。在此阶段，国家在完善相关的地下金融法律体系的同时，也进一步加大了侦办和惩处地下金融案件的力度。近些年，我国陆续爆发了大量有关地下金融风险的典型的大案和要案。以江苏省为例：2006 年、2007 年、2008 年 3 年间，江苏省公安经侦部门立案的集资诈骗案件分别为 26 起、37 起、91 起，对非法吸收公众存款案件立案 51 起、53 起、99 起，两个罪种的立案数平均每年分别递增 194% 和 145%。在上述两类案件中，公安机关于 2006 年、2007 年、2008 年分别打击处理犯罪嫌疑人 39 名、78 名、136 名，打击处理人员数平均每年递增 187%。[1]这一现象一方面反映出我国地下金融活跃程度，另一方面也表现出了司法机关对地下金融犯罪严厉惩治的态度。

尤其值得关注的金融政策变化是，浙江省十二届人大常委会第六次会议于 2013 年 11 月 22 日正式通过了《温州市民间融资管理条例》。这是我国首部地方性金融法规，为民间融资管理提供了法制保障。该条例提出要对大额民间借贷进行备案，即单笔借款金额 300 万元以上、借贷款余额 1000 万元以上、30 人以上的特定对象都要进行登记备案；允许企业因生产经营需要，在符合一定条件的情形下，以非公开方式向合格投资者进行定向债券融资以及允许机构定向集合资金，通过专业化的管理，将分散的民间资金集聚起来有效使用。然而，这终究只是一部地方性法规，为民间融资松绑和为地下金融提供发展空间还需要国家层面的法律法规提供更大的空间。

（二）我国金融政策基本理念：国家本位与金融抑制

上述四个不同的阶段显现了我国金融监管理念的嬗变：[2]

---

〔1〕参见孙开锋：“非法集资犯罪调查”，载《公安研究》2010 年第 3 期。

〔2〕参见胡滨：“中国金融监管发展道路：1949～2011”，载胡滨主编：《中国金融监管报告（2012）》，社会科学文献出版社 2012 年版，第 4～6 页。

第一，集体主义，即金融监管要为国家的阶段性目标服务。第二，稳定优先，即由于金融问题往往会引起社会动荡，在金融领域中的效率和安全的权衡中，政府自然是把安全放在首位，这也成了我国金融监管制度设计和实际运作的首要价值目标。第三，市场需要管理，在我国经济体制下，“市场需要管理”是一种公认的经济哲学理念，对金融市场的监管，既是政府的权力，也是政府的责任，不同于西方国家贯彻的自由经济主义。第四，发展中完善，即按照“摸着石头过河”的改革理念，我国金融领域的监管也在不断通过探索和试错来建立和完善相应的制度，“发展中完善”的理念正指导着中国金融监管制度的完善。第五，全面覆盖，即我国的金融监管体系设计的监管目标是覆盖金融体系的所有领域，“全面覆盖”的理念已成为我国金融监管的重要目标。

我国的政治体制特征决定了对国家利益至上的“国家本位”主义的坚持，体现在管理制度和方式上，就是体现国家意志和管理职能。众所周知，我国金融业过去是、现在也主要是分业经营、分业监管。这种做法其实源自1929年至1933年人类历史上最严重的经济危机带来的深刻教训。接任胡佛总统临危受命的罗斯福总统大力推行其新政，放弃了亚当·斯密的自由放任主义学说，转而实施凯恩斯的国家干预主义。然而，对金融的过分管制和干预又影响到了正规金融的健康发展，这使得当时的金融监管理念并不能满足经济发展的需求。[1]运用经济学理

〔1〕 我国金融监管理念的落后与错位、金融监管体制的结构失衡和监管治理机制的薄弱以及监管方式的缺乏创新和监管规则的严重滞后，不仅导致了我国金融监管的低效运行和金融机构竞争力的低下，而且使金融业风险隐患激增，成为制约我国经济发展、危害金融安全的瓶颈。参见田宏杰：“中国金融监管现代化研究——以全球化为视角的分析”，中国人民大学2009年博士后出站报告，第213页。

论来概括和总结中国金融体系的特征，我们可以发现，改革开放三十多年来，我国金融市场发展始终坚持的一个核心就是“金融抑制”（financial repression）。“金融抑制”理论是在20世纪70年代由罗纳德·麦金龙（Ronald McKinnon）和爱德华·肖（Edward Shaw）这两位学者分别在各自的著作中提出的。该理论指的是一种货币体系被抑制的情形，这种抑制会导致国内资本市场的割裂，对实现资本积聚的质量和数量造成严重的负面效果。[1]该理论认为，以金融管制代替市场机制所造成的负面后果极容易导致金融体系整体功能的滞后甚至丧失。在“金融抑制”的条件下，由于资金价格具有单一性，必然会导致正规金融体系无法满足市场超额借贷资金的需求，地下金融的出现便成了满足市场需求的必然现象。因此，只有建立起完善而有效的金融体系，将储蓄有效地调动起来并将之运用到生产性投资领域之中，才能更好地促进经济发展。

二、地下金融犯罪的刑事政策

（一）刑事政策与金融犯罪

刑事政策学目前在国外已发展成与刑法学、刑事诉讼法学和犯罪学等同样重要的分支学科，对一个国家的刑事立法和刑事司法发挥着重要的调节和指导作用。我国大陆地区有关刑事政策的最早观点认为：“目前在我国，刑事政策和策略是党和国家制定的，或者是由政法机关制定并经党和国家肯定、推行的运用刑事法律武器同犯罪作斗争的一系列方针、措施、政策、办法的总和。”[2]由于学者们对于刑事政策的涵义多有争论，

---

〔1〕 参见黄韬：《“金融抑制”与中国金融法治的逻辑》，法律出版社2012年版，第5页。

〔2〕 肖扬主编：《中国刑事政策和策略问题》，法律出版社1996年版，第2~3页。

国内外理论界主要存在有“广义说”与“狭义说”两种见解。广义的刑事政策观认为，刑事政策是指同犯罪防控相关的所有社会公共政策，包括以刑事法律为表现形式、以刑事类措施为手段特征的社会公共政策，还包括不具有刑事法律的表现形式或者不具有刑事类措施的手段特征，但是具有防控犯罪价值内容的所有社会公共政策。德国刑法学家李斯特、法国学者安塞尔等学者都坚持广义刑事政策观的立场。狭义的刑事政策观认为，刑事政策是指同刑事法律措施相关的所有刑事法律政策，包括刑法政策、刑事诉讼法政策、刑事执行法律、犯罪人处遇政策等。也有一些学者认同狭义刑事政策观的见解，如德国古典刑法学家费尔巴哈、德国刑法学家耶赛克等都坚持狭义的刑事政策观。比较上述两种观点可以发现，两者分歧的焦点仅仅在于：是否将“不具有刑事法律的表现形式或者不具有刑事类措施的手段特征，但是具有防控犯罪价值内容的社会公共政策”纳入刑事政策学的研究对象。〔1〕就我国刑事政策的渊源和刑事政策的适用来看，刑事政策应是党和国家根据社会发展现状，制定或运用刑事立法政策、刑事司法政策、刑事执行政策，以达到惩罚犯罪和预防犯罪目的的各种方略和措施。只有将刑事政策限定在狭义的范畴内，刑事政策与刑法的比较才具有实际的意义。〔2〕国家动用刑法方式介入金融领域，是为了保护国家的经济结构和经济秩序以及公私财产。一方面，刑法以传统的欺诈、盗窃、侵占和背信等罪名的刑罚威吓来保护财产法益和金融秩序；另一方面，刑法则通过订立一些规范金融行为的经济法令，在行为人的行为足以严重威胁到金融秩序时，对之予

〔1〕 参见魏东：“论广义刑事政策的基本内涵”，载《清华法学》2011 年第 2 期。

〔2〕 参见廖天虎：“刑事政策与刑法关系辩证”，载《河北法学》2013 年第 3 期。

以刑罚规制。由于金融领域具有专业性和复杂性，因此出现的金融犯罪行为大多为第二种情形。

基于刑事政策视野下的地下金融犯罪研究，主要在于刑事政策与刑法之间的密切联系。一般来讲，刑法是以刑事法律规范为主，并以法律原则为辅，用以调整犯罪与刑罚的法律规范体系，它属于一个国家法律体系中的一个部门法；而刑事政策则是从宏观层面对刑事立法、刑事司法和刑事执行予以指导，是同犯罪做斗争的策略、方针和原则。概言之，刑事政策是刑事法律的依据，刑事法律是刑事政策的具体化。刑事政策的首要目的在于预防和减少金融犯罪的发生，强调“严管胜于重罚”，刑事政策对金融犯罪的立法技术、出罪、入罪、定罪和刑罚等具有重要的指导意义。金融犯罪的立法和司法工作又体现和贯彻着刑事政策，金融犯罪的司法实践情况，特别是金融犯罪的案发数量、发展变化、犯罪人数和涉案金额以及再犯情况都可以反映出有关金融犯罪刑事政策的成败。〔1〕由于各国金融政策之间存在差异，对于同一金融行为或金融活动，在有的国家可能会受到刑事处罚，在有的国家却可能仅承担民事责任。这主要是由各个国家的立法观念、国家的犯罪形势以及个人的信用制度之间的差异所致。例如在德国，即使行为人被认定为系恶意透支信用卡，但由于行为人是真实的持卡人，而信用卡透支行为是被银行所允许的、合法的，如果行为人的透资行为只是在数额、期限上超过了约定，则仅属于信用卡滥用行为，无须动用刑法，只需追究其民事责任。〔2〕再如，对于内幕交易的行

〔1〕 参见曲伶俐等：《刑事政策视野下的金融犯罪研究》，山东大学出版社2010年版，第43～44页。

〔2〕 参见王世洲：《德国经济犯罪与经济刑法研究》，北京大学出版社1999年版，第276页。

为是否构成犯罪，各个国家的刑法规定也并不一样，有的甚至认为内幕交易并不构成犯罪。

同一国家关于金融方面的刑事立法，在不同的时期也有着不同的刑事政策。例如，美国联邦关于金融犯罪的立法从1887年至今，主要可以被划分为五个时期，这五个时期的刑事政策都深受政府经济政策和监管制度的影响，体现出了不同的特点。〔1〕尤其是进入21世纪以来，美国有关金融犯罪的立法有趋于严格的态势，这种过于严苛的监管导致美国的企业上市成本和金融市场运行成本过高等问题，导致美国资本市场的吸引力下降，致使大量投资者流失。自2007年8月次贷危机全面爆发后，美国财政部曾先后数次公布了金融监管方面的计划，将当时的多个监管部门进行整合，并从体制、规则监管和违规制裁等方面进行改革和完善，逐步转向灵活的原则导向监管和更加合作的监管，并从稳定监管、审慎监管和金融市场商业行为监管三个方面重构美国金融监管体系，力求从根本上解决现行监管体制的结构性问题，〔2〕防止金融犯罪的发生。其他一些金融发达的国家，也都根据本国的经济政策的变化而制定了相应的刑事政策。例如，德国的经济刑法与经济政策有着密切联系，因此有关经济犯罪尤其是金融犯罪的规定大多寓于经济法规之中，其

---

〔1〕 第一个时期为1887年至1914年，美国联邦政府开始管理经济时期。在此阶段，美国国会制定了一些比较重要的经济管理法规，对金融类犯罪进行规制。第二个时期为1932年至1940年新政时期。在此期间，联邦政府又颁布了大量的经济管理法规，打击金融犯罪，加强对金融的管理和控制。第三个时期是1968年至1977年，这是一个保护环境和消费者利益的时期。第四个时期是20世纪70年代末至20世纪末，即保护对外贸易和金融机构纯洁时期。第五个时期是进入21世纪以来的时期，美国有关金融犯罪的立法有趋于严格的趋势。参见廖天虎："论我国当前的金融犯罪规制的刑事政策"，载《西南科技大学学报（哲学社会科学版）》2010年第4期。

〔2〕 参见祁敬宇、王刚：《后危机时代的金融监管研究》，首都经济贸易大学出版社2011年版，第243、245页。

金融犯罪的监管政策也呈现出了犯罪网趋宽、刑罚网舒缓，而对特定犯罪刑罚加重的特点。日本的金融犯罪的刑事政策以促进经济交易的自由化为目的，放宽限制和鼓励自由交易，但同时突出刑法在此过程中的保障作用。〔1〕这些国家刑事政策的变化，都反映出了一个国家的经济政策和政府对市场的监管态度会深刻影响金融犯罪刑事政策的变化。

（二）我国金融犯罪刑事政策变迁

党的十一届三中全会后，我国拉开了改革开放的序幕。然而在经济放开的同时，各种不良思想也沉渣泛滥。一些人利用制度漏洞而投机钻营，实施欺诈活动，严重扰乱了经济秩序，影响了改革的顺利进行。例如，伪造货币和伪造票据、信用证、信用卡等金融诈骗犯罪明显增加，诈骗数额越来越大，危害十分严重。为此，第八届全国人民代表大会常务委员会于 1995 年 6 月 30 日第十四次会议通过了《关于惩治破坏金融秩序犯罪的决定》〔2〕，要求对金融犯罪实施严厉的刑事惩治措施。我国于

---

〔1〕 参见廖天虎："论我国当前的金融犯罪规制的刑事政策"，载《西南科技大学学报（哲学社会科学版）》2010 年第 4 期。

〔2〕 全国人大常委会专门出台这个决定的背景在于：随着我国不断深化改革和扩大开放，在经济体制转轨时期，经济领域中不断出现一些新的犯罪行为，刑法自身需要加以补充和修改。这个决定体现了政府对金融领域从严治理的态度，该决定针对金融领域犯罪突出、危害严重的情况，对金融诈骗犯罪的最高法定刑，规定为十五年有期徒刑、无期徒刑，对其中严重危害国家和人民利益的伪造货币等犯罪，将刑法规定的最高法定刑无期徒刑提高到死刑，同时还规定并处罚金或者没收财产等财产刑，在经济上予以重罚，使罪犯不能得到好处。这种立法态度延续至今，只是在近年来，随着我国刑法的现代化和国际化，对于经济领域的刑事处罚正逐步减少死刑，这体现了刑法的人道性和谦抑性。最为明显的是于 2011 年 2 月 25 日由十一届全国人大常务委员会第十九次会议通过，并于 2011 年 5 月 1 日起施行的《中华人民共和国刑法修正案（八）》尝试着改变以前一味强调严刑峻法的重刑主义刑法观。积极倡导宽严相济的刑事政策观。此次修改取消了 13 个罪名适用死刑的规定，这些罪名均为经济类犯罪，占死刑罪名总数的 19.1%。这种立法的修改完善思路将引领我国未来的刑事立法活动。

1997 年对《刑法》进行了全面修订，并在专章规定了“破坏社会主义市场经济秩序罪”，设置了相关金融犯罪的具体罪名及相应的刑罚。[1]2005 后，我国开始施行宽严相济的刑事政策，标志着我国刑事政策发生了重大转变，在金融犯罪领域也体现出了宽严相济的政策。

由于地下金融的参与者大多是城镇下岗人员、退休老人、农民等社会弱势群体，参与集资的资金都是他们的血汗钱，因此，一些地下金融案件极易引发聚众上访等大规模群体性事件和受害群众自杀等恶性事件，严重影响社会稳定。当前，打击非法集资等地下金融显然已成为我国的一项政治性任务。[2]为了保证打击非法集资行为，国家在最为严厉的惩治方式——刑法的规定——上予以了严厉的刑罚制裁。例如，在非法集资案件中涉及最多的罪名为“集资诈骗罪”，在《刑法修正案（九）》颁布实施前，该罪名的最高法定刑一直为死刑，这类的非法集资案件也因此而被称为“致命的集资”。虽然我国打击非法融资等地下金融案件的力度在不断增强，但非法集资案件却是有增无减，非法集资活动的方式也变得更为复杂而多样。实

---

〔1〕 1997 年《刑法》的“破坏社会主义市场经济秩序罪”章，既吸收了 1979 年《刑法》分则第三章“破坏社会主义经济秩序罪”原有的 15 个条文的有关内容，又吸收了 20 世纪 80 年代初以来，由全国人民代表大会及其常委会发布的近十部刑事单行法规有关经济犯罪的内容，还结合当时与经济犯罪做斗争的需要，增设了近三十个新的有关经济犯罪的罪名。修订后的《刑法》加大了用刑罚的手段打击金融犯罪的力度，尤其是新增规定了若干具体的新型金融犯罪及刑罚。1999 年后，国家陆续出台的《刑法（修正案）》又对金融犯罪的内容作了补充，不仅增加了若干新型的金融犯罪的相关罪名，而且对金融犯罪的刑事处罚的力度上也大大加强了。参见廖天虎：“论我国当前的金融犯罪规制的刑事政策”，载《西南科技大学学报（哲学社会科学版）》2010 年第 4 期。

〔2〕 参见“王岐山：当前要重点打击社会非法集资和市场金融传销”，载 http://money.163.com/11/0821/15/7C08G1KT00253B0H.html，访问时间：2014 年 10 月 22 日。

际上，地下金融的借贷人的主要风险在于可能被追究刑事责任。一般情况下，借款人高息向他人借款用于生产经营，如若资金链条断裂，将无法偿还债务。但众多的出借人只愿意收获高额利息，却不愿意承担借款人可能无法偿还债务的风险。在获取本息无望的情况下，这些人往往集体上访，从而形成群体性事件。而政府考虑到维稳的需要，往往便将借款人以涉嫌“集资诈骗罪”或者“非法吸收公众存款罪”立案，对借款人进行刑事责任的追诉，以安抚民众和平息民怨。但近些年频发的地下金融犯罪案件证明了严厉的刑法措施并不能压抑住民间借贷的冲动与非法融资的需求。对于地下金融而言，将基于市场风险和逐利思想而产生的风险与维护社会稳定联系起来，显然不符合经济发展规律，也增加了维护社会稳定的成本。正确的做法应当是各级法院通过公正的刑事审判来搭建民间借贷与刑事追诉的“防火墙”，为民间借贷保驾护航。[1]因此，对待地下金融犯罪案件，应科学合理地把握“宽严相济”的尺度和标准，既要控制地下金融风险、抑制地下金融犯罪，又不能限制金融的自由发展，以便为经济的发展提供支持。

（三）地下金融犯罪刑事政策立场

地下金融作为广义上的金融的形式之一，有关金融犯罪的刑事政策也应对其适用。但由于地下金融不同于正规金融，因此地下金融犯罪的刑事政策又有其特殊之处，这主要是因为地下金融的产生是由特殊的经济发展环境和欠缺的经济法律制度所决定的。因此，我们在面对地下金融的风险或危害性时，应结合经济政策的大背景和具体案件中的行为人的主观意志——是否具有欺骗的故意——来进行考量。

---

〔1〕 参见杨涛：“防范将民间借贷当作刑事案件”，载《人民公安报》2012年2月23日。

我国对地下金融一直采取的是“严厉对待、严苛刑罚”的政策。然而，“非法集资案件”不论在数量上还是在涉及的金额上都在逐年递增，其反映出来的问题也越来越严重。这表明，我国的立法和司法手段并没有效地防止地下金融的问题，现行的规制政策值得检讨。事实上，地下金融的刑事政策应当受制于金融政策的变化，我国长期奉行的“金融抑制”政策正在阻碍金融创新。因此，有观点认为，我国应当将金融“去管制化”，倡导金融自由。然而，20 世纪的经济发展史已经证明，对金融实施绝对的管制和绝对的自由都是不利于经济发展的，〔1〕都容易滋生地下金融犯罪。例如，我国台湾地区在 1991 年之前，一直有大量的过剩游资，但台湾当局因为顾虑新型金融商品的风险，仍然对放松金融管制政策持观望态度，甚至对于当时民间已经开展的金融资产投资活动予以严格的管制。但随着经济的不断发展，台湾地区逐渐放松了对金融的管制，开始实施“金融自由化”，但这一作法最近在台湾地区也引起了反思。2010 年 5 月 28 日，台北地方法院刑事第一庭分别就元大京华证券与金鼎证券两件结构债损失规避案作出了判决。〔2〕有学者认

〔1〕 对金融实施过于严苛的管制，是不利于经济发展的，这在各国的经济实践中已达成共识，但对于是否应当放开对金融的自由发展，各个国家的政策不同。以身为世界经济发展引擎的美国为例，在 20 世纪 90 年代，放松管制政策又再次成为政治的宠儿，这种政策的实施随后在一些国家导致很多危机。例如在 2001 年，美国的电信部门因为放松管制而使得产生的投资泡沫轰然破灭，同样，因放松管制，美国的电力市场、银行业和会计行业等都遭受到重大损失，放松管制政策导致了美国等国家的经济衰退，片面追求金融效率为监管目标的放松管制政策，在促进金融体系快速发展的同时，却加剧了金融体系的脆弱性。实际上，市场经济真正需要的不是放松管制，而是一种改良后的有张有弛的管制：在某些领域内实施更强的管制（例如会计行业和审计行业）；在另一些领域内则实施相对较弱的管制。参见［美］约瑟夫·斯蒂格利茨：《喧嚣的九十年代》，张明、何璋译，中国金融出版社 2005 年版，第 72 ~ 75 页。

〔2〕 两案的判决分别为：“台北地院 98 金重诉 6 号刑事判决”和“台北地院 98 金重诉 28 号刑事判决”。

为，元大与金鼎连动债事件是由台湾地区的“金融资产证券化条例”诱发的金融犯罪事件，而“金融资产证券化条例”则是“金融自由化”的一个结果。我国台湾地区自20世纪80年代末期开始摆脱“计划经济”而迈向“市场经济”，“金融自由化”是台湾地区自20世纪90年代后期以来所大力推动的“去管制化”活动的关键内容。经济活动的“去管制化”与“法规松绑”已成为台湾政界和理论界的主流观点，主张消除人与人之间自由经济活动的障碍，认为台湾当局应当促进资本流通的灵活性，鼓励金融商品的创新和企业的自律管理。当然，在“去管制化”的同时，我国台湾地区仍在不断爆发经济犯罪问题，但坚持“去管制化”论点的学者认为：经济犯罪者自有刑法可以制裁，因此，没有必要为了防止弊端而又对经济加以过度管制，否则有可能妨碍经济的发展。〔1〕金融政策深深影响着金融刑事立法，因此，台湾地区有关金融方面的作法和金融刑事立法可供大陆地区加以借鉴。我国目前应当确立审慎监管的金融政策，〔2〕我国对非法集资行为的司法把握一直存在着鲜明的行政权力司法化倾向。虽然我国的相关司法解释将认定非法集资的一个

---

〔1〕 参见徐伟群：“去管制化政策/论述作为经济犯罪诱因——以《金融资产证券化条例》为例”，载甘添贵教授七秩华诞祝寿论文集编辑委员会编：《甘添贵教授七秩华诞祝寿论文集》（下册），承法数位文化有限公司2012年版，第222～225页。

〔2〕 20世纪30年代金融大危机以后的金融监管以维护金融安全为其根本出发点，20世纪70年代和80年代金融自由化进程中的金融监管则以效率至上作为最高价值追求，20世纪90年代以来的金融监管坚持的是谨慎监管的原则。1997年东南亚金融危机的爆发，促使人们在对放松监管进行重新审视和全面反思，各国开始向着谨慎监管的方向改革已有监管体制：一方面加强金融风险管理和防范，以弥补市场的不完备；另一方面，在可能的范围内尽量减少对金融领域活动的干预，给予金融市场更多自由，尊重市场规律，以最大限度地提高金融效率，适应金融自由化、全球化的要求。参见田宏杰：“中国金融监管现代化研究——以全球化为视角的分析”，中国人民大学2009年博士后出站报告，第61～62页。

重要前提由“未经有权机关批准”修改为“违反金融法规”，但行政取向的本质并没有发生多大改变。对于正身处金融转型过程中的我国来讲，监管部门对民间金融、金融创新和金融监管模式的认识也将不断深化，这必然导致行政层面对非法集资的认识是一个快速变化的过程。未来金融的发展不仅代表着审批标准很难再对其加以约束，金融法规规制也可能常常滞后于实践进程，现在网络金融的快速发展就是一个很好的例证。因此，我国在处理非法集资案件时呈现的行政权力司法化的倾向将会在一定程度上背离实际的社会经济进程。〔1〕

在完善对金融市场风险的防范机制时，要求尽量减少对金融领域活动的干预，给予金融市场更多自由，作为保障金融健康有序发展的刑法，自然也应当限缩其调整范围。因此，地下金融的刑事政策还应当考量的是金融政策、经济发展和刑事惩治之间的关系，使之达到优化和平衡。

三、我国地下金融风险的刑法控制现状评析

我国的地下金融犯罪刑事立法，采用了主要由刑法典系统地规定地下金融犯罪、辅之以单行刑法及附属金融刑事条款笼统规定的立法模式。〔2〕虽然有学者主张采用包括地下金融犯罪在内的独立的经济刑法立法模式，但一直未为立法者所采纳。

---

〔1〕 参见林越坚：“非法集资与民间借贷的刑民界分”，载《财经科学》2013年第1期。

〔2〕 刑法学界一般认为我国金融犯罪的立法模式包括了刑法典、单行刑法和附属刑法，但我国金融附属刑法与国外有罪有刑的金融附属刑法不同，我国有关金融的非刑事法律均为照应性规定，没有具体的法定刑。目前这种有罪无刑的附属金融刑事条款只有“刑法”之名，而无“刑法”之实，因此可以说我国根本不存在严格意义上的金融附属刑法，以这种虚置的附属金融刑事条款定罪量刑显然欠缺信服力。参见曲伶俐、张霞：“金融违法行为入罪研究”，载《中国刑事法杂志》2006年第2期。

在我国的改革开放初期，对构成犯罪的地下金融行为主要是以投机倒把罪来定罪处罚。[1]随着破坏金融秩序的违法犯罪活动越来越多，我国于1995年颁布的《关于惩治严重破坏金融秩序的犯罪的决定》以单行刑法的形式对金融犯罪作出了集中规定。该项决定指明了包括地下金融在内的金融犯罪的范围，所设罪名涉及面广、内容较为合理。之后在1997年修订《刑法》时，立法部门从制定一部统一、完备的刑法典出发，吸纳了一些未被1979年《刑法》规定的地下金融犯罪，但这种吸纳并非简单地予以立法合并，而是在吸纳的同时进行立法分类。例如对于地下钱庄作为地下金融的典型形式，由于其行为方式不同，在适用刑法时也各异。司法实务中对地下钱庄一般以非法经营罪定罪处罚，但对于地下钱庄非法吸收存款的行为，则援引《刑法》第176条非法吸收公众存款罪定罪处罚；对于设置地下钱庄行为本身，则援引《刑法》第174条擅自设立金融机构罪定罪处罚。自1997年《刑法》修订后，截至目前，我国共出台了关于《刑法》的1个补充性规定和9个《刑法（修正案)》，以扩大金融犯罪的处罚范围。其扩大的方式主要有四种：一是增加条文，规定新的金融犯罪类型；二是不增加条文，但在原来条文中，增加新的金融犯罪类型；三是罪名不变，但修改原来条文的内涵，扩大覆盖面，或者降低原来规定的入罪条

〔1〕 例如1989年浙江省温州市中级人民法院审理的“李启锋案”就是一个典型的例子，李启锋以“抬会”这种地下金融方式，在1985年12月至1986年3月期间，先后吸收了浙江省乐清县和平阳县等地一千四百余人的会款高达1.58亿元，严重扰乱了温州市的金融市场，最终浙江省温州市中级人民法院以“投机倒把罪”对此行为予以了定罪处罚。但在1997年的《刑法》修订后，司法部门则主要援引《刑法》第176条“非法吸收公众存款罪”和第192条“集资诈骗罪”这两个罪名对地下金融的行为予以规制。参见郑启福：《民间合会的法律规制研究》，法律出版社2013年版，第83页。

件来增加金融犯罪的范围；四是修改原来条文内涵并改变罪名，以降低入罪条件达到扩大金融犯罪范围的目的。[1]经过不断修订和完善，我国现行《刑法》所涉及金融犯罪的条文共有58条，金融犯罪的罪名为69个，对金融犯罪的处罚范围不断扩大。在处理地下金融犯罪中最为典型的非法集资案件时，司法实践中常见适用的是以下8个具体罪名。

表4-1 非法集资案件常见运用罪名

序号	适用罪名	《刑法》条文	所在《刑法》章节
1	欺诈发行股票、债券罪	第160条	《刑法》分则第三章第三节“妨害对公司、企业的管理秩序罪”
2	非法吸收公众存款罪	第176条	《刑法》分则第三章第四节“破坏金融管理秩序罪”
3	擅自发行股票、公司、企业债券罪	第179条	《刑法》分则第三章第四节“破坏金融管理秩序罪”
4	集资诈骗罪	第192条	《刑法》分则第三章第五节“金融诈骗罪”
5	虚假广告罪	第222条	《刑法》分则第三章第八节“扰乱市场秩序罪”
6	合同诈骗罪	第224条	《刑法》分则第三章第八节“扰乱市场秩序罪”
7	组织、领导传销活动罪	第223条	《刑法》分则第三章第八节“扰乱市场秩序罪”
8	非法经营罪	第225条	《刑法》分则第三章第八节“扰乱市场秩序罪”

综合已公布的案例和刑事判决来看，司法机关在处理地下金融犯罪案件时，以上8种罪名适用最多的是“非法吸收公众

〔1〕 胡启忠等：《金融领域法律规制新视域》，法律出版社2008年版，第244～246页。

存款罪”[1]，其次是“集资诈骗罪”，“非法经营罪”的数量次之，其他罪名的适用则相对较少。以四川省高级人民法院在2006年至2012年期间处理的非法集资案件为例，最后认定构成“非法吸收公众存款罪”和“集资诈骗罪”的案件为109件，占总数的比例为81.96%，其中以“非法吸收公众存款罪”判处的为69件，以“集资诈骗罪”判处的为40件；以“集资诈骗罪”“合同诈骗罪”等多个罪名判处的案件为8件，占总数比例为6.01%；以“非法经营罪”定案的为11件，占总数比例为8.27%；以“组织、领导传销活动罪”定案的有3件、“合同诈骗罪”判处的1件、擅自发行股票案1件，这三种情形加起来占总数比例为3.76%。[2]另外根据对2013企业家犯罪的刑法适用情况的统计，该年企业家犯罪涉及《刑法》第三章“破坏社会主义市场经济秩序罪”共40个罪名，占罪名总数的51.9%，其中“破坏金融管理秩序罪”中，共涉及6个罪名，按照使用率由高到低排列分别为：“非法吸收公众存款罪”“骗取贷款罪”“泄露内幕信息罪”“利用未公开信息交易罪”“伪造金融票证罪”“骗取票据承兑罪”。民营企业家触犯频率最高

---

〔1〕“非法吸收公众存款罪”适用较多的原因在于，我国《商业银行法》及相关法律规范并没有明确界定“存款”的具体法律含义，因此在适用该罪名时，就可以弹性解释“存款”，扩大了该罪名的适用范围。显然，金融监管部门和司法部门并不希望这些大量的对社会秩序有着潜在威胁的集资行为游离于刑事法网之外，若严格依照现行的金融监管法律规定，大量集资活动可能很难被归入“吸收公众存款”或者“发行股票或债券”的范畴。因此司法实践对“存款”进行了扩张解释，这其实是司法者混淆了直接融资和间接融资这两种不同融资形式的法律规范，并试图以规定间接融资的银行法规制方式治理所有的非法集资活动，这显然会更加挤压作为直接融资的其他民间金融方式的生存空间。参见黄韬：“刑法完不成的任务——治理非法集资刑事司法实践的现实制度困境”，载《中国刑事法杂志》2011年第11期。

〔2〕参见魏东、白宗钊主编：《非法集资犯罪司法审判与刑法解释》，法律出版社2013年版，第3页。

的罪名也是“非法吸收公众存款罪”，可见企业融资已成为企业家犯罪的一大风险点。通过交叉分析企业融资环节与企业经营行业领域、人员职务之间的关系，发现发生在贸易环节的65例企业家犯罪案例，主要集中于金融投资（14例，占21.5%）、零售百货（7例，占10.8%）、能源矿产（7例，占10.8%）、房产建筑（7例，占10.8%）和产品制造（6例，占9.2%）这五大行业领域。同时，2013年度有83人是因为融资方面的问题而涉刑，主要集中在实际控制人（33人，占39.8%）、总经理（21人，占25.3%）和董事长（19人，占22.9%）三个职位。另外，就发生在融资环节的犯罪行为方式来看，主要集中于非法集资（非法吸存和集资诈骗）、诈骗、合同诈骗、骗贷等方面。[1]

（一）“维稳”理念下的地下金融处置路径

非法集资等地下金融活动引发群体事件而影响社会稳定的原因有三：一是靠亲友关系形成集资；二是依靠隐形公权与黑社会确保资金安全；三是相信政府救市。[2]但实质上，参与集资行为的受害人存在着投机行为，因此对于非法集资等地下金融活动的定罪量刑的价值基础是否应当重新审视呢？“我国的司法制度及运行方式，在很大程度上受到了强大的政府管理者的影响，司法制度的各个层面中都渗透着浓厚的政策实施色彩。”[3]在将维护社会稳定作为工作重心的前提下，司法机关自然更倾向于对引起社会稳定的地下金融事件定性为犯罪，并

〔1〕 参见北京师范大学中国企业家犯罪预防研究中心：“2013中国企业家犯罪报告”，载 http://news.jcrb.com/jxsw/201401/t20140105_1298885.html，访问时间：2014年1月10日。

〔2〕 参见高艳东：“诈骗罪与集资诈骗罪的规范超越：吴英案的罪与罚”，载《中外法学》2012年第2期。

〔3〕 向燕：《刑事经济性处分研究——以被追诉人财产权保障为视角》，经济管理出版社2012年版，第242页。

施以严厉的刑罚惩治和经济处罚，以达到安抚被害人和缓和当前的社会矛盾的目的。在处理地下金融案件时，我国始终将维护社会稳定放在首位，坚持的是政府主导的思路。“维稳”理念下的地下金融刑事政策主要体现在以下几个方面：

1. 成立处置非法集资部际联席会议制度

为了有效打击和处置非法集资工作，2006 年 5 月国务院研究决定成立处置非法集资部际联席会议。2007 年 1 月 8 日，国务院发布了《关于同意建立处置非法集资部际联席会议制度的批复》（国函［2007］4 号），同意建立处置非法集资部际联席会议制度。[1]处置非法集资部际联席会议的工作原则是：省级人民政府负总责，行业的主管和监管部门一线把关，部际联席会议组织协调。由省级人民政府负总责来打击和处置非法集资案件，这是考虑到非法集资大多发生在基层，而维护社会和辖区的稳定是政府的职责，加之涉及非法集资的行业很多，由熟悉业务的行业主监管部门一线把关，并在政策上给予指导，有助于更好地对案件进行定性。同时，监管部门根据自己行业的特点以及犯罪分子作案手段来制定一个监测预警和防范的措施，

---

〔1〕 处置非法集资部际联席会议制度由银监会牵头，要求在国务院的领导下，会同有关部门和省级人民政府，建立“疏堵并举、防治结合”的综合治理长效机制，切实有效地贯彻落实党中央、国务院处置非法集资的方针和政策，建立“反应灵敏、配合密切、应对有力”的工作机制、上下联动的宣传教育体系、齐抓共管的监测预警体系、准确有效的性质认定体系、稳妥有力的处置善后体系和及时灵敏的信息汇总报告体系。在处理重大非法集资案件时，应召集全体会议，对于事实清楚、证据确凿、政策界限清晰的，由案发地省级人民政府组织当地银监、公安、行业主管或监管等部门进行认定；性质认定后，由当地省级人民政府组织进行查处和后续处置。对于重大案件，跨省（区、市）且达到一定规模的案件，前期调查取证事实清楚且证据确凿，但因现行法律法规界定不清而难以定性的，由省级人民政府提出初步认定意见后按要求上报，由联席会议组织认定，并由有关部门依法作出认定结论。参见“国务院关于同意建立处置非法集资部际联席会议制度的批复”，载《中华人民共和国国务院公报》2007 年第 7 期。

这样有利于“打早、打小”。按照国务院的规定，全国各地随后相继建立了联席会议制度，并按照省市县三级逐步推进，全面建立联席会议制度，以协调解决处置非法集资工作中的问题。〔1〕在当前我国非法集资等地下金融活动引起犯罪频发的环境下，联席会议制度的确立，能够有效整合资源，促进办案效率，凸显化解地下金融风险和维护社会稳定的作用。

2. 相关司法解释明确要求维护社会稳定

最高人民法院和最高人民检察院在涉及非法集资等地下金融案件的司法解释中，都明确要求将维护社会稳定放在首位。最高人民法院于2010年发布的《最高人民法院关于审理非法集资刑事案件具体应用法律若干问题的解释》，制定的背景就在于司法机关近年来查处的“万里大造林案”“亿霖木业案”“湘西自治州非法集资案”等一批重大非法集资刑事案件。这些案件涉案金额大，受害人数多、作案周期长，案发后大部分集资款都已被挥霍、转移、隐匿，资金返还率低、参与集资人损失惨重，频频引发聚众上访等大规模群体性事件和受害群众自杀等恶性事件。〔2〕在地下金融活动盛行的我国江浙地区，司法机关在处理地下金融案件时面临着更多的压力。2013年10月21日，江苏省高级人民法院联合江苏省人民检察院、江苏省公安厅共同发布了《关于办理非法集资刑事案件的意见》。该意见要求各

〔1〕 由政府部门牵头的联席会议制度难免带有行政色彩，其办案的方式和最终的结果可能与法律的规定不尽一致，这将会影响到司法的权威。现代法治国家遵循的是司法最终解释原则，但在处理非法集资案件时，行政手段成为普遍性和常规性的方式，有的案件还要接受联席会议督办，这种处理问题的思路损害了司法的独立性和权威性。参见魏东、白宗钊主编：《非法集资犯罪司法审判与刑法解释》，法律出版社2013年版，第60页。

〔2〕 参见刘为波：“《关于审理非法集资刑事案件具体应用法律若干问题的解释》的理解与适用”，载《人民司法》2011年第5期。

办案机关在办理案件过程中应当及时向党委报告，并在各级处置非法集资办公室的统一指导和协调下做好矛盾化解工作。[1]由此可见，我国处理地下金融案件的司法解释已深深打上了“维护社会稳定”的烙印。

基于维稳理念出发来解决地下金融风险的思路，多少带有“下猛药治重病”的嫌疑，“重病”虽然暂时被压制住了，但是“反复”的可能性还是非常大的，容易落下快速处置“后遗症”。例如，位于江苏省泰州兴化市境内的苏中第一大镇戴南镇，数年前曾爆发过多起高利贷和非法集资案，沉寂多年后又卷土重来，发生多起债权人上访事件。这主要是由于目前各地对非法集资和高利贷案处理呈现出下列隐患：“跑路”的嫌疑人虽然可以在短期便被抓获，并由政府部门就具体案件进行登记统计“损失”，然后让债权人回家等待处理结果，但是往往在数年之后仍拖而不决，无法兑现，债权人在观望一段时间后，便会因“承诺无法兑现”而频频上访。众多地下金融案件事后处理情况显示，在案件爆发初期，政府快速处置平息事态，但在集资人被公安机关“释放”后，却缺乏后续的有效处置措施，一旦地下金融中的集资者们自恃不必偿还债务，新的社会风险就会加速累积，[2]又会带来新的风险和社会矛盾。

---

〔1〕《关于办理非法集资刑事案件的意见》要求正确把握非法集资行为罪与非罪的界限。对于资金主要用于生产经营及相关活动、集资者有还款意愿，能够及时清退集资款项，情节轻微，社会危害不大的，可不作为犯罪处理或者免予刑事处罚。对集资者因资金周转一时陷入困境仅为躲债、回避矛盾等暂时躲避的，不能一概认定为具有非法占有目的；以非法占有为目的逃跑的集资者愿意重新组织生产经营以偿还债务的，可从宽处理。对构罪界限难以区分的案件，要求从有利于促进企业生存发展、有利于保障员工生计、有利于维护社会和谐稳定出发，依法妥善处理。

〔2〕参见王晓东：“苏中第一镇4000万集资案样本：地方高利贷风险‘余波’袭来”，载《21世纪经济报道》2014年1月17日。

3. 刑事裁判将维护社会稳定作为量刑因素

由于地下金融案件牵涉的被害人的人数众多，容易引发群体性事件，地下金融风险被放大后可以作为犯罪的重要考量因素。例如，前述“曾成杰案”，法院将社会稳定因素归入刑事裁判，导致曾成杰直接被判处死刑。根据最高人民法院的认定，由“曾成杰案”引起的群体性事件有3起：一是2008年9月5日，湖南省吉首市爆发万余名集资群众围堵铁路及火车站事件；二是2008年9月24日，湖南省吉首市集资群众围堵湘西自治州政府、围堵道路、打砸抢超市；三是2008年9月25日，集资户数千人围堵湖南省湘西州州政府机关，砸伤执勤武警多人，州政府大门接访室、值班室的门窗、玻璃被打碎，不法人员拆下并砸烂州政府牌子，围观群众万余人聚集，交通严重堵塞、店铺全部关闭。同时参与集资者吴安英因集资款无法取回，在湘西州政府旁的人行道泼洒汽油自焚，全身烧伤多处，面积达38%的重度烧伤，构成七级伤残。因此，造成3起群体性事件和1人自焚的“曾成杰案”的社会危害性自然要比没有造成社会群体性事件“吴英案”的社会危害性大。[1]可以说，曾成杰的死，源于逐利的集资者非理性的诉求行为，这样的死刑判决逻辑显然缺乏正义的基础。实际上，将维护社会稳定以司法判决的形式予以昭示，会让更多的参与地下金融的投资人确信以非理性的方式诉求能达到自己目的的效果。我国在对待地下金融问题上采取的这种“强化集资者罪责、剔除出资者过错”的刑事政策最终将加重国家责任，不利于地下金融犯罪的控制和预防。

4. 将被害人损失补偿作为维护社会稳定的手段

根据我国刑法对犯罪人的违法所得及相关财物的处置规

〔1〕参见“最高法详解曾成杰吴英不同判决：曾比吴社会危害更大”，载 http://news.cnr.cn/native/gd/201311/t20131126_514234036.shtml，访问时间：2013年12月1日。

定，[1]地下金融犯罪中的被害人的资金应当责令退赔或者返还，但是这种情形能够实现的前提条件是犯罪分子违法所得的财产或者被害人的合法财产仍然存在。然而在处理地下金融犯罪案件的司法实践中，典型的非法集资类犯罪，尤其是在集资诈骗案件和非法吸收公众存款案件中，犯罪分子最后的财产都所剩无几，根本无法归还全部集资款。加之对于这些款项应该由哪个机关去追缴，法律并没有明确规定，一般是由公安机关将案件侦查完毕后移送检察机关，检察机关也只是在其职责范围内将案件起诉到法院，而法院又没有能够实现追缴的有效手段和现实条件。现实的诉讼结构缺陷导致《刑法》规定的维护被害人权利的内容在司法实践中很难实现，即使被告人获得了提起诉讼的机会，由负债累累的集资人偿还被害人的损失也几乎不可能。[2]

由于地下金融涉及人数众多，牵涉的金额巨大，容易造成极坏的社会影响，政府部门为了维护社会的稳定，首要考虑的就是挽回和弥补参与投资者的损失。但实际上，这些在高额利润引诱下遭受损失的投资者是所谓的“自愿被害人”。[3]因此有观点认为，在以非法吸收存款者为集资对象的诈骗犯罪中，

---

〔1〕我国《刑法》第64条规定：“犯罪分子违法所得的一切财物，应当予以追缴或者责令退赔；对被害人的合法财产，应当及时返还；违禁品和供犯罪所用的本人财物，应当予以没收。”

〔2〕参见魏东、白宗钊主编：《非法集资犯罪司法审判与刑法解释》，法律出版社2013年版，第78页。

〔3〕“自愿被害人”在地下金融犯罪案件中比较普遍，为了保证自己的集资款甚至高息，被集资人往往明确要求对被告人不予处理或者从轻处理，以让集资人可以继续经营企业来返还集资款。例如在“四川芝元投资公司非法集资近亿元案”中，在公安机关发现线索并侦破时，集资人尚还能用后期吸收的资金来支付前期投资人的利息，由于众多投资者还没有感受到该公司的非法集资行为带来的风险，因而并不认为集资人的行为违法或犯罪，对公安机关的侦查行为产生抵触，甚至以上访等形式向公安机关施加压力。参见魏东、白宗钊主编：《非法集资犯罪司法审判与刑法解释》，法律出版社2013年版，第5页。

不可能存在被害人，因为在以非法吸收存款者为对象的集资案件中，这些非法吸收公众存款者本身就是违法者，其行为本身也应当受到刑法的惩处，在一个案件中，行为人既是违法犯罪者，又是被害人，这在理论上是难以想象的。〔1〕基于此，对于参与非法集资的人是否属于法律意义上的被害人存有质疑，原因在于“被害人”也参与了扰乱金融秩序的行为，与传统意义上的被害人具有明显差别。他们利用他人的非法行为谋取形式看似合法却实质非法的个人利益。从一定意义上讲，“自愿被害人”的存在对地下金融犯罪起了纵容甚至是推波助澜的作用。对这类人不仅在发还赃款时应予以区别对待，而且应该没收其全部非法所得，必要时可以由金融机构给予行政制裁。〔2〕

笔者认为，我国地下金融案件中的“自愿被害”实际是一种寻租行为，行为人是在利用政府的维稳政策。基于我国目前的社会现实情况，对地下金融犯罪中的“自愿被害人”施以经济处罚甚至罚没的方式并不可行，应当采取灵活的方式处理，在教育和警示被害人的同时，积极挽回被害人的损失或者通过救助基金的形式予以一定的补偿。这主要是由于造成我国地下金融风险的因素是多方面的。首先，作为参与地下金融活动的经济人而言，他们的理性是一种有限理性而非完全理性，由于经济人受所处环境的复杂性和多样性限制，所以经济主体难以回避决策时的信息不对称问题。其次，犯罪与经济之间的高度相关性是有条件的，关键不在于人均 GDP 的高低，而在于伴随着经济增长的非正式社会控制的减弱和资源分配结构的失衡。

---

〔1〕 参见薛进展：“从吴英集资诈骗案看刑法保护的平衡性”，载《法学》2012 年第 3 期。

〔2〕 参见天津市人民检察院第二分院课题组：“涉众型经济犯罪司法难题对策研究”，载《法学杂志》2010 年第 6 期。

从这个意义上说，犯罪不能完全归因于犯罪人的恶害，社会本身也负有一定意义上的责任。[1]最后，我国正处于社会和经济体制变革时期，经济和社会的发展必然会带来政策与法律制度的变化，这对于普通的投资人而言，也是一种政策上的风险。因此，结合我国目前的法律实施现状和社会稳定的需要，对于地下金融犯罪案件中的受损失的“自愿被害人”，应当加强从司法程序上对其进行权益保护。

（二）地下金融犯罪“零容忍”政策考量

由于我国一直有偏重运用刑法惩治社会不合规行为的惯例和刑法依赖的思想，致使我国立法者在刑事立法时往往有一种“疾恶如仇”和“除恶务尽”的心理：为了维护金融安全，就试图把危害金融安全的行为都纳入刑法领域之中。[2]这种刑法万能的思维方式导致我国在处理金融犯罪时，免不了出现“重刑主义”倾向。鉴于金融犯罪屡打不绝的严峻形势，一些地方开始实施对金融领域犯罪的零容忍政策。[3]面对地下金融的风险，是否应当采取“零容忍”的政策呢？笔者认为，一项政策的实施，应当考虑其所处的语境和生存的环境，金融领域有其自身的特点，金融的基础在于信用，以信用的保证来获得效率，应当积极提升金融市场的自由度和释放金融市场的活力，来促进金融的进一步发展。但在金融领域实行“零容忍”政策的思路存在两个问题：一是过于注重金融市场的安全价值而漠视了效益价值；二是会把民间借贷中的欺诈行为等同于“诈骗方

---

〔1〕 参见白建军：“从中国犯罪率数据看罪因、罪行与刑罚的关系”，载《中国社会科学》2010 年第 2 期。

〔2〕 参见胡启忠等：《金融领域法律规制新视域》，法律出版社 2008 年版，第 250 页。

〔3〕 参见徐慧：“对金融从业人员犯罪‘零容忍’”，载《上海法治报》2012 年 11 月 2 日。

法”，而无限扩大刑法的打击面。[1]因此，在面临金融市场法律规制的价值选择时，对金融领域的“零容忍”政策应当慎行，否则容易扩大刑法打击金融犯罪范围。地下金融的产生、发展和其自身的风险是由社会体制和经济结构以及监管政策所致，其存在应该有其“相对合理性”，[2]即对地下金融的惩治应该做到适度与合理。在我国市场化程度不高、诚信体系尚缺乏的国家中，刑法不宜随意介入经济生活，应该给市场留下足够发展空间，让刑法保持必要的谦抑性。

（三）地下金融犯罪中的功利性价值评判

价值判断是整个刑法的核心问题，[3]每一个刑法规范，其背后都隐藏着某种价值选择和政策取向。随着社会发展的变化，如果价值选择和政策取向与社会经济发展方向发生了背离，则刑罚的正当性将会被怀疑。现有刑法理论一般认为，金融犯罪侵犯的主要客体是金融管理秩序，但如果单从破坏金融秩序的角度来认识和揭示金融犯罪的社会危害性将难以适应司法实践的需要，因为在司法实践中发生的绝大部分金融犯罪在破坏金

〔1〕 参见高艳东：“诈骗罪与集资诈骗罪的规范超越：吴英案的罪与罚”，载《中外法学》2012 年第 2 期。

〔2〕 关于法律中的“相对合理性”，最早是由龙宗智教授于 20 世纪 90 年代后半期探讨司法合理性问题时提出的司法改革与司法操作中的“相对合理主义”，认为在特定环境和条件的限制下，无论是程序操作还是制度改革，都只能追求相对合理，不能企求尽善尽美，即“只求较好，不求最好”。如果不注意实际条件和多种复杂因素的制约去追求理性化，不仅难以奏效，而且还可能因为完全破坏了既成的有序化状态而使情况更糟。关于“相对合理主义”的具体内容，参见龙宗智：《相对合理主义》，中国政法大学出版社 1999 年版。

〔3〕 价值判断可以分为评价性价值判断和规范性价值判断，刑法中的价值判断属于规范性价值判断。刑法作为其他法律的保障法，承担着保护社会和保障人权的双重使命。立法者对犯罪圈的划定、具体犯罪构成要件的设定，司法者对行为的定性和刑罚的裁量，学者们对刑法问题的讨论，都建立在价值判断的基础上。参见苏彩霞：“刑法价值判断的实体性论证规则”，载《华东政法大学学报》2008 年第 1 期。

融管理秩序的同时也损害了个体的财产性的利益。以上海市人民检察院第二分院统计的该院在2003～2009年办理的112件金融犯罪的案件为例：该院所受理的金融犯罪案件中的绝大部分都直接损害了单位或个人的经济利益，社会公众投资者利益受损更为严重，尤其是涉众型的金融案件更容易引发社会矛盾的集中爆发，从而影响社会的稳定。因此在处理金融犯罪案件时，如果只注重评价对金融秩序的破坏，不能充分认识到金融犯罪对社会公众的经济损害，就会出现案件结果不为受害者和社会公众所接受的局面。[1]实际上，安全与效益是金融犯罪刑事立法必须平衡和协调的关系，只有这样才能达到刑罚最为优化的经济效益。

我国刑法从诞生之初就侧重于对国有经济和国有财产的重点保护，而对非国有的民营经济等则保护力度明显偏弱甚至不予保护，我国刑法保护金融的本位是坚持和捍卫国有金融的垄断地位和垄断秩序。1995年，全国人大常委会通过了关于设立"非法吸收公众存款罪"和"集资诈骗罪"的规定，在保护国有金融秩序的首要目的下，我国的非法集资类案件受到了从严处理的规定，最高人民法院于2004年发布的相关司法解释也进一步明确了严厉打击此类犯罪的要求。[2]

---

〔1〕 参见吴卫军："金融犯罪案件若干问题的实践思考"，载顾肖荣主编：《经济刑法》上海社会科学院出版社2010年版，第367～368页。

〔2〕 充分认识集资诈骗和非法吸收公众存款犯罪的严重社会危害性；坚决贯彻依法严惩集资诈骗和非法吸收公众存款犯罪的方针，加大对集资诈骗和非法吸收公众存款犯罪的打击力度。对集资诈骗和非法吸收公众存款的犯罪活动，一定要贯彻依法严惩的方针，保持对犯罪的高压态势，以有效震慑不法分子，保护人民群众利益。对集资诈骗数额特别巨大并且给国家和人民利益造成特别重大损失，罪行极其严重的犯罪分子，依法应该判处死刑的，要坚决判处死刑，决不手软。参见《最高人民法院关于依法严厉打击集资诈骗和非法吸收公众存款犯罪活动的通知》（法[2004]240号）。

"许多部门，尤其是行政机关和金融机构，在立法和立法起草工作中努力谋求自身利益，因而刑法不断地被部门利益所分割，这种状况不仅日益成为严肃的立法政治问题，而且还涉及执法的成本和犯罪内涵的变更。也就是，自然犯罪相对不变，但法定犯罪不断加大了在刑法中的比重。"〔1〕传统的自然犯和法定犯的二元划分，对刑法学的发展起到了巨大的推动作用，由于刑法教义学标准在于历史归纳，因此在解释自然犯时，基于道德文化传统的普遍传统犯罪观和历史检验，对待自然犯，以教义学理论来解释典型案例的结果基本相同。但是在解释法定犯时，由于行政犯的犯罪圈和入罪标准等会随着社会的变化而变迁，解释行为存在着一定困难。〔2〕在金融犯罪刑事政策的制定上，应当将政策学上的具体规则融入刑法教义学之中。使定罪成为开放的过程，应当注意的是，非刑事法律规范中虽然规定了依法追究刑事责任的规定，但如果刑法中并无对应性的规定，则不应将此行为上升为犯罪来处理。

刑法作为一种社会调整和控制的工具，具有"通过责任规则的设计和实施，诱导人们选择从社会角度看最优的行为，或放弃从社会角度看不应该采取的行动（即法律禁止的行为）"。〔3〕我国《刑法》第176条将"非法吸收公众存款"入罪是否符合社会利益？对此行为规定法律后果最为严重的刑事责任是否符合社会利益的激励原则？我们可以通过"反对规则的假设"(presumption against prescription)，即对于特定的规制手段，应

---

〔1〕邓子斌：《中国实质刑法观批判》，法律出版社2009年版，第203页。

〔2〕参见高艳东："诈骗罪与集资诈骗罪的规范超越：吴英案的罪与罚"，载《中外法学》2012年第2期。

〔3〕张维迎："作为激励机制的法律"，载张维迎：《信息、信任与法律》，生活·读书·新知三联书店2006年版，第132页。

当通过成本－收益分析的检验，以证明其合理性，刑法的谦抑原则即是具体体现。如果放任市场可能导致有损于公共利益的行为发生或者结果出现，则相应的规制才具有正当化的可能性。[1]我国现行《刑法》规定的“非法吸收公众存款罪”和“集资诈骗罪”就有一种被滥用的倾向，不区分案件的具体情形而机械地适用刑法的规定，反而影响了刑法的适用效果。[2]这主要是由于我国在“金融抑制”和严格监管政策下，形成了对民间借贷的制度性障碍，这实质上是在以间接融资手段处理所有直接融资问题，并不符合法律解释的逻辑，不能实现保护投资者的公共目标，也无法为民间融资的合法化预留生存和发展空间。[3]地下金融中出现的风险并不完全是行为人主观恶性的体现，对于地下金融的道德风险，主要还在于事先要识别风险，并通过合同约定的方式来处理。[4]监管者应该禁止的是将集资款用于从事放贷业务，而不是将集资行为一律入罪。实际上，在经济领域里的道德风险无处不在，我们不能因为担心或害怕交易中的道德风险而将这种交易视为“洪水猛兽”予以完全禁止，进行一律入罪化处理。事实上，需要用刑法手段制裁的是集资者虚构事实和隐瞒真相的欺诈行为。从金融监管的实质正义来看，“投机要追求高利，也因而承担高风险，这个价值上的取舍，刑法管得着吗”？[5]在经济领域，刑法选取的保护对象在价值判断

---

〔1〕 See Robert Baldwin and Martin Cave, *Understanding Regulation*, Oxford University Press, 1999, pp. 9～17.

〔2〕 参见高艳东：“诈骗罪与集资诈骗罪的规范超越：吴英案的罪与罚”，载《中外法学》2012年第2期。

〔3〕 参见彭冰：“非法集资活动规制研究”，载《中国法学》2008年第4期。

〔4〕 参见宁向东：《公司治理理论》，中国发展出版社2008年版，第300页。

〔5〕 林东茂：《一个知识论上的刑法学思考》（增订第3版），中国人民大学出版社2009年版，第169页 。

的同时，往往也带着功利性。例如，在司法实务中，刑法有时会以企业的成败为标准来判断入罪与否，对于成功企业，刑法予以保护；对于失败企业，刑法予以惩处。刑法作为惩治犯罪和保护社会的基本的保障性法律，应当做到平衡保护。企业在现实的发展中都是很艰难的，既要承受资金紧缺的风险，又要承受因决策失误或经营不当而出现的风险，还要承受市场变化或国家政策调整的风险。[1]给市场经济主体营造一个宽松发展的环境，既是对民商事法和行政法的要求，也是处罚最为严厉的刑法所应当追求的价值目标。

（四）处理地下金融案件时的“先刑后民”的惯性思维

最高人民法院在1987年颁布的《关于在审理经济纠纷案件中发现经济犯罪必须及时移送的通知》确定的“先刑后民”的思路被司法部门一直遵循。[2]1998年，最高人民法院发布了《关于在审理经济纠纷案件中涉及经济犯罪嫌疑若干问题的规定》。该规定的第1条从原则上规定了纠纷与犯罪应分开审理，且在第10条强调，发现与本案有牵连，但与本案不是同一法律关系的经济犯罪嫌疑线索、材料，应将犯罪嫌疑线索、材料移送公安、检察机关查处，经济纠纷案件继续审理。但第11条却又规定，人民法院作为经济纠纷受理的案件，经审理认为不属于经济纠纷而有经济犯罪嫌疑的，应当裁定驳回起诉，将有关材料移送公安机关或检察机关。由于不同法律事实、同一法律关系难以界定，许多法院在处理刑民交叉案件时，都简单适用

---

〔1〕 参见薛进展：“从吴英集资诈骗案看刑法保护的平衡性”，载《法学》2012年第3期。

〔2〕 该通知指出：“人民法院在审理经济纠纷案件中发现经济犯罪时，一般应将经济犯罪与经济纠纷全案移送，依照《刑事诉讼法》第53条和第54条的规定办理。对于经公安、检察机关侦察，犯罪事实搞清楚后，仍需分案审理的，经济纠纷部分退回人民法院继续审理。”

该规定的第 11 条，裁定驳回起诉，并全案移送公安、检察机关。[1]例如“吴英案”，在“先刑后民”的思路下，司法机关直接把大量性质本为民间借贷的行为首先就定性为犯罪，反而导致问题越来越复杂，影响也越来越大。“刑法是一种不得已的恶。用之得当，个人与社会两受其益；用之不当，个人与社会两受其害。”[2]我国刑法在入罪问题上的态度奉行“先入为主”的思路，对刑法的惩戒功能一直寄予厚望，却忽略了刑法“用之不当”所带来的弊端。于是正常民事法律关系和民事行为都经常会被刑法学者认为是刑事犯罪问题而予以犯罪化，从而扩大了刑法的解释范围，有时甚至伤害了民法的“意思自治”原则，增大了公权力对私权利的干预与制约。再如，在“孙大午非法吸收公众存款案”中，存在着民商事法律与刑事法律的冲突与衔接问题，这就要求司法部门在处理此类问题时，坚持审慎的态度，按照“先民后刑”的原则处理：即首先考虑民商事法律是否足以解决存在的问题，如果不能恢复公平和正义，则再由刑法介入，保证处理地下金融法律关系时的公正与效率。

实际上，司法处理的功能应该着眼于社会全局、着力于各方面的衡平，从地下金融危机的实践看来，遏止整个市场的系统性风险是司法处置上的首要考量，这是此类问题处理上最大的衡平考量，因为此类地下金融风险外溢带来的整体社会信用收缩是最大的威胁和最大的损失。因而在刑民处分上首先要考虑法律的安定价值，即司法要为社会民众和关联人整体提供一个稳定的预期，防止关联人因为迷茫的等待而致恐慌蔓延，即应当给关联各方提供利益诉求充分表达的空间和利益在实体上

---

〔1〕 参见赵嵬：“刑民交叉的存单纠纷案件之定性与审理”，载《法制与社会发展》2001 年第 1 期。

〔2〕 陈兴良：《刑法的价值构造》，中国人民大学出版社 1998 年版，第 17 页。

的公平确定。[1]

（五）刑法与其他部门法之间的冲突

刑法作为其他部门法的保障法，在案件的处理过程中，常常涉及刑事责任与其他法律责任的交叉，合理界分刑法与其他部门法，是促进刑法与其他部门法协调发展的基础。在地下金融犯罪案件中，主要涉及刑事责任和民事责任及行政责任之间的交叉衔接和具体适用问题。

1. 实体法上的冲突

对我国规制地下金融活动较有影响的是国务院于 1998 年发布的《非法金融机构和非法金融业务活动取缔办法》，其中规定了地下金融的监管主体是中国人民银行，2003 年颁布的《银行业监督管理法》规定的监管权却属于银行业监督管理委员会。两份规定有一些冲突，但都确立了我国非法金融监管采取的是以“行政管理为主、刑罚惩罚为辅”的模式。由于我国没有统一的监管制度和准入条件，致使我们难以合理有效地约束非正规金融机构的活动，现在仅仅依靠滞后的刑法措施来予以规制，实际上无法有效地预防非正规金融实施的非法行为，也无法对非正规金融主体提供正确的预期。[2]有关民间借贷行为的性质，在《合同法》及相关的司法解释中早有规定，明确了民间借款合同受法律保护，强调了民法上的意思自治原则。《最高人民法院关于人民法院审理借贷案件的若干意见》第 6 条也规定：民间借贷的利率可以在超过银行同类贷款利率的 4 倍以下的范围内适当高于银行的利率。这种对利率的明确规定应当被视为承

---

〔1〕 参见林越坚：“非法集资与民间借贷的刑民界分”，载《财经科学》2013 年第 1 期。

〔2〕 参见罗培新主编：《温州金融实践与危机调研报告》，法律出版社 2013 年版，第 278 页。

认合条件的民间借贷行为是合法的。由此可见，一些借贷行为即使符合《非法金融机构和非法金融业务活动取缔办法》中的非法金融活动的特征而被界定为非法金融活动，但也可能属于合法的民间借贷，因此按照上述不同规定来界定“非法吸收公众存款罪”必然将导致其与民间借贷的混淆。

在地下金融犯罪案件的定罪处罚中，会涉及空白刑法的适用问题，很容易导致刑法与前提法的冲突。根据我国《刑法》第96条规定：违反国家规定，是指违反全国人民代表大会及其常务委员会制定的法律和决定，国务院的行政法规、规定的行政措施、发布的决定和命令。换言之，认定具体经济犯罪的参照法规只限于国家立法机关制定的法律和国家行政机关制定的行政法规的规定。但在司法实践中容易出现将国家规定扩大为最高国家权力机关和最高国家行政机关以外的地方机关的规定的情况，甚至以最高司法机关司法解释的名义直接补充空白罪状而违反罪刑法定原则，也容易引起刑法与其他部门法之间的冲突。例如我国的《刑法》第176条规定的“非法吸收公众存款罪”，应当是违反《商业银行法》规定的以从事货币资本经营为目的的集资才具有非法性。而2011年最高人民法院颁布的《最高人民法院关于审理非法集资刑事案件具体应用法律若干问题的解释》则通过是否经过批准这个孤立的标准来认定非法性，将“未经批准”等同于“非法性”，也等同于“违反金融管理法规”，这显然是不妥当的。另外，中国人民银行于2004年10月29日宣布放开贷款利率上限，而现行的“非法吸收公众存款罪”仍坚持不得超过银行同期存贷款利率的4倍，这也反映出刑法与金融法规定标准的不统一。这类民商事法律和金融法规与刑法规定的冲突，导致在处理地下金融案件时的选择性司法。如非法集资案发原因多是集资人的资金链断裂，不能及时还本付息，导致被害人上访，进而才引起国家相关部门的重视并予以查处。在实践中，对于非法集资人及时返还了集资款项的，或者法院作出民事债权债务判决的，往往就不会以犯罪论处，所以“非法吸收公众存款罪”在实践中演变成为“非法吸收公众存款无法返还罪”或者“非法吸收公众存款拒不返还罪”。[1]通过分析可以进一步发现，在司法实践中，之所以适用“非法吸收公众存款罪”和“非法经营罪”较多，而很少适用“擅自发行股票、公司、企业债权罪”，是因为现行我国《证券法》第2条第1款对“证券”外延作了一个非常保守的界定，即只包含股票、公司债券以及国务院依法认定的其他证券，[2]这样使得大量直接融资集资行为无法用证券法来进行规制，导致在适用刑法规范此类金融行为时出现制度的错配。[3]民商事法律中对“证券”含义的限制性规定，使得刑法相关罪名在适用时面临尴尬，并可能导致刑法处罚的不公。地下金融案件中涉及刑法与其他部门法的冲突，还会直接导致审判结果出现冲突。在非法集资类案件中，如果行为人采取了同样的方式集资，但因沟通协调等情况的差异，可能会产生在某一法院以非法集资类刑事案件审判，而另一法院在处理时又以民事案件来审判的情况，

〔1〕 参见魏东、白宗钊主编：《非法集资犯罪司法审判与刑法解释》，法律出版社2013年版，第64页。

〔2〕 证券的种类和范围因各国立法上的差异而有所不同，一些国家会根据该国证券市场具体情况的变化而作出相应调整，例如美国对“证券”的外延界定就相当宽泛，具体包括票据、股票、债券、石油、天然气或其他矿物权证，投资合同，保险产品、银行产品，雇员利益计划，股权信托凭证，存款凭证，固定资产信托凭证，认股权证、期权和商品期货。这样的界定模式使证券的定义富有弹性，成为囊括乾坤的大口袋，能够有效应对各种类型的证券犯罪。参见毛玲玲：《证券市场刑事责任研究》，法律出版社2009年版，第92页。

〔3〕 参见黄韬：“刑法完不成的任务——治理非法集资刑事司法实践的现实制度困境”，载《中国刑事法杂志》2011年第11期。

这种同一行为人的相似行为由不同的法院分别作出刑事判决和民事判决的冲突，对法律的统一性和权威性形成了挑战。尤其是如果民事判决偿还债务已经开始履行，或者已经履行，是否需要重新审判？如果不重新审判，又可能导致同类事实性质认定不一的尴尬。而且在刑事判决的事实认定时，是否要将民事判决的集资金额扣除，目前在司法实践中也存在着疑问。[1]这些都是在处理地下金融案件时，出现的刑法与其他部门法在实体法上的冲突。

2. 程序法上的冲突

(1) 刑事责任与民事责任的衔接。对于经济类犯罪案件，在审理过程中，往往交织着刑事责任与民事责任的问题。最高人民法院于1998年发布的《最高人民法院关于在审理经济纠纷案件中涉及经济犯罪嫌疑若干问题的规定》对刑民交叉的问题作了一些规定。总体来看，我国现行法律中并没有对刑民交织的案件处理原则作出具体明确的规定，仅仅有审理经济纠纷案件时涉嫌经济犯罪嫌疑有关问题的处理办法，但规定得比较原则，对于审理经济犯罪案件时，如何兼顾民事经济法律关系并没有明确界定，造成在适用过程中存在理解上的差异。[2]由于刑事责任与民事责任村存在本质上的区别，刑事法官在审理经济犯罪案件时，对所涉民商法律关系必须进行仔细斟酌和分析，判断犯罪行为所侵害的法益性质，为民事案件实体处理留下了足够的空间，使得不同部门法律适用时可以达到协调一致的效

〔1〕 参见魏东、白宗钊主编：《非法集资犯罪司法审判与刑法解释》，法律出版社2013年版，第76页。

〔2〕 实行“先刑后民”的条件在于：只有符合《民事诉讼法》第150条规定，即“本案必须以另一案的审理结果为依据，而另一案尚未审结的”，这是现行法律中明确的“先刑后民”的规定，但在很多经济案件审理中，并不一定具备这种情形，然而司法实务中更多还是坚持“先刑后民”的处理方式。

果。[1]应当注意的是，民事案件应以刑案事实作为查明的事实依据，但不能以刑案具体定性作为承担民事责任的唯一依据，应兼顾民事当事人的过错情况予以公平地裁判，以使刑事案件和民事案件的处理结果取得最大程度的一致，避免引起部门法律之间的冲突。[2]近年来，在涉及地下金融风险的案件中，司法部门已开始重视当事人的民事权利保障，这有助于矛盾的解决和维护社会的稳定，也缩小了刑法的打击面，节约了司法资源。[3]地下金融风险的案件中经常会产生刑事责任和民事责任的重合，对此需要确定相应的适用规则。在涉及刑事责任和民事责任交叉的地下金融风险的案件中，还应坚持民事责任优先承担原则。[4]因此，在处理地下金融风险的案件中，也应坚持刑事责任和民事责任不可相互替代的原则，以实现经济犯罪刑事责任和民事责任的功能。在《最高人民法院公报》登载的《吴国军诉陈晓富、王克祥及德清县中建房地产开发有限公司民

---

〔1〕 参见赵合理："刑民互涉案件中经济犯罪的处理结果对民商事法律关系的影响"，载《人民司法》2005 年第 9 期。

〔2〕 参见张晓建："刑民互涉案件的冲突选择"，载《法律适用》2005 年第 11 期。

〔3〕 例如最高人民法院公报 2011 年第 11 期发布的《吴国军诉陈晓富、王克祥及德清县中建房地产开发有限公司民间借贷、担保合同纠纷案》的裁判摘要认为：民间借贷涉嫌或构成非法吸收公众存款罪，合同一方当事人可能被追究刑事责任的，并不当然影响民间借贷合同以及相对应的担保合同的效力。如果民间借贷纠纷案件的审理并不必须以刑事案件的审理结果为依据，则民间借贷纠纷案件无须中止审理。参见"吴国军诉陈晓富、王克祥及德清县中建房地产开发有限公司民间借贷、担保合同纠纷案"，载《中华人民共和国最高人民法院公报》2011 年第 11 期。

〔4〕 在经济犯罪案件中，民事责任的优先承担原则具有一定的特殊性，应具备以下条件：①应以经济犯罪既要承担刑事责任，又要承担民事责任为前提条件。②经济犯罪的刑事责任属于财产刑，其民事责任的内容属于财产责任。③经济犯罪主体的财产数量的不足，导致其在同时承担刑事责任和民事责任时，两种法律责任发生了矛盾和冲突。参见麻锐："经济犯罪刑事责任与民事责任重合的适用规则"，载《河南省政法管理干部学院学报》2009 年第 6 期。

间借贷、担保合同纠纷案》的一审法院就认为，法院在审理非法集资等地下金融风险类案件时，可以“刑民并行”，并非一定要“先刑后民”。[1]

（2）刑事责任与行政责任的衔接。地下金融犯罪属于行政犯罪，行政犯罪因其行为具备双重违法性的特征，应当负行政和刑事双重法律责任。刑法作为最后的保障法，理当坚持行政法对于行政管理秩序恢复不足的补充作用，以保证或恢复法秩序，因此在行政犯罪中，应以行政优先为原则、以刑事先理为例外。[2]在地下金融风险案件中，涉及行政责任和刑事责任适用的交织问题时，应当行政优先，而非刑事先理，即如果仅仅适用行政责任即能恢复法秩序，则不需要再动用刑法；即使仍然需要适用刑法，也应当是在厘清行政责任后，再来确定刑事责任的大小。

“司法与行政的并立，基于二者尤其不同的目的与领域：司法的目的在于保护法益与人的意思领域，为达到这一目的，所采用的手段是持续的宣示与法律的规定，行政法的目的在于促进国家与社会的福利。”[3]具体到刑法和行政法的关系，刑法的目的在于保护法益和对公平价值的追求，而行政法的出发点

---

〔1〕 一审法院认为：从维护诚信原则和公平原则的法理上分析，将与非法吸收公众存款罪交叉的民间借贷合同认定为无效，会造成实质意义上的不公，造成担保人以无效为由抗辩其担保责任，即把自己的担保错误作为自己不承担责任的抗辩理由，这更不利于保护不知情的债权人，维护诚信、公平也无从体现。非法吸收公众存款罪和合同的效力问题是两个截然不同的法律问题，审理可以“刑民并行”，并非一定要“先刑后民原则”。参见“吴国军诉陈晓富、王克祥及德清县中建房地产开发有限公司民间借贷、担保合同纠纷案”，载《中华人民共和国最高人民法院公报》2011 年第 11 期。

〔2〕 参见田宏杰：“行政优于刑事：行刑衔接的机制构建”，载《人民司法》2010 年第 1 期。

〔3〕 毛玲玲：《证券市场刑事责任研究》，法律出版社 2009 年版，第 54 页。

在于管理的效率和便利，并兼顾公平和正义。地下金融得以迅速发展的原因正在于其灵活多变和注重效率与效益的特点，对于地下金融风险案件，首先用行政法予以相应调整，既符合行政法管理的效率和便利特征，又避免刑法的过早介入而影响经济的发展。因此，地下金融风险法律责任的实现在程序运行上应当秉持“行政优先”，而非“刑事先理”的原则。

第五章
地下金融风险的犯罪化界限

一、立法上的犯罪化与非犯罪化

在中国刑法学界，关于刑法的调控范围是应当缩小还是应当扩大，学界一直存在较大的分歧，这就是所谓的犯罪化与非犯罪化之争。[1]“非犯罪化”主张缩小中国刑法的犯罪圈，认为将轻微犯罪行为非犯罪化是当今各国刑法发展的趋势，汲取外国刑事立法的有益经验，符合我国刑法现代化的要求。“非犯罪化”是以自由主义理念指导下的法益保护主义和刑法谦抑主义为理论根据的。[2]“犯罪化”则主张扩大中国刑法的犯罪圈，认为非犯罪化是西方国家解决犯罪率上升、监狱人满为患、社会矛盾激化的一种措施，不能学习借鉴。我国的学者一般认为，

---

〔1〕 我国刑法中的犯罪是指具有严重的社会危害性、依据刑法的规定应当受刑罚处罚的行为，这和其他许多国家关于“犯罪”这一概念的内涵和外延的理解上存在重大差异。国外许多国家往往在非常宽泛的意义上使用“犯罪”这一概念，外国的刑法中将许多在我国只视为一般违法的行为也规定为犯罪，国外的刑法将犯罪分为重罪、轻罪和违警罪，其中违警罪大多类似于我国的一般违法行为，而国外的“非犯罪化”运动一般就是针对违警罪而言的。本书立足于中国刑法语境下探讨有关地下金融风险的犯罪化与非犯罪化问题，对国外的非犯罪化不作过多介绍和讨论。

〔2〕 参见贾学胜：“非犯罪化与中国刑法”，载《刑事法评论》2007 年第 2 期。

在中国当前的社会情势下，仍有强调适度犯罪化的必要性，但应当反对过度的犯罪化和大规模的非犯罪化，因为客观的社会形势决定了在较长时期内犯罪化将成为中国刑法立法的基本趋势。[1]

在金融领域，关于金融行为的犯罪化与非犯罪化应当坚持怎么样的立场和原则呢？市场经济要求尊重市场的规律，倡导金融的自由发展，对于刑法介入金融领域的范围多大、程度多深，这实际上就是刑法关于地下金融犯罪化与非犯罪化的问题。我国在改革开放之初，于1979年制定了新中国的第一部刑法典，随着改革开放的深入，社会情势尤其是经济形势发生了很大的变化，国家立法机关陆续颁布了一些单行的经济刑事法律规范。我国在1997年修订《刑法》时，为了保持刑法体系的完整性和统一性，对于包括经济犯罪在内的行政刑法采取了依附性的散在型立法方式，即在设置经济犯罪时广泛采用空白罪状和参见罪状等形式来描述犯罪构成。[2]这样便使非刑事法律规范通过空白罪状及参见罪状等作为界定经济犯罪的重要形式，从效果来看，这实际上是对金融领域违法行为的犯罪化。我国在金融管理本位主义和单一刑事主义的主导下，立法者倾向于把金融违法行为看作是破坏金融管理秩序类犯罪而不能予以宽容，这在政府治理“非法集资”问题时即体现了这一点。但金融交易本位主义、综合治理主义很关注某些集资行为有益的一面，能够注重制度经济学“交易先于制度”原理和法学“法学落后于社会实践”原理的内在逻辑。[3]因此，我们对于虽然违

---

〔1〕 参见赵秉志：“刑法调控范围宜适度扩大——解析犯罪化与非犯罪化之争”，载《检察日报》2004年3月25日。

〔2〕 参见黄河：《行政刑法比较研究》，中国方正出版社2001年版，第75页。

〔3〕 参见刘远：《金融欺诈犯罪立法原理与完善》，法律出版社2010年版，第19页。

反了金融管理秩序但却有利于金融交易的诚信行为，是否要予以犯罪化呢？“金融立法的主旨并不是要消灭所有的金融风险，而是要将金融风险控制在金融监督管理者可容忍的范围和金融机构可承受的区间内。”〔1〕因此对于非法集资等地下金融行为，只要不能证明实施了欺诈行为，就不能定性为犯罪。

（一）价值的确立

正确的价值确立，是区分“良法”与“恶法”的关键基础，主要体现为正当性、合理性和谦抑性。

1. 正当性

刑法在定罪量刑时应显示法律哲学的基本理念，体现出社会的公平正义。刑法制度与刑事政策要想得到公众的认同、理解、尊重与支持，就必须要反映公众的呼声与要求，满足民众的正义感。刑法与刑事政策应当是集体意识、国民欲求、民众意愿和公共意志的反映，一个与公众普遍的正义情感、共同意识、集体良知背道而驰的刑事法制度必然会为公众所唾弃。〔2〕但“刑法之规制，不必企求囊括一切或及于生活领域之每一部分，反而应仅限于维持社会秩序所必要且最小限度之领域。”〔3〕在经济领域，许多人相信刑事制裁具有良好的威慑效果，这是由于那些看重自己社会地位的人，非常在意因受到刑事处罚而带来污名以及在此之前的刑事程序过程中的不适应感。这种违反经济法规的行为不是偶然事件，也不是行为人的一时冲动，因为实施这些行为的人有足够的时间来思考他们的行动步骤、

---

〔1〕 项俊波：“金融风险的防范与法律制度的完善”，载《金融研究》2005 年第 8 期。

〔2〕 参见梁根林：“公众认同、政治抉择与死刑控制”，载《法学研究》2004 年第 4 期。

〔3〕 陈子平：《刑法总论》，中国人民大学出版社 2009 年版，第 10 页。

风险权衡和犯罪收益以及其行为被贴上犯罪标签的可能性 。[1]“金融刑法的制度能力建设要充分尊重金融市场自然演进的秩序，要协调好短期的技术性措施与长期的基础性安排这两方面的因素，防止因任何一方面超前或滞后带来的负面影响。”[2]这是刑事立法在涉及金融领域时所必须注意的。

法律必须确定，但又不能一成不变，因此社会生活情势的不断变化就要求法律根据其他社会利益的压力和种种危及安全的新形式不断做出新的调整，这样，法律秩序就必须既稳定又灵活。[3]伴随经济发展而出现的非正式社会控制减弱和资源分配结构失衡等问题对个体犯罪有越大的现实影响，犯罪行为的发生就越可能得到理解甚至同情。当犯罪率的上升在较大程度上是社会因素作用的结果时，刑罚力度的适当控制就可以理解为刑法中立立场的体现。如果这时无视犯罪自身规律而仅仅根据犯罪率上升便加大刑罚力度，反而会加剧犯罪与社会之间的紧张关系，甚至导致恶性循环。[4]在投资领域，由于风险和安全的喜好方面不同，各个主体在选择方面存在差异。对于民众而言，他们关心投资收益，因而更喜欢风险；而对于管理者而言，他们强调稳定与秩序，因而更强调安全。人类的冒险本性在经济领域的表现为：如果合法合规，属于投资；如果违法悖理，则属于投机。例如，在“吴英案”中，其中的出资行为多

---

〔1〕 参见［美］哈伯特·L. 帕克：《刑事制裁的界限》，梁根林等译，法律出版社 2008 年版，第 353 页。

〔2〕 顾肖荣：“金融风险与金融法治的制度创新”，载《文汇报》2009 年 8 月 10 日。

〔3〕 参见［美］罗斯科·庞德：《法律史解释》，邓正来译，中国法制出版社 2002 年版，第 2 页。

〔4〕 参见白建军：“从中国犯罪率数据看罪因、罪行与刑罚的关系”，载《中国社会科学》2010 年第 2 期。

数是投机，少数是投资。被害人投资时的投机性越重，则被害人的过错相应就大，这样被告人的罪责就应相应弱化。〔1〕大致可以说，生活中个人无注意义务；市场中双方平分注意义务；投资中出资者负主要注意义务；而投机者要负全部注意义务。〔2〕尤其是投机的情形，投资者应该都是认识到了回报的利益高于失败后的成本，认为值得冒险，是“深思熟虑”的结果。金融诈骗罪具有明显、投机色彩，法律干预金融市场，只是确保市场透明、信息公开。“在道德意义上，投机者期望获得超出正常利润、法律不予保护的暴利之心理，是一种与财产犯罪中‘不法所有目的’无异的反道德性贪婪动机，不值得法律保护。”〔3〕在我国的集资案中，司法机关不处罚出资者而承认出资者的返还请求权并由政府帮助弥补损失，这种无视出资者投机的先天罪恶性的原因，应该是除了社会稳定的考虑之外，还有刑罚成本的考虑。〔4〕实际上，参加地下金融的行为人都是为了追求更高的利润或是更高的利息，一旦为了利润而“无所畏惧”时，这些人会倾其所有，如果出现问题或风险，将影响到行为人的家庭生活乃至生存，直接危害社会稳定。所以国家对非法集资一直采取严厉打击的姿态。“很明显，立法者难以预见到社会生活中涌现出来的大量错综复杂的、各种各样的情

---

〔1〕 国务院非法集资部际联席会议负责人曾明确表示：“根据法律法规规定，非法集资不受法律保护，参与非法集资风险自担。”参见“非法集资活动不受法律保护 参与非法集资风险自担”，载 http://www.gov.cn/wszb/zhibo562/content_2391084.htm，访问时间：2013 年 10 月 3 日。

〔2〕 参见高艳东：“诈骗罪与集资诈骗罪的规范超越：吴英案的罪与罚”，载《中外法学》2012 年第 2 期。

〔3〕 高艳东：“诈骗罪与集资诈骗罪的规范超越：吴英案的罪与罚”，载《中外法学》2012 年第 2 期。

〔4〕 参见高艳东：“诈骗罪与集资诈骗罪的规范超越：吴英案的罪与罚”，载《中外法学》2012 年第 2 期。

况。”[1]但是随着近些年民营资本的兴盛与扩张，实施地下金融行为的都是掌握巨额资本、有判断盈亏能力和控制风险能力的企业或投资者，他们对风险的判断有极强的预判能力，对此一律予以入罪是否具有正当性？这涉及我国的司法导向，尤其是权衡利益保护的价值取向，应当坚持法律必须体现民意，保护人民的自由和利益，即应当具有社会的正当性。因此，面对出现的某些地下金融风险，将之一律予以严厉的刑事打击是缺乏社会正当性的。

2. 合理性

合理性（rationality）是德国著名学者韦伯在分析社会结构时提出的一个重要概念，并将合理性分为形式合理性和实质合理性。[2]刑法作为调整社会关系的一种方式，同样存在形式合理性与实质合理性的冲突。笔者认为，在坚持罪刑法定的前提下，应坚持实质合理性。刑法将一些经济纠纷纳入调整范围，原本是想利用威慑力，督促或迫使当事人一方尽快合理地解决纠纷，以加强对受害另一方的保护。但从实际情况来看，在有些情形下，刑法介入后，问题会变得更复杂，纠纷反而难以解决，受损害一方的利益也无从保障。因为当事人一旦被刑事逮捕，就没有办法和机会继续经营或筹措资金或采取其他办法来解决纠纷了，这会导致当事人因自暴自弃而陷入绝望，从而不

〔1〕［法］亨利·莱维·布律尔：《法律社会学》，许钧译，上海人民出版社1987年版，第63页。

〔2〕韦伯把合理性的概念应用于社会结构分析时，作出了形式合理性和实质合理性的区分。形式合理性具有事实的性质，是关于不同事实之间的因果关系判断；实质合理性具有价值的性质，它是关于不同价值之间的逻辑关系判断。参见陈兴良：“社会危害性理论——一个反思性检讨”，载《法学研究》2000年第1期。

会积极主动地去履行其民事义务。[1]应当注意的是，加强金融监管并不意味着把金融违法违规行为大幅度犯罪化，过度犯罪化无疑会压缩正常的金融市场空间，阻碍金融制度创新和妨碍中小企业的生存空间。因此金融刑事立法的过度扩张会阻碍金融市场内生机制的正常运行和发展，也会对国家的经济发展产生不良影响。例如我国《刑法》第175条之一规定了“骗取贷款罪”，这个罪名是金融部门主张增设的，主要是为了加强金融管理秩序，更为重要的是通过最为严厉的刑法方式，威慑贷款人及时归还贷款，但实际情况却恰恰相反。上海曾发生过一个拖欠银行贷款的案件，起初该案件是按照民事程序来处理的，被告人已还银行贷款2亿元人民币，尚欠1亿元未归还，但后来该案中的担保人却被以“骗取贷款罪”将被告人举报到司法机关，结果法院将该案以“骗取贷款罪”定罪量刑。根据该案的实际情形来看，余下的1亿元欠款被告人本来是可以归还的，但被告人被追究刑事责任后，这笔剩下的欠款反而没有机会追回了，这显然是金融机构不愿意看到的。[2]因此，地下金融所引起的风险入罪化应体现出合理性，在作为前提法的民商事法律已能有效解决问题时，刑法就没有再介入的必要了，这既能节约司法资源，又能防止刑罚滥用。

立法上的合理性标准在于社会的判断和公众的认同，“一个人必须对自己的行为负责，一个合格的社会成员基于任意相信了一个社会现实上不允许信赖的行为这一事实，充其量可能成为民事纠纷的理由，无论如何，不能成为追究欺骗者刑事责任

---

〔1〕参见顾肖荣、陈玲：“必须防范金融刑事立法的过度扩张”，载《法学》2011年第6期。

〔2〕参见顾肖荣、陈玲：“必须防范金融刑事立法的过度扩张”，载《法学》2011年第6期。

的根据。否则，就总是要把所有人都假定为不合格的社会成员，而在这种假定之下就根本不可能有正常的社会交往”。〔1〕因此，如果根据已有法律规定作出的判决与民众的预期结果大相径庭，不是民众法律知识的欠缺，而只能说是我们的法律规定出了问题。例如“孙大午案”，在孙大午被以“非法吸收公众存款罪”定罪量刑后，这些将钱交付给孙大午公司“利息式保管”的民众并不认为这是违法犯罪行为，他们对孙大午投去的是同情的目光。立法者在面临是否需要将某种行为犯罪化或者是否需要继续将刑事制裁针对某种类行为时，应当持一种审慎的态度，仔细考量是否还存在其他可行的控制方法。〔2〕现在看来，“孙大午案”没有适用刑法的必要性，只需要对孙大午公司及其本人适用相应的行政责任和民事责任即可维护国家的金融管理秩序。这样的效果在于，既让投资的民众收回了本金甚至是一定的利息，又能保证孙大午的公司继续生存，解决当地的就业和为国家创造更多的税收，因此对于金融领域的犯罪化应当谨慎，立法上要注意合理性。

3. 谦抑性

所谓刑法谦抑主义，是指刑法不应将所有的违法行为都作为其对象，而应将不得已才使用刑罚的场合作为其对象的原则。〔3〕刑法的谦抑，就是要首先坚持刑法的补充性，即刑法是其他部门法的有效补充，在其他部门法不足以规制某一行为时，刑法才进行必要补充；其次是刑法的不完整性，即刑法不介入公民生活的各个角落；最后是宽容性，即使其他控制手段不能充分

---

〔1〕 冯军：《刑法问题的规范理解》，北京大学出版社2009年版，第59页。

〔2〕 See Hebert L. Packer, *The Limits of the Criminal Sanction*, Stanford University Press, 1968, p. 251.

〔3〕 参见［日］大谷实：《刑法总论》，黎宏译，法律出版社2003年版，第4页。

发挥效果，如果没有必要，刑法也不必无遗漏地予以处罚。[1]经济领域的复杂性，导致刑法介入经济领域的时机和程度很难把握。有观点就认为，在“吴英案”中，用现有刑法知识，根本无法界分刑罚与私权的区别，[2]“吴英案”更多地凸显了我国当前经济体制的弊端和陈旧。刑法作为社会利益保护的最后手段，是维护社会公平正义的最后一道防线，“刑法文本对于民法文本能够有效调整、规制和制裁的民事不法行为包括民事侵权行为，不得予以犯罪化”。[3]如果作为前提性的民事和经济类法规能通过及时有效地补充和完善，就能达到规范金融市场的有序发展的目的，刑法就没有必要大量介入金融领域。我国在关于经济犯罪的立法方面，过多迷信和依赖刑法的威慑功能，在并没有穷尽民商法、经济法或行政法等手段的情形下，便将某一类行为犯罪化，纳入刑法的范围，将刑法的触角不适当地延伸到经济活动中的某些领域。[4]在金融刑法的立法活动中，不能“无先而后”，也不得违背“立罪至后”的逻辑规则。然而在我国的金融刑事立法领域，一些长期存在着“非刑责任”规定的行为却直接入罪并规定了“刑事责任”，我国的金融刑事立法中缺乏明确的“立罪至后”逻辑规则的制约，反映了我国“刑法谦抑”观念并没有真正树立。另一方面，金融刑事立法同样受到我国刑法学界“刑法超前立法”[5]主张的影响，反映了

---

〔1〕 参见张明楷：《外国刑法纲要》，清华大学出版社 2007 年版，第 7 ~ 8 页。

〔2〕 参见高艳东：“诈骗罪与集资诈骗罪的规范超越：吴英案的罪与罚”，载《中外法学》2012 年第 2 期。

〔3〕 梁根林：《刑事法网：扩张与限缩》，法律出版社 2005 年版，第 50 页。

〔4〕 参见储槐植：“罪刑矛盾与刑法改革”，载《中国法学》1994 年第 5 期。

〔5〕 所谓“刑法超前立法”是指，对将来才发生的行为，在刑法上预先规定为犯罪；对于作为前提性的法律没有规定法律责任的行为，刑法提前将其界定为犯罪。这种观念反映了对刑法惩戒效果的过于放大和对刑法机能过于依赖。

“刑法万能”观念的根深蒂固。[1]刑法的谦抑不仅意味着立法谦抑，而且还包括司法谦抑，即在立法技术上，若适用其他法律能有效预防和控制具有危害性的行为，则不将其视为犯罪，同时在制裁方式上，如果用较轻的制裁方式即可达到惩戒之效果，便无须动用更为严厉的制裁措施了。对于违反金融秩序的不法行为动辄就施以刑罚，可能给司法机关造成沉重的负荷，最为关键的是法院在面对具有高度专业性的金融案件时，其处理的效果未必好过行政机关的处理效果。

“我国社会目前依然处在激烈的社会解构与重构过程中，很多制度设定还在论证之中，很多观念还在形成之中，很多行为还在发展变化之中。”[2]根据发展变化了的政治、经济、文化等情况进行相应法律的修改和调整，是我国立法机关在当前的重要任务。金融犯罪总是与市场变化和经济活动密切相关，在充满竞争的市场经济体制下，金融犯罪总是具有多变且复杂的表现形式，对于唯利是图的经济犯罪，刑罚的威吓功能对行为人能发挥多大的吓阻作用，亦有待观察。因而，一味强调将金融犯罪的规定反映在统一稳定的刑法典中，显然是“理想很丰满，现实很骨感”，并不能达到很好的法律效果和社会效果。“在公民享有巨大自由的地方，公民也将生活在一种更高的富裕水平之中；他的心灵将会更为轻松愉快，他的幻想将会更为动人，而刑罚将能够在严厉方面有所松弛，又不丧失其效果。”[3]因此，有必要因时因势来设置一部遵从金融规律的相对独立的

---

〔1〕 参见胡启忠等：《经济刑法立法与经济犯罪处罚》，法律出版社2010年版，第20~21页。

〔2〕 杨兴培：“《刑法修正案（八）》修改指导思想的解读与论析”，载《中州学刊》2011年第3期。

〔3〕［德］威廉·冯·洪堡：《论国家的作用》，林荣远、冯兴元译，中国社会科学出版社1998年版，第145页。

“金融犯罪法”，显示出金融刑法中的金融特点。我国正在进行社会主义市场经济建设，强调以经济发展为中心，法律作为经济发展的重要的制度保障，应做到张弛有度。尤其是法律责任最为严苛的金融刑事立法，必须保证谦抑性，做到限缩刑法对市场的干预范围，遵从市场的发展规律，发挥民事法律和行政法规的规范作用，对介于违法和犯罪之间的“灰色地带”的地下金融行为，除非是属于欺诈类行为，否则就不要轻易作为犯罪来处理，运用民事方式或行政手段来解决即可，以便为经济的发展提供宽松的环境。

（二）违法性判断

1. 地下金融犯罪的刑事违法性

在我国的刑法理论中，通说认为犯罪具有三个特征。〔1〕在我国的传统刑法理论中，将刑事违法性作为犯罪概念的一个特征，并与社会危害性特征相对应，其中社会危害性作为犯罪的本质特征，显示的是犯罪的社会属性；刑事违法性是犯罪的形式特征，显示的是犯罪的法律属性。有观点认为，不能将刑事违法性看成是犯罪的特征，不仅是因为将刑事违法性看成是犯罪的特征会降低刑事违法性的应有地位，而且将刑事违法性看成是犯罪的特征还会导致对犯罪构成的阉割。理由在于当把刑事违法性看成是犯罪的特征时，在观念上会导致将犯罪构成看成是入罪的形式要件，而在犯罪构成之外又将实质违法性即社会危害性看成是出罪的要件，这会导致犯罪构成由本来的入罪

〔1〕 犯罪的三个特征分别为：①犯罪是危害社会的行为，应具有相当程度的社会危害性，这是犯罪的实质内容。②犯罪是触犯刑律的行为，即具有刑事违法性，这是社会危害性的法律表现，也是犯罪与一般违法行为相区别的重要特征。③犯罪是应受刑罚处罚的行为，即应受惩罚性。参见高铭暄主编：《刑法专论》（第2版），高等教育出版社2006年版，第124～125页。

与出罪的双面功能变成只具有入罪功能。社会危害性是刑事违法性的基础，刑事违法性以社会危害性为动因，故刑事违法性理应包含社会危害性，[1]笔者赞成社会危害性应当被看成是刑事违法性的实质层面，这将使社会危害性的评判标准更具合理性。

社会与经济的快速变迁，会使道德规范的强大作用削弱甚至消退，马克思将人性分为自然性和社会性，认为社会性是人的主要特征，并将人定义为各种社会关系的总和，可见人的社会性特征之重要。这种自然性和社会性的双面特征，决定了人在追求自身利益时的自私与贪婪，“就其本性说是盲目的、无止境的、片面的”。[2]美国学者帕克等人也提出：道德规范对人的控制，会随着非正式社会关系的不断解体而逐渐消失，这个过程被称为社会解组。[3]例如，“日本的经济法规中的犯罪，多为违反规则的形式性违反行为，不论怎样，必须明确的是，以经济犯罪处罚经济脱轨行为，其危害程度的标准需要社会达成共识。”[4]如果某一经济行为在经济法规的违法性层面的判定都还有争议，则不应上升为刑事犯罪来进行处罚。“处于市场中的经济行为大多是一种逐利行为，都是为了实现经济利益的最大化，其本身的‘好’与‘坏’往往很难界定，只有经过深思熟虑后制定的一些禁止性法律规定，才能赋予行为社会危害

---

〔1〕参见马荣春：“刑事违法性的刑法学地位：基于相互关系的考察”，载《甘肃政法学院学报》2012年第3期。

〔2〕《马克思恩格斯全集》（第1卷），人民出版社1956年版，第179页。

〔3〕参见白建军：“从中国犯罪率数据看罪因、罪行与刑罚的关系”，载《中国社会科学》2010年第2期。

〔4〕［日］神山敏雄：“经济犯罪及其法律对策”，载［日］西原春夫主编：《日本刑事法的重要问题》（第2册），金光旭等译，法律出版社、成文堂2000年版，第4页。

性。"〔1〕

地下金融犯罪是一种典型的法定犯，法定犯不仅具有行政违法和刑事违法的双重违法属性，而且行政违法性的具备是刑事违法性得以产生的根本前提，刑事违法性的具备是行政违法性达到严重程度的结果。无论是对行政违法行为危害实质的把握，还是对其刑事违法性的判定，都必须依据相应的民商经济类法律和行政类法律法规，并结合刑法的规定进行认定。〔2〕在我国的经济犯罪中，刑事违法性判断前提条件通常表现为空白罪状，按照现行《刑法》的规定，经济犯罪规范中的空白罪状的表现形式主要包括〔3〕：①以"违反国家规定""违反规定"来表述。如《刑法》第190条规定的"逃汇罪"，其中的"违反国家规定"就应参照《中华人民共和国外汇管理条例》的相应规定；《刑法》第188条规定的"违规出具金融票证罪"，其中的"违反规定"即应参照国务院颁布的《金融违法行为处罚办法》。②以"非法"来表述空白罪状。其中并没有指明其具体违反的法律法规，例如《刑法》第176条规定的非法吸收公众存款罪。③以明确指出违反某种具体法律法规的方式表述的空白罪状的，例如《刑法》第228条规定的"非法转让、倒卖土地使用权罪"。④以"不符合某种标准"来表述空白罪状，例如《刑法》第146条规定的"生产销售不符合安全标准的产品罪"。〔4〕

---

〔1〕 宋一虎："经济违法行为犯罪化立法初探"，载游伟主编：《华东刑事司法评论》（第8卷），法律出版社2006年版，第127页。

〔2〕 参见田宏杰："行政优于刑事：行刑衔接的机制构建"，载《人民司法》2010年第1期。

〔3〕 参见吴允锋：《经济犯罪规范解释的基本原理》，上海人民出版社2013年版，第94～95页。

〔4〕 这里的"安全标准"是指相关业务主管部门为了保护人身和财产安全而制定的强制性的必须执行的标准，它是在一定时期和一定范围内具有约束力的技术准则，是产品生产、检验、验收、使用、维护和洽谈贸易的重要技术依据。

⑤虽直接规定罪状，但某种犯罪客观行为要件仍需要相关法律和法规的补充，例如《刑法》第216条规定的“假冒专利罪”，条文中虽然没有违反相关规定的表述，但在认定假冒行为的具体细节上，仍应参照《专利法》的规定。随着社会的不断发展，特别是科学技术与经济金融的迅猛发展，法律、法规所调整的范围越来越广泛，但所调整领域的专业化、行业化的特点也越来越突出。尤其是金融、税收等新型社会关系大量涌现，使得相应的调整这些社会关系的法律、法规也相继产生并不断更新。刑法作为制裁违法行为的最后手段，对于大量专业化、复杂化的新型社会关系，强调“稳定”的刑法反应并不灵敏和及时，刑法启动的前提——违法性判断——只能交由调整该领域的专业的法律法规。这样，当把对某些特定领域的违法行为的描述和界定工作交由特定的法律法规来规定时，空白刑法规范的存在也就成了一种必然。[1]因此，在地下金融犯罪领域，刑事立法应当建立在基础性的金融法律制度之上，这既是对违法性判断标准的完善，也是刑法及相关法律完善的一个体统性的工程。

2. 地下金融违法行为犯罪化的根据：实质违法性

在罪刑法定原则支配下的现代法语境中，犯罪化主要是指“刑事立法政策上通过刑事立法程序将某一具有可罚性的严重不法和有责的行为赋予刑罚的法律效果，使之成为刑法明文规定处罚的犯罪行为”。[2]将某一不法行为犯罪化，必须界定犯罪的本质，基于罪刑法定原则对司法权的限制，许多国家的刑法典中都明确规定了犯罪的形式概念，但由于犯罪的形式概念没有说明刑事立法政策上确定某一特定不法行为处以刑罚的根据，

---

〔1〕 参见王瑞君：“刑事违法性判断前提条件：空白罪状的现状与反思”，载《政法论丛》2006年第4期。

〔2〕 梁根林：《刑事法网：扩张与限缩》，法律出版社2005年版，第4页。

因此对刑事立法的犯罪化具有指导意义的应当是从犯罪的实质定义出发。但关于犯罪的内涵与本质，迄今为止，各国刑法理论仍然存在着不同的观点：[1]①社会危害性说，该理论强调犯罪的本质在于社会危害性，但是对社会危害性的内涵与外延，学者们则有不同的解读。②权利侵害说，该理论由费尔巴哈所倡导，认为犯罪是对权利的侵害。③法益侵害说，这是大陆法系关于犯罪本质的主流观点，该观点是在“权利侵害说”的基础上提出的，认为犯罪是侵犯了国家所保护的国家法益、社会法益和个人法益的不法且有责的行为。④义务违反说，认为犯罪是违反对社会共同体所负有的人伦义务。⑤折中说，该理论是对“法益侵害说”和“义务违反说”的折中，即认为犯罪既有侵害法益的情形，又有一定义务违反的情形。⑥秩序违反说，认为犯罪的本质在于对社会秩序的扰乱，判断是否违反社会秩序的标准是随着时代、社会风俗、社会需要与目的的变化而调整的，该理论为法国刑法理论界和实务界的主流观点。⑦规范违反说，即犯罪的本质在于对国家承认的文化规范的违反。

我国目前传统的刑法理论采取的是“社会危害性说”，认为犯罪是具有社会危害性而触犯刑法应受刑法处罚的行为。社会危害性是一个内涵十分广泛的范畴，既体现主观内容，又具有客观属性。从司法角度来看，判断社会危害性程度，除从行为所侵犯的社会关系表现来看外，还可以通过行为的性质、方法、手段或其他相关情节以及行为人主观方面的情况表现出来。[2]中国刑法深受苏联刑法的影响，我国犯罪的社会危害性说自然

---

〔1〕 参见梁根林：《刑事法网：扩张与限缩》，法律出版社 2005 年版，第 7～11 页。

〔2〕 参见马克昌：《犯罪通论》，武汉大学出版社 1999 年版，第 21～23 页。

也受到了苏联刑法学说的影响。[1]社会危害性也就因此而成了我国刑法中判断某一行为是否构成犯罪的法律规范依据。但近些年来，学界对社会危害性理论提出了诸多质疑，并将法益概念引入刑法理论。刑法中的法益概念起源于19世纪。其作为对犯罪性质的一种理论概括，是由德国著名刑法学家毕伦巴姆率先提出的。[2]以法益侵害这一实质判断作为某一特定行为犯罪化的内在根据，符合犯罪化的实质合理性要求。因此，法益概念具有使刑法的处罚范围具有合理性的机能。法益是一种客观存在，是具体的生活利益，具有清晰的内涵和外延，并非价值观或其他纯观点现象，是可以根据客观因果法则进行认定的。法益这种具有实质违法性的机能，揭示了排除犯罪事由的实质。[3]可见，法益侵害是以刑法所保障的前提法和刑法自身的评价为前提的，具有规范性；某种行为未经刑法评价，就不存在法益侵害的问题。笔者认为，按照我国《刑法》的规定，判断某一行为是否构成犯罪，应当从价值层面和规范层面进行双重评价，价值层面的评价是通过法益的衡量来判断行为是否具有实质的可罚性；而规范层面的评价是刑事违法性评价，即评价某一行为是否符合刑法具体规定。对于地下金融产生的风险，一般人不会察觉到其侵略性，也不容易感受到自有财富受到他人的剥夺或遭受损失，只有在地下金融风险集聚到一定程度后，某一

---

〔1〕 苏联刑事立法在刑法典中首次引入了犯罪的实质概念——实际上是犯罪的政治概念，犯罪概念的政治化是与法的政治化联系在一起的，并且是法的政治化的必然产物。社会危害性是对犯罪的一种超规范解释，尽管这一概念在某种情况下具有强大的解释功能，但恰在这一点上有可能与罪刑法定原则形成冲突。参见陈兴良："社会危害性理论——一个反思性检讨"，载《法学研究》2000年第1期。

〔2〕 参见陈兴良："社会危害性理论——一个反思性检讨"，载《法学研究》2000年第1期。

〔3〕 参见张明楷：《刑法学》，法律出版社2007年版，第110～112页。

地下金融犯罪的案件才会浮出水面。例如，在当前民间融资的趋势不断规模化的背景下，关于“非法集资犯罪”的界定势必会不断挑战刑事认定上的数量化低门槛，在实质层面重建非法集资与民间借贷的刑民边界不仅是解决当前涉众型债务违约事件处理司法困境的关键所在，也是民间金融法制化的重要基础。〔1〕

因此，对于一般的社会民众而言，地下金融犯罪欠缺具体性和现实性，地下金融犯罪侵犯的是一种超个人的法益，即侵犯的是国家法益和社会法益，在认定地下金融犯罪时，应当从价值层面和规范层面进行双重评价，判断是否具有实质可罚性。

（三）犯罪圈划定

“刑法的调控范围即犯罪圈的大小不是由立法者的主观意志决定的，而是由许多客观因素所决定的，其中最主要的因素就是社会抗制犯罪的客观需要。”〔2〕西方刑事法制的一大特点是立法定性、司法定量。一方面，定罪很严，犯罪圈很大；另一方面，惩治上又讲究灵活有效，比较宽松。而东方法律文化的基本特征之一是国家管理和社会生活不过多依赖法律，许多问题都是通过家族和宗族来解决，法文化传统的基本特色是义务本位。表现在治理犯罪问题上，刑法针对的是具有严重社会危害性的行为，在犯罪界定上，犯罪概念既有定性因素，又有定量因素。两者的差异体现了东西方的法文化传统差异对犯罪圈大小的影响。〔3〕我国的犯罪概念采取的是定性加定量的模式，其中的定量因素是中国刑法的创新，也是中华传统法文化影响

---

〔1〕参见林越坚：“非法集资与民间借贷的刑民界分”，载《财经科学》2013年第1期。

〔2〕赵秉志：“刑法调控范围宜适度扩大——解析犯罪化与非犯罪化之争”，载《检察日报》2004年3月25日。

〔3〕参见许发民：“论社会文化对犯罪界定的影响”，载《长春市委党校学报》2002年第4期。

现行刑法规定犯罪圈的结果。我国《刑法》第13条关于犯罪概念的“但书”规定对犯罪构成的限制性规定，要求的就是只有行为的社会危害性达到一定的严重程度才能构成犯罪。具体而言，我国刑法主要是通过以下几种规定方式来划定“犯罪圈”，并将一般违法行为排除在外：一是以情节是否严重、是否恶劣作为区分标准，二是以后果是否严重作为区分标准，三是以是否引起可能导致某种严重后果的严重危险为标准，四是以数额是否较大、是否巨大或者数量是否大、是否较大作为区分标准。〔1〕还有学者提出在划定犯罪圈的大小时，应当考虑三个问题，即是否具有动用刑罚的必要、是否具有动用刑罚的可能、动用刑罚是否具有效益。〔2〕即从刑罚的必要性和行为结果的数量大小来划定犯罪圈。

“法律政治意味着改变和改善法律制度的努力。从刑事政策可以看出，一个社会对某些刑法所保护利益的态度或者保护范围在什么程度上发生了变化。”〔3〕由于金融犯罪与传统的自然犯罪有着显著区别，对于金融犯罪的态度，主要有严格主义和缓和主义两种刑事政策的方式。一种为严格主义，认为只有严厉的刑罚措施，才能有效地控制和抑制住金融犯罪，要求人们在经济活动中恪守规则，不能越“雷池”一步，以保障市场的正常经济秩序。其在法律法规方面的具体表现为：法网细密，规制全面；处罚严厉，以儆效尤；依法追诉，既往也咎。另一种为缓和主义，认为由于市场的灵活与多变，对于金融领域内

---

〔1〕参见赵秉志：“刑法调控范围宜适度扩大——解析犯罪化与非犯罪化之争”，载《检察日报》2004年3月25日。

〔2〕参见张绍谦：“从刑罚特征看犯罪圈的界限”，载《河南省政法管理干部学院学报》2007年第5期。

〔3〕［德］N. 霍恩：《法律科学与法哲学导论》，罗莉译，法律出版社2005年版，第88页。

的活动，在一定条件下可以赦免其“原罪”，应根据金融违法犯罪的具体原因与情况，采取宽缓的刑事政策，将社会危害性并不严重的违法行为“非犯罪化”，刑法主要打击的是严重违法犯罪行为。[1]为了限制金融犯罪圈的扩大，有学者提出了防范金融刑事立法过度扩张的具体措施：①由于金融犯罪的专业性和特殊性，应设立专家论证机制，慎重启动立法程序。②建立表决过程中的立法信息充分披露和反馈机制。③对已有的金融犯罪进行梳理，建立起有效的出罪机制和设立概括性罪名。④完善司法解释出台前的协调机制，必须将司法解释提交全国人大相关部门进行备案。[2]我国的经济犯罪具有双重违法性的特征，即首先违反了维护市场基本秩序的有关法律规定和规制机制，这是经济犯罪行为违法的前提。其违反的法律法规主要包括以下几个方面：①国家为协调经济关系而制定的经济法律规范，如《公司法》《证券法》和《产品质量法》等。②国家制定的调整平等民事主体之间的财产关系和人身关系的民事法律规范，如《民法通则》《合同法》和《商标法》等。③国务院制定的经济行政法规、条例和细则等以及国务院下属的职能部门所制定的规章和行政措施等。[3]因此，金融刑法应当具有明确性，即在什么情形下构成犯罪以及触犯何种罪名，这些必须明确而具体，使人们能够准确地判定自己行为的性质。尤其是在经济领域，由于有前提性的民商事法律的规定，使行为人在判定行为时，还要判定是否违反前提性法律，如果没有完整、有效的

〔1〕 参见龙宗智：“经济犯罪防控与宽严相济刑事政策”，载《法学杂志》2006 年第 4 期。

〔2〕 参见顾肖荣、陈玲：“必须防范金融刑事立法的过度扩张”，载《法学》2011 年第 6 期。

〔3〕 参见吴允锋：《经济犯罪规范解释的基本原理》，上海人民出版社 2013 年版，第 39 ~ 40 页。

金融行政法规的规定，相应的金融刑法会很容易陷入形同虚设的尴尬情形。[1]对刑罚威慑的过度迷信，导致“违反国家规定，构成犯罪的，依法追究刑事责任”这一条款被滥用，无端扩大了犯罪圈。地下金融犯罪领域的犯罪化和非犯罪化过程是不间断的，随着经济结构的变化，地下金融犯罪中的罪名在数量上应作相应调整，不能以机械的眼光看待地下金融犯罪的概念。在处理地下金融犯罪案件时，我们应坚持“严而不厉”和“宽严相济”的刑事政策，保证法律效果、社会效果和经济效果的有机统一，同时要紧密结合社会发展的趋势，适时调整相应的刑事政策，以满足社会的需要，达到惩治和预防地下金融犯罪之目的。

值得注意的是，目前刑法学界的学者们对风险刑法展开了研究，主要的论点是在风险社会的大背景下，刑法应当扩大其处罚的范围，如增设危险犯，尤其是增加抽象危险犯和过失危险犯等，以增加刑法的覆盖范围和扩大犯罪圈，充分发挥刑法保护社会之目的。风险刑法理论将刑法的触角进一步拓展，并将刑法的介入阶段予以提前，就是要消除公民内心的“慌乱不安”，保证公民都能在现代风险社会下保持内心的平静而安稳地生活。当然，也有学者对风险理论表示了担忧，认为“风险刑

---

〔1〕 我国有关行政犯罪的刑事立法中使用“构成犯罪的，依法追究刑事责任”已成为一种立法习惯，会事实上扩大犯罪圈，其害非浅。具体包括：一是表明立法活动中存在严重的刑罚崇拜，以为只有到处施以刑罚才能确保各种法律的实施，只有靠刑法才能最终形成整个社会的法律秩序；二是反映出立法态度的轻率与焦躁，立法时不深入分析研究法律规范的功能与实施机制，以为只要反复使用此类语句，所制定的法律制度就会得到严格遵守和有效实施，其立法所针对的社会问题就会迎刃而解；三是使得我们的法律用语显得戾气浓厚，不分法律制度的性质、宗旨与适用范围，动辄以威吓语句示人。参见陈甦：“析‘构成犯罪的，依法追究刑事责任’”，载《人民法院报》2005 年 8 月 10 日。

法”不可行[1]，认为我国目前是一种传统的“自由刑法理论”。风险刑法的理论扩张，事实上已经突破了现代刑法赖以存在的基石——如罪刑法定主义、责任主义——突出表现在风险刑法所规定的罪名大多是规制性的。即以抽象危险犯的形式予以规定，甚至规定了严格责任或举证责任倒置，这些都损害了刑法的理论基础。考虑到我国刑事司法实际情况，我们不可盲目地照搬国外的风险刑法理论。折中的观点则认为，刑法对风险社会应当“有所为有所不为”[2]，现代社会的“风险”的确存在，风险刑法的规制思路对于化解社会的风险固然能够起到一定的作用，但在运用“风险刑法”时应当慎重。刑法在面对风险社会时还应保持一定的理性，应当坚持刑法的谦抑原则和刑法的最后保障法原则，不得任意扩大犯罪圈，这是现代刑法保障人权的需要，也是我国现阶段的国情使然。笔者赞成折中的观点，认为刑法在风险社会中应当做好自己的定位，正确扮演自己的角色。刑法在某些领域扩张的同时，必须在某些领域限缩。对于涉及公共安全、食品安全、环境污染等领域的案件处理，风险刑法以行为犯的方式提前介入具有积极意义。例如，2011 年的《刑法修正案（八)》）修改了《刑法》第 338 条的“污染环境罪”，将原来规定的“造成重大污染事故，致使公私财产遭受重大损失或者人身伤亡的严重后果的”修改为“严重污染环境的”。该条规定从认定标准方面降低了污染环境罪的标准，实际上是将该罪的立法模式由原来的结果犯向具体危险犯转变，这将有助于司法机关认定“污染环境罪”，对于控制和预防污染环境犯罪行为具有积极意义。由于我国现在的刑法在产

---

〔1〕参见于志刚：“‘风险刑法’不可行”，载《法商研究》2011 年第 4 期。

〔2〕参见齐文远：“刑法应对社会风险之有所为与有所不为”，载《法商研究》2011 年第 4 期。

品安全和食品安全这些关系民生领域的刑罚力度与犯罪治理效果还不成比例，致使立法对犯罪行为反应灵敏度不够、威慑力不足，难以发挥应有的风险控制机能。为了改变这种现状和有效应对危险行为给社会带来的风险，刑法在与民生相关领域通过前移评价时间、设立行为犯或危险犯的模式，及时预防和控制社会风险是有意义的。但对金融领域是否适用“风险刑法”则应当慎重考虑，因为金融领域有其自身的运行规律，刑法对金融领域介入的范围过大，会损害金融发展的自由，反而会影响经济的发展。

（四）小结：地下金融立法中的入罪与出罪

国家的法律应当得到民众的认同和尊重，符合本国的文化传统和风俗习惯，适应本国的政治体制和经济模式。当然，在将立法法律本土资源作为根基的同时，还应兼顾法律的国际化。按照现代刑法的机理，我国刑事立法的价值标准应当是兼顾保护法益与保障人权的需要。刑法介入经济活动的目的，一方面在于维持市场结构的完整性，保障经济制度的实行。另一方面是维持市场行为的安定性，保证经济秩序的稳定。因此，地下金融入罪的标准在于，只有某一金融违法行为的法益侵害性达到了相当严重的程度，且现行刑法的规定并不能包含此种行为或者同时运用现行的民商事法律的和行政法律及措施仍不足以有效规制的，才宜入罪。在对待地下金融风险的问题上，刑法必须保持谦抑性，限缩刑法对市场的干预范围，遵从金融市场和经济发展规律，只有在穷尽民事法律和行政法规的规范作用后仍不能恢复法秩序时，才能动用刑法。具体判断的标准在于某一地下金融活动的不法行为只有在可能对“国家整体的金融秩序”〔1〕

〔1〕“国家整体的金融秩序”是指国民经济秩序以及一个国家内的融资经济、财政经济等。

产生危害时，才能被视为地下金融犯罪。如果地下金融所引起的风险与“国家整体的金融秩序”无关，即使涉及纠纷的财产数额巨大，也不能被视为地下金融犯罪，即不得予以犯罪化。[1]对介于违法和犯罪之间的“灰色地带”的地下金融行为，不能轻易将之作为犯罪来处理，应更多运用民事方式或行政手段来解决，以便为经济的发展提供宽松的环境。

出于金融领域的固有风险属性，通过金融立法我们虽然不能从根本上消除地下金融风险，但完善的法律法规却是减少制度性风险的一个重要手段。对于地下金融风险的防范和控制，追究刑事责任只是最后的手段，更多的应当是运用民事责任和行政责任作为刑事责任的补充，即严格金融领域的业内处罚和民事赔偿。在金融发达的发达国家，虽然也有相对完备的金融刑法制度，但是更为常用的制裁手段却是行业处罚和民事赔偿。例如英国2001年颁布的《金融市场服务法》第381条对于违反《金融市场服务法》的行为规定了禁止令、赔偿令、限制处分财产令和恢复原状等强制令，重点是防止其不法行为的继续或重复，并及早弥补损失，而不是首先追究刑事责任。在德国，对于法人实施的金融违法行为，只是规定了行政处罚和民事赔偿，

〔1〕非法集资难以控制的一个重要原因就是法律法规对正规民间融资与非法融资的界限没有明确，尤其是两个界限性的问题，一是对一宗特定的涉众型债务，性质边界应是行政违法与合法民间借贷之间的边界，但由于现行相关刑事司法解释规定的入罪的数量化门槛相当低，多数案件都进入刑事处理。二是对于某一宗总体上业已确定进入刑事程序的涉众型债务，并不一定在其融资过程中所涉的全部债务都是非法集资，需要在总体定性的基础上进行梳理，并对所涉具体个别债务界分刑事处理的范围。涉众型债务危机的形成有一个自然的发展过程，往往前期可能是正常的借贷，之后因资金问题逐渐出现局部违约，再进而演变成全面性清偿危机，直至被定性为非法集资。参见林越坚：“非法集资与民间借贷的刑民界分”，载《财经科学》2013年第1期。

并没有相应的刑事责任规定。[1]我国在应对地下金融犯罪时，不能仅仅依靠刑法的手段，还应该完善其他相应的法律制度，从而与刑法形成合力，以有效惩治地下金融犯罪和防范地下金融的风险。

二、刑事司法运行的目标与原则

在原始的权力分立原则下，法官所享有的创造法律的自由，自然较立法形成法律的自由要小，至少法官必须在实证法的规范范畴内从事审判，而不得随意创造法律的价值来作为裁判的依据。但是，随着法治思想的变迁与完善，司法权已透过“蚕食”的方式，逐渐扩大了创造法律的版图。尤其是在民法领域内，司法造法不再仅是一种理论，其已被司法实务所广泛采用，但由于受到罪刑法定原则的限制，法官是否可以依据法理来创新法规呢？在刑法中，由于刑法本身具有规范内容的不完整性，罪刑限于法定的范围之内，因此存在法定范围之外的法律盲区，或者在一定意义上可被称为法律漏洞，但原则上法官却无权去补充。[2]在实际的司法实务中，需要协调好的是“罪刑法定”原则与扩大解释之间的关系，允许扩大解释，将会造成超出罪刑法定原则的风险。关于刑法中的扩大解释的方法，学界存有三种观点：第一种观点是主观认为扩大解释是否合理，要看是不是符合立法原意。第二种观点是客观说，认为按照立法者的原意去解释不具科学性，立法一旦完成，法律的原意就脱离了立法者，会随着时代的发展和情况的变化，出现原来的立法意

---

〔1〕 参见胡启忠等：《金融领域法律规制新视域》，法律出版社2008年版，第253～254页。

〔2〕 参见刘文仕：《刑法类推与司法造法》，学林文化事业有限公司2001年版，第17、21页。

图和目的不符合现实需要的情况。第三种观点是折中说，认为单纯的主观说和单纯的客观说都存在缺陷，应采取折中的方式。折中说又分为两种，一种是以主观说为主，而以客观说为辅；另一种是以客观说为主，以主观说为辅。[1]

学术界关于犯罪化与非犯罪化讨论，一般是从刑事立法的角度上而言，即通过修改、修订或重新制订刑法来达到犯罪化与非犯罪化的目的。但有的学者提出了司法上的犯罪化与非犯罪化问题，认为司法上的犯罪化实际上是因为社会生活事实的变化，在刑法条文可能具有的含义内，对刑法做出客观解释的结果，是刑法真实含义不断变化的结果。在司法入罪时，司法机关会根据社会情势的变化，通过降低起刑点的标准，将原本不是犯罪的行为作为犯罪来处理。司法上的非犯罪化，是指在规定犯罪的刑法条文没有变化的情况下，司法机关基于某种原因，将原本属于刑法规定的犯罪行为，不以犯罪行为论处。该观点进一步认为我国司法上的非犯罪化，应当没有很大空间或者说空间很小，因为刑法所规定的都是足以科处刑罚的比较严重的犯罪，可以不科处刑罚而应作其他处理的，在其他国家刑法中属于微罪或轻罪（部分）的，在我国已被刑事立法非犯罪了。[2]笔者认为，这种司法上的犯罪化与非犯罪化的提法值得商榷，按照罪刑法定的要求，对于行为的处罚应依据明确的法律规定。即犯罪化或非犯罪化的依据在于立法规定，而不能由司法来确立犯罪化或非犯罪化，否则就存在违反罪刑法定原则之虞。因此，我国司法上的犯罪化或非犯罪化不是“没有很大

---

〔1〕 参见王作富、刘树德：《刑法分则专题研究》，中国人民大学出版社 2013 年版，代序第 11 页。

〔2〕 参见张明楷：“司法上的犯罪化与非犯罪化”，载《法学家》2008 年第 4 期。

空间”或者“空间很小”，而是没有空间。

社会的变化发展日新月异，经济的发展又有其自身的规律，而“法律总是有一定程度的粗糙和不足，因为它必须在基于过去的同时着眼未来，否则就不能预见未来可能发生的全部情况。现代社会变化之急、之大，使刑法即使经常修改也赶不上它的速度”。〔1〕基于法律落后于社会生活的事实，其在司法中，需要我们结合具体的案情来进行解读。例如，浙江省作为我国民营经济高度发达的地区，地下金融活动十分盛行，为了保证所辖区域经济的发展，浙江省司法部门于2008年先行联合下发了《关于当前办理集资类刑事案件适用法律若干问题的会议纪要》，以有效指导和重点打击危害严重的地下金融活动。在最高人民法院于2010年12月公布《关于审理非法集资刑事案件具体应用法律若干问题的解释》后，浙江省高级人民法院、省人民检察院、省公安厅为统一法律适用尺度，防止执法偏差，就司法实践中出现的新情况进行了研究，对办理集资类刑事案件认定条件提出了新的要求，实现了刑事司法的法律效果和社会效果的有机统一。〔2〕金融刑事司法的效果最终取决于作为前提的金

---

〔1〕［意］恩里科·菲利:《犯罪社会学》，郭建安译，中国人民公安大学出版社2004年版，第251页。

〔2〕《浙江省高级人民法院、浙江省人民检察院、浙江省公安厅关于当前办理集资类刑事案件适用法律若干问题的会议纪要（二）》（浙高法［2011］198号）共4条，主要内容为：一是集资对象是否特定的判断，既要考察行为人主观上是否仅向特定对象吸收资金，又要考察其客观上所实施的行为是否可控。二是公开宣传的具体途径可以多种多样，不应局限于司法解释所列举的“通过媒体、推介会、传单、手机短信”等几种。应根据主客观相统一的原则，结合行为人对此是否知情、态度如何、有无具体参与、是否设法加以阻止等主客观因素具体认定。行为人为逃避有关部门的监管，采用相对隐蔽的手段向社会不特定对象发布、传播吸收资金信息的，可以认定为向社会公开宣传。三是非法占有目的是区分集资诈骗罪和非法吸收公众存款罪等其他集资犯罪的关键所在。该份纪要结合浙江省处理地下金融的实际情况，对最高人民法院的司法解释进一步作了细化和补充，使司法机关在适用法律时更为明确。

融法律制度的改革，而金融法律制度的改革应着眼于金融监管目标的实现。关于金融监管的目标，我们通常认为既要保证金融体系的稳定，又要保护存款人和投资者的利益。[1]因此，刑法司法效果的公众认同和司法运行效果应体现出刑法的价值和功能。

（一）司法效果的公众认同

21世纪以来，随着刑罚平民主义[2]的兴起，一些西方国家的政府开始通过调查的方式来估测公众对本国刑事司法系统的信任水平。在当前的信息网络社会中，人们无时无刻不在追求和关注最新的新闻，其中有关犯罪的新闻相对其他新闻报道更能引起公众的兴趣。公众会通过新闻报道生活经验对案件作出有罪无罪的判断。“在司法场域中，判决与公众认同具有重要联系。公众认同体现了一种深藏于集体意识中的正义情感，意味着人们确信判决是被广泛而普遍的为同一法律辖治下的居民所共同信奉而遵循着，能够体现法官裁判行为的社会价值，并为判决提供正当性和合法性资源。如果缺少社会公众对判决的普遍认同，司法的运行效果就会受到人们的质疑。”[3]“吴英案”和“孙大午案”之所以引起公众的广泛关注和质疑，根本原因在于案件本身及其处置方式超越了公众的日常生活经验与经历，背离了公众的普遍性思维和观念，不符合公众的一般性

〔1〕 参见马德功、李天德：“国际金融监管趋势及对我国金融监管的思考”，载《社会科学战线》2006年第6期。

〔2〕 所谓刑罚平民主义（penal populism），又称“平民主义的惩罚性”。“平民主义”是一个具有价值色彩的词语，广泛适用于有关法律和秩序的政策分析中，按照西方学者的观点，刑罚平民主义由一系列为赢得选民的选票而不关注犯罪率的降低或促进司法发展的刑罚政策活动所构成。参见［英］朱利安·罗伯茨、迈克·豪夫：《解读社会公众对刑事司法的态度》，李明琪等译，中国人民公安大学出版社2009年版，第18~19页。

〔3〕 谢新竹：“论判决的公众认同”，载《法律适用》2007年第1期。

认知与理解。[1]在对法定犯的刑法规制与刑法适用过程中如何获得社会公众的认同则更加值得研究。经济犯罪往往和其他正常的经济行为或者经济违法行为交织在一起，罪与非罪、此罪与彼罪的界限交叉，空白罪状与兜底条款的大量使用，使得在经济犯罪的刑法适用上如何厘清民事纠纷、经济纠纷与刑事犯罪显得更为复杂。[2]例如，在“吴英案”中，民众一般认为“欠债还钱，杀人偿命”，但民众无法理解的是：钱借多了，在还不了钱的情况下竟然要以命相抵，多少有些出乎人们的预料。

理解经济违法与刑事违法之间的关系亦即刑法介入的合理时机至关重要。笔者认为，多数经济犯罪都属于法定犯，应当从社会生活、法律价值层面进行实质判断。刑法上的规范要素，必须以国民观念、社会价值为判断基础。例如，法国“旧司法制度对欺诈的惩罚更加残酷，1725 年 8 月 5 日的公告就判处一位行骗的银行家以死刑。我们根本无法理解与时下习俗截然不同的事情！现在我们倾向把这种罪行的发生归咎于受害者的粗心大意，对它们施以残酷的惩罚倒是少见。相反，只要施行小小的惩罚，我们就会感到满足”。[3]因此，在评价某一行为是否符合刑法规定的某一罪名的构成要件时，不能仅仅从纯事实性的描述中寻找答案，而应当从刑法规范的目的出发，判断的基准在于是否有助于刑法的实体正义的实现以及是否有助于人权保障和法益保护。适用刑法规范是一个动态的过程，并不是一个简单的形式逻辑判断，在这一过程中，需要法官的价值判

---

〔1〕参见顾培东：“公众判意的法理解析——对许霆案的延伸思考”，载《中国法学》2008 年第 4 期。

〔2〕参见阎二鹏：“经济犯罪刑法适用的公众认同”，载《时代法学》2013 年第 3 期。

〔3〕［法］乔治·索雷尔：《论暴力》，乐启良译，上海人民出版社 2005 年版，第 159 页。

断和目的考察。[1]最高人民法院于2010年发布的《关于审理非法集资刑事案件具体应用法律若干问题的解释》中的第1条第1款从形式要件和实体要件两个方面对非法集资进行了定义。该司法解释重新确定了违法性标准，体现的是一种判断标准的理性回归，以厘清违法性标准和批准标准这两者的位阶关系，即未经批准只是违法性判断的一个方面，因为违法性包括未经批准，但不限于未经批准。其明确了成立非法集资需同时具备非法性、公开性、利诱性、社会性的特征。[2]

我国目前的司法实践中存在着行政权力在实质上的刑事化倾向。[3]在现行《刑法》规定中，规制非法集资犯罪行为的条文分别为第176条规定的"非法吸收公众存款罪"和第179条规定的"擅自发行股票、公司、企业债券罪"。为了对游离于隐含巨大金融风险和社会风险的集资行为进行有效打击，司法实践采取了对"存款"进行扩张解释的做法。而由于现行相关法律制度已对"股票"和"债券"的内涵和外延有了明确界定，在罪刑法定的原则下，司法部门更愿意选择可以扩大解释适用的"非法吸收公众存款罪"这一罪名。另外，在司法实践中，对于一些非法民间委托理财或"私募基金"的行为，司法部门经常援引《刑法》第225条规定的"非法经营罪"的条款予以处罚，认定行为人实施了某些只有经过特许才能实施的行为，而行为人未经特许实施该行为，即扰乱了市场秩序，具有严重的社会危害性。这些都是司法中存在着"有罪推定"和"选择

〔1〕参见吴允锋：《经济犯罪规范解释的基本原理》，上海人民出版社2013年版，第63页。

〔2〕参见刘为波："《关于审理非法集资刑事案件具体应用法律若干问题的解释》的理解与适用"，载《人民司法》2011年第5期。

〔3〕参见肖中华："空白刑法规范的特性及其解释"，载《法学家》2010年第3期。

性打击”思路的体现，然而这种思路所体现出的实际效果却并不理想。

自2008年的金融危机以来，我国为应对不断上涨的通胀压力，已连续5次调整存款准备金率，紧缩银根。在资本逐利性的特征下，“无利可图”的储蓄资金不断地从正规银行流向利率比正规银行高出许多的地下钱庄或民间融资人的手中。因此，如果分析一下地下经济犯罪的成因我们便可发现，行为人的责任与制度环境有着密切关系，如果经济环境整体恶劣，就不能把责任全部归咎于冒险的投资者。“在严格管制的环境下，尽管有可能减少不法行为的得逞率，但与此同时也减少了合法交易的成功率，并且增加了它们的成本。过分僵硬的规定由于缺乏广泛的社会认同，往往导致普遍的违规行为和违法不究现象，从而给金融欺诈者以更大的可乘之机。”[1]由于资本有着天然的逐利性，在我国当前股市低迷、楼市泡沫、行业垄断的背景下，缺乏逐利去向的游资自然会冲向民间融资市场，这是实施地下金融行为人能够得到“宽恕和同情”的重要外部社会因素。因此，在处理地下金融风险的司法实务中，我们应结合外部经济环境和案件的具体情况作出合理的司法判决。

（二）司法解释的实质可罚

司法解释在我国起着明确罪量的重要作用，是相关行为在刑法具体法条的适用中是否构成犯罪的关键因素。[2]“在由于

---

〔1〕王卫国：“金融欺诈对商事立法的挑战”，载陈光中主编：《金融欺诈的预防与控制》，中国民主法制出版社1999年版，第52~53页。

〔2〕涉及经济犯罪的刑法条文中，只是笼统规定了“数额巨大”或者“有其他严重情节”的情形需要处罚，但具体的数额标准大小和情节严重的程度就要依赖司法解释的相关规定。固然，司法解释是为了解决刑法具体条文在适用中遇到的困境，但司法解释中规定的这些数据是否具有科学性和合理性，以及如何确定数据是值得进行司法解释的相关部门深入研究的问题。

语言的特点导致刑法的文字表述可能包含了不值得科处刑罚的行为的前提下，应对刑法作出实质的解释，使刑法所规定的行为仅限于值得科处刑罚的行为。”[1]在地下金融犯罪案件中，由于涉及的金融类的法律法规本身具有专业性和复杂性，这给司法适用相关罪名带来了更大的困难，需要司法解释作出进一步的界定和厘清。“当解释结论被一般人接受时，就说明没有超出一般人预测可能性的范围；当一般人对某种解释结论大吃一惊时，常常表明超出了一般人预测可能性的范围。”[2]因此，司法解释应当符合公众的预期和具有实际可执行性，否则就不具有实质可罚的社会基础。[3]既符合实际情况又满足公众预期

---

〔1〕 张明楷：《刑法的基本立场》，中国法制出版社2002年版，第125页。

〔2〕 张明楷：《刑法分则的解释原理》，中国人民大学出版社2004年版，第19页。

〔3〕 例如，2011年1月4日起施行的《最高人民法院关于审理非法集资刑事案件具体应用法律若干问题的解释》具体规定了非法吸收公众存款罪、集资诈骗罪、非法擅自募集基金行为、非法集资活动中虚假广告行为性质的认定标准，这对于当下地下钱庄、非法集资活动和非法经营活动等地下金融活动有重大的抑制作用。但司法解释在“先入为主”的定罪思路下，仍然难免过于谨慎，例如该解释中规定了四种情形可认定为非法吸收或者变相吸收公众存款，其中一种情形是“个人非法吸收或者变相吸收公众存款对象30人以上的，单位非法吸收或者变相吸收公众存款对象150人以上的”。对比最高人民法院于2001年1月21日颁布的《全国法院审理金融犯罪案件工作座谈会纪要》中的类似一条规定：“个人非法吸收或者变相吸收公众存款30户以上的，单位非法吸收或者变相吸收公众存款150户以上的”，可以发现原来构成非法吸收公众存款罪规定的标准是30户，而新的司法解释则规定为30个人，显然是降低了非法吸收公众存款罪的定罪门槛。引起这一变化的原因应该在于按照最高人民检察院、公安部于2001年4月18日颁布的《关于经济犯罪案件追诉标准的规定》，经济犯罪案件的“公众”的标准有人数与钱数的双重要求，以非法吸收公众存款罪为例，个人非法吸收30万元或30户以上的，应予追诉。但司法机关在实际办案中发现30户很难达到，而30万元的标准却很容易突破，在有些案件中，犯罪嫌疑人只非法吸收3户或者4户的存款，甚至有的只是1户或2户，但数额却远远超过了30万元，这种情形若以非法吸收公众存款罪定罪就显得不很恰当，但若不予追究又违背法律规定，有放纵犯罪之嫌，处理起来缺乏依据。参见天津市人民检察院第二分院课题组：“涉众型经济犯罪司法难题对策研究”，载《法学杂志》2010年第6期。

的立法规定或入罪标准，将使这类地下金融行为的定罪更为容易，进而能够满足刑事打击的需要。由此可见，司法解释的立场对于地下金融犯罪的认定和地下金融风险的防控具有重要影响。

我国目前存在着形式解释与实质解释的争论，并形成了实质解释论和形式解释论两大阵营的对立。[1]实质的刑法解释论强调的是犯罪行为类型所反映的社会危害性与其应承担的刑事责任的程度相适应，同时要排除那些虽然形式上符合该规定但实质上未达到应被追究相应刑事责任的行为类型。笔者赞成刑法的实质解释，“法律的规定总是多少带有一般性、抽象性，所以就不能形式地、字面地去适用，而应当以对具体场合进行实体考察为必要，这个道理是显而易见的”。[2]囿于社会生活事实的复杂多样，要“把一切违法类型都标示出来是颇为困难的，特别是在刑法领域里”。[3]用有限的刑事法律去解释无限的生活事实需要去实质地解释刑法，即结合具体的情形，对案件进行实体考察和价值判断，实现刑法的罪与罚的目的。换言之，刑法要处罚的是那些既符合构成要件类型又具有严重社会危害性的行为。在区分经济不法行为与经济犯罪的界限时，也需要通过实质解释将那些形式上看起来符合刑事法律的某一规定，但实际上却并未达到追究刑事责任程度的经济不法行为排除在

〔1〕 刑法的解释一直是刑法理论界争论较多的问题，近年来形成了以清华大学张明楷教授为代表的实质解释论与北京大学陈兴良教授为代表的形式解释论两大阵营的争论。尤其是《中国法学》2010 年第 4 期发表的张明楷教授的《实质解释论的再提倡》一文和陈兴良教授的《形式解释论的再宣示》一文，两篇文章观点针锋相对，引起了刑法学界和司法实务界对刑法解释更为广泛的关注和讨论。

〔2〕［日］小野清一郎：《犯罪构成要件理论》，王泰译，中国人民公安大学出版社 2004 年版，第 42 页。

〔3〕 高铭暄、赵秉志主编：《刑法论丛》（第 3 卷），法律出版社 1999 年版，第 190 页。

犯罪圈之外，以保证我们可以根据犯罪构成要件认定某一经济行为确实具有刑法制裁的必要性。〔1〕即在刑事法律的框架范围内进行实质的解释，不得违反罪刑法定原则。经济领域里的金融行为具有复杂性和多变性，作为调整金融行为的金融政策具有实时性和变动性。“当值得处罚的经济不法行为在实质上具有某个刑法规范所禁止的性质，但刑法用语在形式上对其无法予以包含时，亦应当从实质上解释经济犯罪规范。”〔2〕因此，在处理地下金融案件时，金融类规范性文件在对金融犯罪行为进行违法判断时，将会得到更多的适用，这就需要我们利用实质解释的方法，往返于民商事法、行政法和刑法之间，寻求最优化的法律责任的配置。

（三）小结：法律效果与社会效果的统一

“尽管刑法通过塑造人们的行为方式和介入那些表现出反社会倾向的人的生活试图控制未来，但刑法将其对于实际上显然发生在过去的行为的影响和干预限制在悔改地之内。正是这种自我约束的法律使刑法在一个自由开放的社会中作为一种社会控制的工具而能为人所容忍。”〔3〕但实践也同时证明，“国家刑罚资源的投入不完全取决于犯罪数量的消长，而与犯罪率的内在结构以及宏观犯罪原因有关”。〔4〕正常的民间融资活动与“集资诈骗罪”“非法吸收公众存款罪”的法律界限一直缺乏明确的界分，将民间的全部借贷或融资行为纳入刑法规制是否具

---

〔1〕 参见吴允锋：《经济犯罪规范解释的基本原理》，上海人民出版社 2013 年版，第 67 页。

〔2〕 肖中华：“经济犯罪的规范解释”，载《法学研究》2006 年第 5 期。

〔3〕 ［美］哈伯特·L. 帕克：《刑事制裁的界限》，梁根林等译，法律出版社 2008 年版，第 97 页。

〔4〕 白建军：“从中国犯罪率数据看罪因、罪行与刑罚的关系”，载《中国社会科学》2010 年第 2 期。

有合理性？1996年最高人民法院颁布的《关于审理诈骗案件具体应用法律的若干问题的解释》中规定："非法集资"是指法人、其他组织或者个人，未经有权机关批准，向社会公众募集资金的行为。司法机关在认定"非法集资"时强调"未经有权机关批准"。这给司法部门认定非法集资带来了诸多的局限性和不确定性，因为有些行为虽然获经批准但并不一概合法。〔1〕民间融资等地下金融行为已成为民营经济发展过程中的一把双刃剑，合理规范和引导，则可以推动民营经济的快速发展；用之不当，则可能让民营经济毁于一旦。近年来，在江浙一带发生的老板"跑路"现象引发社会巨大反响即是对地下金融引导不当的例证。

地下金融案件案发后，被害人对案件的态度往往分为两派：一派是对犯罪嫌疑人恨之入骨，坚决要求司法机关予以严惩；而另一派则仍抱存侥幸心理，认为容许一些时间，犯罪嫌疑人可能实现所许诺的高额回报，实现本利回收，因此要求司法机关撤销案件，释放嫌疑人，给他们机会和时间去实现他们的承诺。〔2〕受不同心理支配的被害人，在心理预期或是需求没有满足的情况下，很容易选择上访或其他不理智的行为来反映自己的诉求，极易引发群体性事件并造成社会的不稳定，进而已成为我国当前地下金融风险被放大的最为重要的原因。因此，在

---

〔1〕 这种虽然获经批准但并不一概合法的情形有：违法批准、骗取批准的集资行为属于非法集资，尤其是对于以生产经营、商品销售等形式进行非法集资的行为，是否批准就不具有直接的判断意义，因为这样的行为不须批准也可实施，但由于这种行为具有相同的危害性，因此同样应该受到刑法的规制。参见刘为波："《关于审理非法集资刑事案件具体应用法律若干问题的解释》的理解与适用"，载《人民司法》2011年第5期。

〔2〕 参见天津市人民检察院第二分院课题组："涉众型经济犯罪司法难题对策研究"，载《法学杂志》2010年第6期。

运用刑法处理地下金融犯罪案件时，还应注意刑事政策的适用，在刑法规定的范围内，合理处理地下金融犯罪案件，以达到法律效果和社会效果的统一。[1]刑法在评价地下金融风险时，应当坚持实质违法性评价。例如，行为人虽然违反国家规定吸收资金，但如果集资人的资产负债表状况良好，行为人的吸收资金的行为也并无实质风险，就不应当归罪，最多依照行政法规的规定处理即可。只有当存在特定的某一地下金融行为所产生的法益侵害事实，并符合某一罪名的具体构成要件时，才有以刑法进行否定性评价的必要性。

---

〔1〕 我国刑法采取的是“定性 + 定量”的犯罪模式，刑法分则中约有 2/3 的罪名明确规定了定量因素，这些定量因素成为某一罪名的起刑点，成为罪与非罪的关键判断因素。在我国有关金融犯罪的相关司法解释中可以发现，一些金融犯罪司法解释的定量标准，一般都是随着社会经济的发展而不断提高犯罪的起点，但有时候为了保护金融秩序，也可能适当降低金融犯罪的起点。

第六章
地下金融犯罪的刑事责任

刑事责任是处于犯罪和刑罚之间的桥梁和纽带。刑事责任起着对犯罪和刑罚的调节作用，行为人实施了刑法所规定的犯罪，就应当承担相应的法律责任，并以刑罚的方式来实现。根据我国《刑法》的规定，刑事责任的解决，依据不同的情况可采取不同的方式和途径：①定罪判刑方式。这是解决刑事责任最基本的一种方式，即对犯罪人在作出有罪判决的同时予以刑罚适用。②定罪免刑方式，即确定有罪而免除刑罚处罚。例如，我国《刑法》第37条规定："对于犯罪情节轻微不需要判处刑罚的，可以免于刑事处罚。"但是免除处罚，并不意味着否定了行为人先前的刑事责任的存在。③消灭处理方式，这是客观上原本存在刑事责任的一种解决方式，由于法律规定的实际阻却了追究行为人刑事责任的事实，使行为人不应再负刑事责任。④转移处理方式，即主要适用于享有外交特权和豁免权的外国人。〔1〕某一犯罪行为在被定罪量刑后，必然要以一定的方式承担刑事责任，以达到惩治犯罪与预防犯罪的目的。

---

〔1〕 参见高铭暄主编：《刑法专论》（第2版），高等教育出版社2006年版，第475~476页。

一、刑事惩罚的功能

刑罚的功能，体现的是国家创设、适用和执行刑罚所产生的社会效果，刑罚不仅对犯罪人发生作用，而且对受害人以及其他社会公众均要产生作用。由于刑罚的适用，既有积极的社会作用，又有消极的社会作用，故刑罚功能应只是指刑罚可能产生的积极的社会作用，且刑罚功能的体现，应是刑罚的制定、裁量和执行的全过程。[1]

对地下金融的刑事惩罚是指具有处罚权的部门和组织对实施地下金融犯罪行为者的强制性处罚，具体包括国家的司法机关和相关的金融主管部门，而预防则是指对尚未发生风险的地下金融行为的防治。“犯罪与刑罚之间的时间间隔越短，在人们心目中，犯罪与刑罚这两个概念的联系就越突出、越持续，因而人们就很自然地把犯罪看作起因，把刑罚看作是不可缺少的必然结果。”[2]如果处罚参照量太轻，实施地下金融犯罪的行为人就会轻视受罚成本，也起不到应有的预防效果。由于科技的进步和社会的发展，尤其是进入风险社会后，刑法在一些领域的法益保护早期化现象产生，[3]这种法益保护早期化的现象

---

〔1〕 参见高铭暄主编：《刑法专论》（第2版），高等教育出版社2006年版，第477～478页。

〔2〕［意］贝卡里亚：《论犯罪与刑罚》，黄风译，中国大百科全书出版社1993年版，第69页。

〔3〕“风险社会”的概念由德国著名社会学家乌尔里希·贝克首先提出，其内容是随着现代科学技术的迅猛发展，后工业社会满足了人们巨大的物质利益需求外，同时也给社会带来了许多的不确定性。但由于现代社会仍然在沿用工业社会的管理手段来管理后工业社会的风险，致使现行的社会体制很难及时对高新技术产生的后果予以预测和判断，也导致了在风险社会中出现了“集体的不负责任”的情形。“风险社会”理论对各个学科产生了很大影响，表现在刑法领域则是犯罪圈的扩大和入罪标准的降低，即将法益保护的时间提前。参见廖天虎：“论风险社会的刑法价

在各国规制经济违法犯罪领域中尤其突出。我国的资本市场正与国际资本市场接轨，这使得我国与地下金融有关的违法犯罪活动和投机行为具有了跨国界性的特征。如何有效遏制和打击跨国和跨区域的地下金融犯罪成了规制地下金融犯罪亟须解决的问题，这就要求防范和化解地下金融的手段和方式应具多样化和国际化。

“我国的司法制度及运行方式，在很大程度上受到了强大的政府管理者的影响，司法制度的各个层面中都渗透着浓厚的政策实施色彩。”〔1〕在将维护社会稳定作为工作重心的前提下，自然更倾向于将引起社会稳定的地下金融事件定性为犯罪，并施以严厉的刑法惩治和经济处罚，达到安抚被害人的目的，以缓和当前的社会矛盾。一般认为，从实施犯罪行为人的主观恶性来看，自然犯相比法定犯而言要严重得多，但在违法性的认定方面，由于行政犯认定所依赖的行政法规数量繁多且错综复杂，使得对法定犯的判定要比自然犯困难得多，再加上行政法规往往因国家的发展目标与规划而时常调整和变化，因此法定犯的范围常处于变化之中，缺乏稳定性。由于两类犯罪类型的差异，所以在认定、处罚和预防这两种犯罪时，自应采取不同的对策。〔2〕从 2011 年 1 月 4 日《最高人民法院关于审理非法集资刑事案件具体应用法律若干问题的解释》生效以来至 2013 年 4 月，全国法院一共受理非法集资犯罪案件 4293 件，这个统计数字包括四个罪名，即《刑法》第 160、176、179、192 条的罪名。其中，在结案的 3552 件案件中，人民法院对 4170 名犯罪分

（接上页）值立场”，载《学习论坛》2013 年第 5 期。

〔1〕 向燕：《刑事经济性处分研究——以被追诉人财产权保障为视角》，经济管理出版社 2012 年版，第 242 页。

〔2〕 参见刘宪权主编：《刑法学》，上海人民出版社 2005 年版，第 75 页。

子判处了刑罚，其中判处重刑的（五年以上有期徒刑至死刑）犯罪分子共有1449人，重刑率是34.75%，这个重刑率和经济犯罪领域里的其他犯罪相比算是比较高的，反映了人民法院依法从严打击非法集资等地下金融犯罪的信心和决心。〔1〕

近现代以来，西方立法者和司法界一直把刑罚人道努力贯彻于刑法立法和司法实务中，刑罚人道已成为近现代以来世界刑法改革的基本目标和主要价值观之一。刑罚轻刑化的价值主要体现在：刑罚轻刑化是保障人权的需要；有利于罪犯的改造和其复归社会，达到刑罚惩罚和预防相结合的目的；刑罚轻刑化产生的效益还符合我国当前社会发展的需要。〔2〕对于地下金融犯罪，在坚持刑罚轻缓化的前提下，应该选取合适的刑罚方式，以达到特殊预防和一般预防的作用。

二、地下金融犯罪刑事责任实现的一般方式

我国刑法规定了多元化的刑事责任实现方式，即除刑罚外〔3〕，还有免于刑事处罚和非刑罚处罚措施，即对于犯罪情节轻微不需要判处刑罚的，可以免予刑事处罚，判处非刑罚处罚方法和单纯宣告有罪的规定。根据我国《刑法》第37条的规定，非刑罚处罚方法主要有三种：①训诫、责令具结悔过和赔礼道歉；②赔偿损失；③由主管部门予以行政处罚或者行政处分。有学者从哲学层面对刑罚予以定义，并列出了典型刑罚的

---

〔1〕“司法解释生效以来全国法院受理非法集资犯罪案件4293件”，载http://www.gov.cn/wszb/zhibo562/content_2391112.htm，访问时间：2014年10月3日。

〔2〕参见廖天虎、曾新明：“论我国刑罚轻刑化发展趋势”，载《经济与社会发展》2004年第8期。

〔3〕我国的刑罚种类分为主刑和附加刑，主刑主要有管制、拘役、有期徒刑、无期徒刑和死刑，而附加刑则包括罚金、剥夺政治权利和没收财产，并规定附加刑可以独立适用。

五个特征：①必须包含痛苦或其他某种一般被认为是不快的后果；②必须适用于违反法律规制的犯罪；③必须因其犯罪行为而被施加给一个实际的或被认定的罪犯；④必须由犯罪人以外的其他人有意识地加以适用；⑤必须由犯罪所对抗的法律制度所设置的权威机构加以科处或适用。[1]其实，无论是死刑罪名的限缩，还是刑罚体系和量刑制度、行刑制度的调整，它们不仅需要顺应刑罚改革的世界发展趋势，更为重要的是要符合犯罪发生的机理和犯罪防治的经济学要求。[2]

“实定法以及追求体系精美、形式理性的规范法学不再是用来定罪量刑的唯一根据，而更宏观的社会环境及其影响因素越来越多地成为刑罚适用实际上的参照物之一。”[3]基于地下金融犯罪的特点及其存在的风险，在适用刑事责任的方式上，就应该有的放矢，以达到防范地下金融风险及地下金融犯罪发生的目的。基于我国地下金融形成的复杂原因及实施地下金融犯罪行为人的贪利目的，笔者主张对地下金融犯罪慎重适用自由刑、更多地适用附加刑。基于此，下面主要讨论有关罚金刑、没收财产刑和资格刑在地下金融犯罪案件中的适用问题。

（一）罚金刑的适用

罚金，是指法院判处犯罪人向国家交纳一定数量金钱的刑罚制度。从历史和传统的角度看，贪利犯罪一直是罚金刑适用的主要对象，由于这类犯罪具有以实施犯罪行为谋取利益的共同特点，施以剥夺其利益的罚金刑符合报应的基本观念。

---

〔1〕 参见［美］哈伯特·L. 帕克：《刑事制裁的界限》，梁根林等译，法律出版社2008年版，第20页。

〔2〕 参见田宏杰、温长军：“理解制度变迁：我国《刑法》的修订及其适用”，载《法学杂志》2011年第9期。

〔3〕 白建军：“从中国犯罪率数据看罪因、罪行与刑罚的关系”，载《中国社会科学》2010年第2期。

罚金刑的优点表现在：一是罚金刑对贪利型犯罪是罚当其罪。对情节严重的贪利性犯罪分子，仅处以自由刑尚不足以遏制其犯罪，并科罚金刑来剥夺其金钱，可破其所图，灭其所欲，使其遭受毁灭性打击。对于情节较轻的贪利犯罪，有时单处罚金刑即可使犯罪人感到经济上不仅无利可图，而且得不偿失，不得不对自己的行为重新估价，从而发挥刑罚的特殊预防作用。同时，其还可对社会上存在的企图通过犯罪途径谋取私利的人予以警戒，促使其放弃贪利性犯罪的意图，并发挥出罚金刑的一般预防作用。二是由于罚金刑只剥夺犯罪人的金钱，而不必将犯罪人投入监狱执行，因此消除了犯罪人在狱中交叉感染的可能性以及避免犯罪人对社会生活的不适应性。三是罚金刑是惩罚犯罪法人的最佳手段。各国刑事立法对法人犯罪大都实行两罚制，刑罚不仅及于构成犯罪的直接责任人员，而且及于犯罪法人。由于法人具有法律拟制性，并无人身之生命与自由，不能承受生命刑与自由刑，但是法人具有一定的财产，可以承受罚金这种财产刑。四是对于贪利性犯罪及其他情节严重的刑事犯罪，判处一定的自由刑尚不足以对其罪行施以应有的惩罚时，可以并科罚金，以体现国家对其行为谴责的严厉程度。我国目前规定的罚金刑既可以附加适用，又可以独立适用，以使法院根据犯罪的社会危害性和犯罪人的主观恶性进行选择，从而便于利用罚金更有效地同犯罪行为做斗争。〔1〕关于罚金刑适用的合理性，学界也存有许多争论，主要有以下一些观点：一是罚金刑具有不平等性，由于犯罪人的经济状况不同，经济承受能力可能相差很大，因此可能造成刑罚在实质上的不平等；二是由于罚金可能会由受刑者以外的人代为支付，因而可能株

〔1〕 参见马克昌主编：《刑罚通论》，武汉大学出版社 2002 年版，第 194～197 页、第 204 页。

连无辜；三是罚金刑重罚不重教，对于富人来说更是如此，有时惩戒和教育两方面都达不到；四是罚金刑可能导致以罚代刑；等等。[1]为了有效弥补罚金刑存在的不足，我们应当坚持罪刑法定与刑罚个别化相结合的原则，发挥出罚金刑的相对性即可。

在一些财产犯罪中，行为人都是在理性地计算了被捕和惩罚的风险与可能获得的收益之后实施犯罪行为的，犯罪行为只有在犯罪的预期收益超过预期成本时才会发生，而预期成本则取决于两个因素：被抓住并被宣判有罪的可能性以及惩罚的力度，亦即罪犯的预期成本是惩罚的可能性与惩罚力度的乘积。当惩罚可能性的下降和惩罚力度的上升相抵消时，对于罪犯来说，预期的成本将保持不变。为了节约成本，对犯罪者的检察和起诉上投资很少，但对那些被查到的经济犯罪人要处以严厉的罚金且罚金应随着违法的严重程度而递增。[2]但罚金刑在我国是附加刑，然而“很多其他国家将其上升为或者事实上将其作为主刑对待”[3]。罚金刑附加刑的地位在一定程度上限制了其实施效果和适用范围。

1. 增强刑罚中罚金刑的强制性设置

关于罚金与自由刑的并科关系，不仅各国立法例有差异，即便是同一立法例对不同经济犯罪的规定也不尽一致。一般来说，罚金与自由刑的立法例有三种：一是强制性并科法，即立法上只明确规定对经济犯罪判处自由刑时必须并处罚金刑；二是选择性并科法，即在经济刑事立法上规定判处自由刑时，可

---

〔1〕 马克昌主编：《刑罚通论》（第2版），武汉大学出版社2002年版，第197～200页。

〔2〕［美］罗伯特·D. 考特、托马斯·S. 尤伦：《法和经济学》，施少华等译，上海财经大学出版社2002年版，第3～4页。

〔3〕 高铭暄、赵秉志主编：《刑罚总论比较研究》，北京大学出版2008年版，第322～323页。

以并科罚金，也可以不并科罚金而仅处以自由刑；三是选择性单科法，即自由刑与罚金刑在立法上不存在并科关系，二者只能选择其中一刑。我国当前罚金刑的适用率很低，“除了认识上的因素和执法不严等原因外，很重要的一个原因就是立法上过于灵活，使一些人（包括执法与司法人员）很容易规避法律”。[1]对经济犯罪适用罚金的规定，应不以情节轻重为标准，即不论情节轻重都要规定罚金刑，并注意罚金刑适用的一致性、平等性和公正性。

2. 设立罚金易科制度

罚金易科制度是指犯罪人若不能如期如数交纳罚金，则可以对其易科其他刑种执行。目前各国罚金易科制的立法例有三种：一是滞纳留置制。如《日本刑法典》第18条规定，不能完纳罚金科者，须留置劳役场，留置期间为1日以上2年以下；二是易科自由刑。如《联邦德国刑法典》第43条规定：不能追缴之罚金，以自由刑代之；三是易科不剥夺自由的劳动改造刑，如《苏俄刑法典》第30条规定：罚金无法追缴时，法院可以决定易科不剥夺自由的劳动改造，但不得易科剥夺自由，且期限不超过1年。[2]我国现行《刑法》没有规定罚金易科制，学界对罚金易科制的看法不尽相同。有学者认为，采用罚金易科制侵犯了犯罪人的合法权益，尤其是易科自由刑；还有学者认为，罚金易科制虽然可以防止犯罪人逃避惩罚，但同时又必然导致同罪异罚。笔者认为，为了避免罚金流于形式，充分发挥其惩罚犯罪的功能，我国有必要根据实际情况，建立易科不剥夺自由的劳动改造刑的罚金易科制度，在坚持罪责刑相适应的原则下，使犯罪人不能逃避刑罚的惩罚，同时让这些“体面”的经

---

〔1〕参见李晓明：《经济刑法学》，群众出版社2000年版，第56～57页。

〔2〕参见李晓明：《经济刑法学》，群众出版社2000年版，第60页。

济犯罪人参与劳动，当然有利于矫正其不劳而获的贪利思想。

（二）没收财产刑的适用

没收财产，是指剥夺犯罪人所有的、与犯罪行为直接相关的犯罪物品、犯罪所得，或者并非与犯罪行为直接相关的犯罪人资产的一部或全部，将之无偿收归国有的财产性质的刑事处罚方法。基于没收所针对财产范围的特定与否，没收财产可以被分为特别没收和一般没收。特别没收针对的是与犯罪行为直接相关的犯罪物品、犯罪所得以及诱发犯罪物品等；一般没收所针对的是犯罪人所拥有的但并非与犯罪行为直接相关的资产的一部或全部。〔1〕在我国《刑法》第34、59条和第60条规定了没收财产的性质、范围、没收财产的方式和没收财产时与其他财产权利的顺序区分。因此，我国刑法中所称的没收财产，实质就是指一般没收的情形，是指将犯罪人所有财产的一部或全部无偿收归国有的刑罚方法，在我国刑罚单轨制的立法模式下，没收财产属于附加刑的一种方式。〔2〕目前，我国刑法将没收财产的适用对象限于性质严重的犯罪类型，主要适用于三类犯罪：危害国家安全犯罪、财产和经济类犯罪以及其他性质严重的犯罪。根据没收财产使用率的高低排序，类罪名分别为“危害国家安全罪”（100%）、“侵犯财产罪”（41.88%）、“破坏社会主义市场经济秩序罪”（37.14%）、“贪污贿赂罪”（30.77%）、“妨害

〔1〕参见张小虎：《刑罚论的比较与构建》（上卷），群众出版社2010年版，第286页。

〔2〕我国《刑法》第64条规定：“犯罪分子违法所得的一切财物，应当予以追缴或者责令退赔；对被害人的合法财产，应当及时返还；违禁品和供犯罪所用的本人财物，应当予以没收。没收的财物和罚金，一律上缴国库，不得挪用和自行处理。”这条规定类似于特别没收，针对的是与犯罪行为直接相关的财物和物品等，但从实质上看，这条规定属于非刑罚处理方式，即采用的是民事法律和行政法律的相关规定。

社会管理秩序罪”（8%）、“侵犯公民人身权利、民主权利罪”（4.88%）、“危害公共安全罪”（2.17%）。[1]从以上使用比例可以看出，除危害国家安全罪外，适用没收财产较多的就是财产和经济类犯罪了。

关于没收财产刑的存废争论，国外刑法理论提出废止一般没收的一些依据，主要认为其①不利于保护私有财产，②不合乎刑法预防犯罪目的，③违背罪责自负原则，④因贫富差异而使刑法不公。[2]在我国关于没收财产刑也有保留和废止的两种主张。主张保留没收财产刑理由在于：①没收财产刑是惩治经济犯罪的有效方式，②没收财产刑是惩治性质严重犯罪的辅助措施，③没收财产刑具有刑罚上的经济性，④没收财产刑具有易操作性和功利性。主张废除没收财产刑的理由则在于：①没收个人所拥有的财产将严重动摇私有财产制度，②没收财产刑易株连无辜，违背刑法上的罪责自负原则，③没收财产刑不利于犯罪人的再社会化，④没收财产刑具会因行为人的贫富差异而不平等，⑤没收财产刑在执行过程中也比较困难。[3]目前，国外在立法上基本已废止了没收财产刑，我国在立法上保留了没收财产刑，学术界主流观点认为应当保留并完善没收财产刑。

笔者认为，在我国刑法已规定没收财产刑的前提下，应该考虑的是如何适用财产刑，财产刑固然应该谨慎适用，但对以贪财图利为目的的贪利性犯罪，仅处以自由刑并不足以抑制其贪财欲，也不足以消除其再犯条件，因此设有没收财产刑的国

---

〔1〕 参见张小虎：《刑罚论的比较与构建》（上卷），群众出版社2010年版，第288～289页。

〔2〕 参见张小虎：《刑罚论的比较与构建》（上卷），群众出版社2010年版，第305页。

〔3〕 参见邱兴隆：《刑罚理性评论——刑罚的正当性反思》，中国政法大学出版社1999年版，第171～176页。

家往往把贪利性犯罪作为适用没收财产刑的主要对象。我国刑法分则设有没收财产刑的条文中，除了第一章“危害国家安全罪”外，其余的全部是第三章“破坏社会主义市场经济秩序罪”，第五章“侵犯财产罪”以及第六章“妨害社会管理秩序罪”等章节中的贪利性犯罪。对于地下金融犯罪中性质恶劣，且屡次再犯的行为人可以适用没收财产刑，以达到特殊预防和一般预防的作用。

（三）资格刑的适用

从法律的经济分析方法来看，财产刑在处理地下金融犯罪案件时有其合理性和独特价值。因此，在当前普遍重视人权和讲究刑罚效果的环境下，我们不能仅根据经济犯罪的数额来判决一个人相当长时间的自由刑、无期徒刑甚至死刑，而应要在贯彻刑罚轻缓化的同时，充分发挥出刑罚的惩罚和预防功能，并根据新型经济犯罪的本质和特点，借鉴国际通行的立法经验，采取扩大资格刑（如增加职业禁止、投资限制等）适用的模式。

1. 我国刑法对资格刑的规定

我国现行刑法规定的资格刑具体方式有：①“剥夺政治权利”〔1〕，即剥夺犯罪人参加管理国家和社会政治生活的权利；②“驱逐出境”，是指剥夺犯罪的外国人在我国境内居留的权利；③“剥夺军衔”，〔2〕是指剥夺犯罪的军人已获得的军官等级与身份的标志和荣誉；④“剥夺职业资格”，基于其他专门的法律规定，使行为人丧失从事某一职业的资格，“剥夺职业资

〔1〕 我国现行《刑法》第54条规定了剥夺政治权利的具体内容：①选举权和被选举权；②言论、出版、集会、结社、游行、示威自由的权利；③担任国家机关职务的权利；④担任国有公司、企业、事业单位和人民团体领导职务的权利。这四项权利一旦剥夺，则需一并剥夺，不能分开适用。

〔2〕 我国现行《刑法》并没有剥夺军衔的规定，剥夺军衔的刑罚依据的是1994年由中央军委颁布的《中国人民解放军军官军衔条例》。

格”的方式主要适用于经济方面的犯罪，《德国刑法典》和《意大利刑法典》都有职业禁止的相关规定。

我国刑法对资格刑的适用有两种规定：一种情形是应当适用资格刑，如刑法中规定对于危害国家安全的犯罪分子、被判处死刑或无期徒刑的犯罪分子，应当剥夺政治权利；另一种情形是可以适用资格刑，如对于故意杀人、强奸、放火、爆炸等严重危害人身安全和破坏社会秩序的犯罪分子，可以附加剥夺政治权利。在确定是否适用资格刑时，应重点考虑以下几点：一是在单独适用资格刑时，应注意犯罪行为是否与滥用某种资格有关；二是在附加适用资格刑时，应注意犯罪的性质及危害社会的严重程度；三是要注意犯罪人今后是否有利用其资格继续犯罪的可能性。〔1〕

2. 资格刑的特征

资格刑是指对犯罪人的某一资格予以剥夺的刑罚方式。资格性具有以下特征：①资格刑以剥夺行为主体从事某种活动所应具备的条件或身份为内容。②剥夺的资格既可以是已经获得的资格，也可以是未来将要获取的资格，是一种全面否定。③资格刑在适用上具有经济性，节约司法资源，并可以有效复权。〔2〕资格刑在刑事政策上具有重要的意义，其最初是作为短期监禁刑和罚金刑的替代措施，主要是限制犯罪人利用其原来具备的资格再次实施犯罪，否则难免会让社会民众产生法律苍白无力的感觉。因此，资格刑对于满足社会的报应情感和实现一般预防具有积极的作用。由于资格刑主要是为了预防利用职

---

〔1〕 参见马克昌主编：《刑罚通论》，武汉大学出版社 2002 年版，第 460～461 页。

〔2〕 参见张小虎：《刑罚论的比较与构建》（上卷），群众出版社 2010 年版，第 325～326 页。

务身份或者职业活动实施犯罪的行为人再犯罪，剥夺或限制其从事这种活动的资格，其对于特殊预防来说效果非常明显，但是，对于资格刑的意义，理论上也有不同的见解。主张教育刑论的学者认为，剥夺或限制资格，使得犯罪人丧失了社会荣誉、权利、地位乃至其赖以生存的某种职业、身份，使其难以重返社会，主张将资格刑从刑罚中排除。应当说，这种顾虑并非没有道理，因而适用资格刑也应慎重，只有在不限制犯罪人的资格便会有反复同样的罪行出现之虞时，才可以对罪犯的资格进行限制或剥夺。例如《波兰刑法典》第 42 条第 1 项规定："如继续担任该职务或继续从事该职业会威胁到社会利益，则法院可以判处禁止担任特定职务或从事特定职业。"〔1〕对于实施地下金融的犯罪人而言，他们不仅具备唯利是图、铤而走险的特殊心理人格特征，而且大多具有高智商和高学历。他们熟悉金融规则和金融操作流程，这种"自身优势"是他们实施地下金融活动的重要条件和保障，当然应当适用资格刑予以剥夺。

我国现行刑法规定的经济犯罪各章节中，除被判处无期徒刑，应剥夺政治权利终身外，其他经济犯罪情形基本就没有规定资格刑。这一方面需要借助其他专门的行业性法律制度的禁止从业的规定，另一方面需要制度上的创新。如在涉及地下金融犯罪案件的资格刑适用时，建立资格刑的分离制度，对犯罪人的权利予以部分剥夺，防止刑罚过剩，且有助于犯罪人在复归社会时能够利用其他的权利获取生存技能和条件，同时还可以利用资格刑的复权制度，〔2〕促使犯罪人悔过自新，顺利复归

〔1〕 马克昌主编：《刑罚通论》，武汉大学出版社 2002 年版，第 461 页。

〔2〕 资格刑的复权制度是指被判处资格刑的犯罪人，在满足一定的条件下，提前恢复其被剥夺、限制的权利或资格的一种制度。参见于志刚："复权制度适用问题研究"，载《法学》2002 年第 2 期。

社会。由于目前我国现行刑法中并没有规定剥夺从事某一职业的资格刑，人民法院只有向犯罪人的主管部门提出适用行政处罚和行政处分的建议权，而没有直接的适用权，这导致剥夺行为人资格的处罚效果很难得到实现。作为刑罚改革的一个方向，我国刑法应当对于那些利用职务上或业务上的便利而实施犯罪的人处以资格刑，即根据犯罪的性质及其严重程度来剥夺和限制其从事某些职业或者担任某些职务的资格。〔1〕

为了保证刑罚的效果的实现，应当将剥夺从业人员一定资格的处理方法纳入附加刑的范围，这既有利于剥夺行为人资格，达到预防犯罪的效果，也将使剥夺资格的效果上升到刑法的层面，使其更具有执行上的保障性和地域上的普遍性，这种效果是行政处罚方式所无法实现的。

三、地下金融犯罪中的法人刑事责任

我国现行《刑法》第30条规定："公司、企业、事业单位、机关、团体实施的危害社会的行为，法律规定为单位犯罪的，应当负刑事责任。"我国对于非自然人实施的犯罪统称为单位犯罪，〔2〕在地下金融犯罪中，有大量的法人参与的刑事案件。例如，"孙大午案"就是一起法人涉及的非法吸收公众存款案件。但我国现行刑法对有关地下金融犯罪的单位处罚方式只有罚金刑，这种单一的刑罚方式不足以有效地惩治实施地下金融犯罪的单位。事实上，单位实施的地下金融犯罪对国家的金融管理

---

〔1〕 参见张智辉："刑法改革的切入点"，载《法学家》2006年第1期。

〔2〕 由于"单位"在我国是一个具有政治色彩的用语，是指机关、团体、事业单位、企业等非自然人的实体或其下属部门。我国刑法明确用的是"单位犯罪"，但国外或其他地区一般都用"法人犯罪"，本书论及的地下金融犯罪主要是公司等涉及的犯罪，为论述方便，后面统一使用"法人犯罪"表述。

秩序造成的危害有时比个人实施的地下金融犯罪的危害更大。因此对于法人实施地下金融犯罪，如何进行有效处罚以实现刑罚目的，是一个值得思考的问题。

（一）法人承担刑事责任的根据

在现代经济社会，法人已成为经济活动中不可或缺的主体，各国的刑事立法也大都承认了法人犯罪。我国1979年《刑法》中并没有规定单位犯罪。由于改革开放之初的经验不足，有关法律和制度措施的不健全及各种主客观因素的影响，以单位名义进行的贪利犯罪急剧增加，成了当时相当普遍且危害非常严重的犯罪现象。一些学者基于用刑法手段遏制单位犯罪的考虑，指出单位应成为犯罪主体并受刑罚处罚，并引起了学界关于单位能否成为犯罪主体的大论战。1987年颁布的《中华人民共和国海关法》率先承认了单位可成为犯罪主体，其后我国又相继有十余部单行刑法和非刑事法律规定了大量的单位犯罪，并在1997年修订《刑法》时，增列了单位犯罪的规定。[1]

（二）法人承担刑事责任的方式

按照现行《刑法》的规定，对法人犯罪可适用的刑罚方式只有罚金刑一种，这影响了对实施地下金融犯罪的法人予以惩治的效果。在修订1979年《刑法》的讨论中，有学者提出了应在新刑法典中增设适用于单位犯罪的其他刑罚方式，例如宣布解散单位、限期停业整顿、限定其业务范围等。大概由于立法者当时考虑到将这些本来属于对单位行政处罚的方式纳入刑法典作为刑罚方法，将不利于刑法与行政法之间的协调，故未予采纳。有观点认为，在现行处罚单位犯罪的刑罚方式单一的情况下，应在对犯罪单位判处罚金的同时，建议其主管行政部门

---

〔1〕 参见高铭暄主编：《刑法专论》（第2版），高等教育出版社2006年版，第230页。

对其适用有关行政处罚措施。[1]对于地下金融案件中的法人犯罪，除了按照双罚制对单位判处一定数量的罚金外，还有必要对法人犯罪增设资格刑：停业整顿、剥夺经营权、破产重组和强制解散[2]。在这几种方式中，由于破产重组会牵涉到犯罪人和被害人的各方利益，因此，目前在地下金融案件中适用较多。所谓破产重组是指当企业或公司资不抵债时，管理层可以向法院申请破产重组，一旦申请获得批准，则债权人就不能向破产企业催逼债务。法律允许由同一个企业的管理层向债权人提出一个重组方案，延期归还债务，停止发放股息，暂停支付债务本钱，只支付利息，削减无担保的债权。经过重组以后，企业有可能度过困难期，债权人将有可能实现其债权。通过这种法定的程序解决地下金融中涉及的债权债务关系，可以撇清事件与政府的关系，也可避免群体性事件的发生。

---

〔1〕 参见高铭暄主编：《刑法专论》（第2版），高等教育出版社2006年版，第238~239页。

〔2〕“强制解散”是对单位自身存在的刑事否定，类似于对自然人判处“死刑”，随着刑罚制度发展及刑罚方式的多样化，将解散法人作为刑罚方式的国家越来越多，例如1994年生效的《法国刑法典》就规定了解散法人的刑罚。虽然我国行政法中规定了解散单位的行政处罚，但刑事处罚方式与行政处罚方式毕竟在性质和严厉程度及法律后果上还是有很大差别的。

第七章
地下金融刑事法律风险防范

我国地下金融的风险根源在于经济体制的影响和金融政策的抑制，由地下金融风险引发的地下金融犯罪在认定上具有政策性和政治性，在处罚上具有严厉性和宽泛性。近年来，从中央到地方都开展了不同规模的整治非法集资专项行动，严厉打击地下金融犯罪。虽然这种运动式“严打”能够在一定程度上收到遏制地下金融犯罪的效果，然而这种犯罪打击扩大化的风险也是显而易见的。即其不利于我国金融的自由发展。因此，对地下金融犯罪的治理和风险的控制应该坚持宽严相济的刑事政策和依法治理的正确路径。随着我国金融市场不断深化改革，今后的刑事立法与刑事司法应当以金融风险控制为重点来构建刑法规范与司法解释。其具体路径为：在刑事立法时，应当以保护金融的自由发展和防止金融市场的系统性风险为原则，构建地下金融刑事控制的具体法律规范，将严重危及金融市场秩序和严重危害市场运行的行为纳入规制范围；刑事司法则应当秉承司法效果的正义体现，“过滤”地下金融违法行为，从实质解释的视角规定地下金融犯罪定罪量刑标准。全国人民代表大会及其常委会、最高人民法院和最高人民检察院应对涉及地下金融犯罪的刑法条文和司法解释及时进行系统而全面的审查，并进行相应的清理和修订，保证刑法的理性化。

一、刑事惩治：宽严相济刑事政策下的刑法运用

合理的刑法结构是刑法机制运行顺畅的重要保证，也是宽严相济刑事政策在我国刑法中的体现。这就要求：一方面严密有关地下金融犯罪刑事法网并严格金融犯罪的刑事责任；另一方面在司法上进行限缩，防止对金融市场滥用刑罚权，以免对金融市场的过度干预影响经济的发展，因此需要配置相应的排除机制，以此体现出“宽严”两个方面。具体而言，宽严相济刑事政策中的“严”主要表现在严格甄选纳入从严从重惩治犯罪的地下金融风险，注意罪名的选择和犯罪情节的适用，严密有关金融刑法的法网，避免因金融刑法的空白而导致犯罪发生。而“宽”则表现为对具有法定从宽处罚情节的犯罪分子依法从宽处罚，对于情节较轻的，应当从宽处罚或者不予处罚。〔1〕当然，对于具有酌定从轻处罚情节的，也可根据具体案情对犯罪分子予以从宽处罚或不处罚。地下金融犯罪案件不应适用死刑，对积极退赃和协助追赃的应当从宽处罚。宽严相济的刑事政策还强调刑罚的轻缓化，应根据犯罪的严重程度和行为人的人身危险性予以区分对待，以实现宽严有别的实质公正。刑法在金融领域的适用，必须在金融自由和金融安全之间寻求平衡，刑法在介入地下金融领域进行规制时，应当同时关注金融的自由。“金融自由实际上就是金融行为自由，从法律角度上即金融主体可按照自己的意志在法律规定和允许的范围内设立、变更和终止金融权利和义务。”〔2〕当然，由于金融本身具有复杂性，导

〔1〕 参见曲伶俐等：《刑事政策视野下的金融犯罪研究》，山东大学出版社2010年版，第45页。

〔2〕 张宇润：“金融自由和安全的法律平衡”，载《法学家》2005年第5期。

致其在具有不可预知和多变属性的市场经济条件下，形成了参与金融市场的投资人的有限理性和市场失灵之间的矛盾。这就需要政府适度的干预和协调，并需要法律的强制性规范，保证金融市场的和谐与稳定。但刑法对金融领域的介入应当张弛有度，做到宽严相济，[1]既保证刑法在打击金融犯罪和维护金融市场秩序的功能，又为金融市场的健康自由发展提供良好的环境。

（一）慎重对待地下金融犯罪的范围

金融资源是现代经济的核心资源，市场在资源配置中起决定性作用。国家目前正在鼓励中小企业的发展，国务院和一些地方政府也都在推进金融改革做试点或准备工作，如果刑法仍然坚持以国有金融的垄断保护为优先，排斥其他金融的地位和作用，则将阻碍经济的发展。2008 年的美国次贷危机对我国的经济发展产生了很大的影响，而其对广大中小型民营企业的影

---

〔1〕 最高人民法院于2009 年2 月8 日发布了《关于贯彻宽严相济刑事政策的若干意见》，最高人民法院刑二庭结合审判工作实际，就有关经济犯罪案件审判工作中贯彻宽严相济刑事政策作了进一步的规定：①关于从严惩处的案件范围有发生在经济领域、需依法从严惩处的主要是指下列严重犯罪：以高利率或高回报为诱饵，针对社会公众实施的非法集资、非法证券、传销、地下“六合彩”等涉众型犯罪。②关于政策法律界限，审慎分析判断其社会危害性，从有利于保障经济增长、维护社会稳定的角度依法准确定罪量刑，并以非法集资案件为例予以说明：一是要准确界定非法集资与民间借贷、商业交易的政策法律界限。未经社会公开宣传，在单位职工或者亲友内部针对特定对象筹集资金的，一般可以不作为非法集资。二是要准确把握非法集资罪与非罪的界限。资金主要用于生产经营及相关活动，行为人有还款意愿，能够及时清退集资款项，情节轻微，社会危害不大的，可以免予刑事处罚或者不作为犯罪处理。此外，对于“边缘案”“踩线案”、罪与非罪界限一时难以划清的案件，要从有利于促进企业生存发展、有利于保障员工生计、有利于维护社会和谐稳定的高度，依法妥善处理，可定可不定的，原则上不按犯罪处理，特别对于涉及企业、公司法定代表人、技术人员因政策界限不明而实施的轻微违法犯罪，更要依法慎重处理。参见最高人民法院刑二庭：“宽严相济在经济犯罪和职务犯罪案件审判中的具体贯彻”，载《人民法院报》2010 年4 月7 日。

响尤甚。金融危机导致金融结构银根紧缩，中小企业为了在险境中保存自己度过“严冬”，不得已只好通过从地下金融筹措资金的方式缓解流动资金短缺的困难，这是近年来民营经济发达地区非法集资等地下金融案件不断增多的根本原因。一些中小企业在这种环境中，为了求得生存，难免会采用一些夸大的方式或采用高息借贷的形式来获取资金，应该说，这是企业在“生死攸关”时作出的不得已选择。如果这些所谓的非法集资者能够安稳度过企业危机并偿还了所借的高利息借款，则不会作为刑事案件处理；但当非法集资的企业没能度过生存危机而情况恶化时，若因债权人索债而出现较大社会影响，刑法便会介入并最终定罪处罚。〔1〕

实际上，刑法干预应当具有适当性和必要性，适当性原则强调刑法干预必须是基于维护公共利益和社会秩序的需要，而必要性原则强调国家刑罚权的发动限于迫不得已需要第二次法的干预，但如果能采取其他法律方式干预的，应尽量不选择刑法干预方式。〔2〕有观点认为：“刑法不仅要对现实生活中具有严重危害性的行为做出规定，也应当对可预见的未来的严重危害社会的犯罪行为加以规定，特别是对金融犯罪加强超前立法，以避免因社会经济形势发展而导致的刑法滞后问题。”〔3〕笔者不赞同这种观点，首先，“可预见的未来的严重危害社会的犯罪行为”判断标准本来就很模糊，如果刑法中有太多这样的规定，将会使民众在社会生活中缩手缩脚，打击人们的创新积极性。

---

〔1〕 参见薛进展：“从吴英集资诈骗案看刑法保护的平衡性”，载《法学》2012 年第 3 期。

〔2〕 参见梁根林：《刑事政策：立场与范畴》，法律出版社 2005 年版，第 111 页。

〔3〕 康均心、王敏敏：“发挥刑法保护功能，完善金融法治体系——湖北省法学会刑法研究会 2008 年年会综述”，载《武汉公安干部学院学报》2009 年第 1 期。

其次，虽然经济的发展有其一定的规律可循，但经济发展在调控的同时，更多的是鼓励其自由发展。如果金融犯罪超前立法，无疑会损害经济的发展。最后，刑法作为最后的保障法，只有穷尽了民事法律和行政法律之后才能动用刑法方式，如果刑法实施了超前立法，但相应的民商事法律中并没有前提性的规定，便会使刑法的相应规定成了“无源之水，无本之木”，并破坏了法律体系内部的统一性和协调性。

对于地下金融风险的刑法控制，可以依照控制理论，对于那些可以控制的偏差，通过组织机构追究责任，予以纠正；而对于那些不可控制的偏差，则应立即修正计划，使之符合实际。按照这种理论，笔者认为，对于地下金融犯罪的风险控制可从两个方面入手：一方面，对于严重危害金融管理秩序的行为，如洗钱、非法集资和经济诈骗等，需要运用刑法手段予以打击和调整。另一方面，对于游走在合法与非法边缘的“灰色地带”的地下金融行为要坚持慎用刑罚的观念。这是“灰色地带”的地下金融与我国当前经济发展水平和现实经济制度不匹配所致，应当修正相关的监管制度和政策法律，使之符合经济发展的需求。

某种风险如果被允许，便意味着对一定范围内的侵害结果予以了容忍，当立法者对风险的性质作出界定时，便对行为人的注意义务进行了分配：如果风险被容许，则相应的行为人并未被科以具有刑法意义的注意义务；如若风险不被允许，则行为人势必需要谨慎履行其注意义务，否则就要承担相应的刑事责任。风险是否被容许，其界定或判断本身带有很大的主观性，它往往取决于政策上的决策。[1]因而针对我国当前地下金融愈演愈烈的态势，应该坚持立法范围的严密和司法适用范围的限

〔1〕 参见劳东燕：“风险分配与刑法归责：因果关系理论的反思”，载《政法论坛》2010年第6期。

缩，即从经济体制与具体经济环境变化及制度变革的角度，对有关地下金融犯罪的立法予以完善，以充分发挥刑法的特殊预防和一般预防的功能。在依法对地下金融犯罪行为定罪量刑的同时，不能仅仅依据法律条文，还应该考虑到犯罪原因。金融检察部门可以通过发检察建议、案例通报、金融检察白皮书等方式，进行金融犯罪风险预测和预警提示，为执法办案及相关行业主管部门提供综合服务，以防范地下金融风险的发生。

（二）积极应对金融全球化犯罪趋势

经济的全球化会引起文化和公共事务的全球化，最终必然导致法律的全球化。[1]在此情形下，长期受传统计划模式影响的我国金融刑事法律体系应当进行改变和调整，应树立金融刑法的现代观，在金融刑法的立法和司法中，从市场角度来看待和解决金融领域中出现的问题。因此，在经济全球化的今天，应树立国际化视野下的地下金融犯罪惩治观和预防观。我国于2006年10月31日通过了《反洗钱法》，使我国具备了成为国际金融行动特别行动组织（FATF）正式成员的资格。通过该组织，我国将可与国际社会建立广泛的反洗钱合作，为共同打击通过地下钱庄洗钱犯罪提供了国内法的保障。为了更好地应对金融全球化下的地下金融出现的新形式和新手段，我国不仅需要积极加入各种打击跨国金融犯罪的组织和开展国际性的金融互助协作，我国的立法机关和司法机关也应当培养和具备处理全球化背景下的地下金融犯罪的能力和经验。

二、制度控制：最好的社会政策就是最好的刑事政策

导致地下金融犯罪的原因是多方面的，同样预防地下金融

---

〔1〕 参见黄文艺："全球化与世界法律发展"，载《学习与探索》2006年第1期。

犯罪的措施也是综合性的，因此，预防和控制金融犯罪就是一个系统性的工程，涉及有关政治、经济、法律和文化等多方面的内容。因此，对于打击地下金融犯罪，刑法凭一己之力往往是收效甚微的，需要从多个层面和运用多种手段来达到预防和控制地下金融风险之目的。德国著名的刑法学家李斯特有一个著名的论断："最好的社会政策就是最好的刑事政策。"对于地下金融犯罪而言，如果仅是考虑从刑法的角度去惩治地下金融犯罪，以控制其风险，而不辅之以相应的社会政策，则这一良好的初衷未必能够实现。尊重民间金融的自然法则，是推进民间金融发展的关键，民间金融的自然法则表现为：存在的客观性，风险与收益对等、外部性，优胜劣汰，量体裁衣。[1]"春江水暖鸭先知"，市场的内生性的需求，只有市场的参与者才能体会。

（一）配套法律制度

地下金融由于脱离了国家的监管而备受争议和诟病，原因在于我国的金融监管政策一直奉行金融抑制和严格监管的思路。执行严格的准入和审批制度，导致我国的正规融资形式大部分为间接融资方式，即通过银行等金融中介机构来获取资金，但由于金融机构的风险偏好，中小企业很难通过这种间接融资的方式获取资金。在通过发行股票或通过产权转让股权融资的直接融资方式门槛过高的情形下，急需资金的企业和个人只能转而"求助"于地下金融。在现代市场经济中，直接融资与间接融资应当是并行发展和互相促进，在当代金融制度发达的国家，直接融资的规模要大于间接融资规模，其鼓励金融市场的

---

〔1〕 参见李建军主编：《中国地下金融调查》，上海人民出版社2006年版，第117～118页。

“契约自由”并形成了深厚的“股权文化”〔1〕。为了创建灵活且具生机的金融市场，我国应当鼓励和创建“股权文化”，减少行政审批制度，以法律的方式让更多的直接融资方式与间接融资方式共同发展，做到法律配置和金融市场之间的协调与平衡。

（二）创新金融制度

金融创新与金融监管是对立统一的关系，金融监管可能抑制金融创新的效率，但同时金融创新又包含和促进了金融监管的创新。根据凯恩斯的规避监管型创新理论，为了获得最大化的利润，金融市场的主体在运行过程中会通过创新来规避政府的管制，但当金融创新危及金融制度稳定时，政府又会加强管制，从而导致新一轮的创新，并形成一种动态博弈过程，以推动金融创新的不断发展和金融监管水平的不断提高。〔2〕我国在金融创新的过程中，同样面临着一些可能造成潜在风险的发展趋势。例如，部分创新产品或交易模式法律地位不明确，性质模糊，难以按国内和国际标准归类，容易导致其因缺乏明确法律地位，无法被视为标准化的金融产品而被纳入现有监管框架。另一些同业业务、通道业务为规避监管，设计出了复杂的交易结构，其复杂性给监管带来了难题。解决之道在于推动金融创新的阳光化、透明化、规范化和标准化，推动发展正规金融市

〔1〕 股权文化因各国经济发展水平、文化不同而有一定的差异性，但其内涵和实质在于鼓励投资人、鼓励投资股权的文化，尊重股东的文化，保护中小投资人的文化以及理性投资、专业投资、价值投资的文化。参见张育军：“塑造健康股权文化”，载《浙江日报》2012 年 3 月 20 日。

〔2〕 参见戎生灵：《金融风险与金融监管》，中国金融出版社 2007 年版，第 142 页。

场的规范金融工具，使风险真正暴露在阳光下。[1]这是我国在处理地下金融案件时应当坚持的方向和路径。金融创新的观念并未在我国刑法学界引起高度重视，由于我国现行金融刑事立法是建立在传统金融交易方式之上的，其立足于基础性的金融工具，对于新型的金融方式和金融工具则较少涉及，这就导致刑法对新型金融犯罪反映过慢，从而弱化了金融刑法的风险防控功能。“随着全球以金融自由化、金融国际化、金融一体化、金融证券化为特征的金融变革不断发展，各国法律制度对金融立法同样经历了从管制（Control）到监管（Regulation）和放松监管（Deregulation）的立法变化。”[2]我国金融监管中的金融抑制政策一直未有效改变，面对我国地下金融的乱象，必须改变我国金融抑制政策的理念，树立金融自由的观念，政府应当承认政策制度对金融监管的有限性。因此，监管部门还要以法律的形式确定地下金融的法律边界，对属于法律边界之内的地下金融予以规制，而不需要法律调整的法律边界之外的地下金融自应当让其自由发展。

金融货币政策影响着地下金融的发展，例如，人民币贷款基准利率的浮动会影响到民间借贷利率的高低。根据中国人民银行的统计：2012 年，在人民币贷款基准利率下调等因素的带动下，民间借贷利率总体逐步下降。从各省的情况来看，2012 年末，浙江省民间借贷利率比年初下降了 1.03 个百分点。山东、河北、江西、云南、黑龙江等省份的民间借贷利率也有不同程度的下降，只有少数中西部省份的民间借贷利率水平有所

〔1〕 参见王冠：“如何让金融创新在阳光之下更透明?”，载《21 世纪经济报道》2014 年 1 月 3 日。

〔2〕 曹建明：“论我国金融安全的法律保障”，载《毛泽东邓小平理论研究》1999 年第 2 期。

上升。[1]我国对利率市场化一直持较为谨慎的态度，但利率市场化并不意味着中央银行将利率的决定权全部下放给金融机构，而是保留了对于本国经济能够产生关键性作用的利率（例如，基准利率的决定权），并通过货币政策工具的灵活运用来间接影响市场利率，并最终实现对经济社会的宏观调控。[2]党的十八届五中全会通过的《中共中央关于制定国民经济和社会发展第十三个五年规划的建议》，立足“十三五”时期国际国内发展环境的基本特征，围绕创新发展、协调发展、绿色发展、开放发展和共享发展五大理念，为未来五年深化金融体制改革明确了目标。这就要求我们应当充分发挥金融创新功能，着力培育经济发展新动力，强化资本市场对科技创新支持力度，鼓励发展众创、众包、众扶、众筹空间，发展天使、创业、产业投资，尤其是支持小微企业依托多层次资本市场融资，扩大中小企业各类非金融企业债务融资工具及集合债、私募债发行，支持并规范移动互联支付、小额贷款等创新性、专业性、社区性金融业态发展。[3]

（三）完善金融生态

地下金融往往局限于血缘和地缘这类狭小而封闭的信用系统，维系的方式在于道德约束，欠缺法律的张力，地下金融风险的出现除经济因素和市场风险外，还有诚信的丧失和征信体系的缺失。征信体系是现代金融体系运行的基石，是金融稳定的基础。征信体系的作用是通过提供信用信息产品，使金融交

---

〔1〕 参见中国人民银行货币政策分析小组：《2012 年中国区域金融运行报告》，中国金融出版社 2013 年版，第 5 页。

〔2〕 参见朱大旗、沈小旭：“论利率市场化的法律意蕴”，载《法学家》2004 年第 2 期。

〔3〕 参见周小川：“深化金融体制改革”，载《人民日报》2015 年 11 月 25 日。

易中的授信方或金融产品购买方能够了解信用申请人或产品出售方的资信状况，从而防范信用风险，保持金融稳定。同时通过准确识别企业、个人身份，保存其信用记录，形成促使企业、个人重视保持良好信用记录的约束力。[1]征信体系的建立，将有效防止地下金融案件中的恶意逃债或“跑路”情况的发生，也将有助于把地下金融行为契约化。现阶段，我国还可以在完善公司信用级的基础上，积极发展公司债券，并可以考虑创设“风险投资”渠道，为符合条件的中小企业提供资金。当前，金融脱媒[2]既预示着现行金融压抑政策已不合时宜，又倒逼银行等金融机构加快金融服务流程和服务生态的重塑。同时，互联网等数字技术，也将被广泛应用于金融领域，从而推动整个金融生态体系变革，让银行等金融机构逐渐适应后现代的金融市场诉求。[3]这些都是从根本上控制地下金融风险的有效方式。

---

〔1〕 参见中国人民银行原副行长苏宁在2006年1月16日召开的“个人信用信息基础数据库正式运行新闻通气会”上的讲话，载 http://www. pbc. gov. cn/publish/hanglingdao/48/1152/11528/11528_ html，访问时间：2013年12月20日。

〔2〕 金融脱媒（Financial Disintermediation），又称金融非中介化，一般是指在进行金融交易时，不需要中间人而直接在供需双方间进行交易，即更多地采用直接融资方式，而不是通过银行等传统金融媒介。

〔3〕 参见雷东辉：“后现代金融生态思辨”，载《21世纪经济报道》2014年1月1日。

参考文献

一、中文著作

1. 高铭暄主编:《刑法专论》(第2版),高等教育出版社2006年版。

2. 马克昌主编:《犯罪通论》,武汉大学出版社1999年版。

3. 马克昌主编:《刑罚通论》,武汉大学出版社1999年版。

4. 张军主编:《破坏金融管理秩序罪》,中国人民公安大学出版社1999年版。

5. 田宏杰:《中国刑法现代化研究》,中国方正出版社2000年版。

6. 刘明祥:《财产罪比较研究》,中国政法大学出版社2001年版。

7. 冯军:《刑法问题的规范理解》,北京大学出版社2009年版。

8. 张明楷:《外国刑法纲要》,清华大学出版社2007年版。

9. 王文华主编:《加拿大与中国经济诈欺犯罪比较》,中国检察出版社2003年版。

10. 陈正云:《经济欺诈犯罪的界限与认定处理》,中国方正出版社1997年版。

11. 屈学武:《金融刑法学研究》,中国检察出版社2004年版。

12. 孙军工:《金融诈骗罪》,中国人民公安大学出版社2003年版。

13. 赵秉志主编:《金融犯罪界限认定司法对策》,吉林人民出版社2000年版。

14. 陈兴良:《当代中国刑法新视界》,中国人民大学出版社2007版。

15. 顾肖荣等:《当前金融犯罪新问题研究》,黑龙江人民出版社2008

年版。

16. 刘建：《资本市场安全与刑法规制》，中国人民公安大学出版社 2009 年版。

17. 刘宪权：《金融犯罪刑法学专论》，北京大学出版社 2010 年版。

18. 王文华：《欧洲金融犯罪比较研究——以欧盟、英国和意大利为视角》，外语教学与研究出版社 2006 年版。

19. 陈志武：《金融的逻辑》，国际文化出版公司 2009 年版。

20. 刘俊海：《中国资本市场法治前沿》，北京大学出版社 2012 年版。

21. 刘宪权、谢杰：《证券期货犯罪刑法理论与实务》，上海人民出版社 2012 年版。

22. 刘建、钱品石主编：《金融刑法评论》（第 1 辑），中国人民公安大学出版社 2008 年版。

23. 中国人民银行金融稳定分析小组：《中国金融稳定报告 2013》，中国金融出版社 2013 年版。

24. 胡启忠等：《金融领域法律规制新视域》，法律出版社 2008 年版。

25. 姚耀、［日］秋叶良和：《日本地下经济》，新世纪出版社 2013 年版。

26. 郭锋主编：《金融服务法评论》（第 1 卷），法律出版社 2010 年版。

27. 陈雨露、杨忠恕：《中国是部金融史》，北京联合出版公司 2013 年版。

28. 林山田：《经济犯罪与经济刑法》，三民书局 1981 年版。

29. 罗培新主编：《温州金融实践与危机调研报告》，法律出版社 2013 年版。

30. 戎生灵：《金融风险与金融监管》，中国金融出版社 2007 年版。

31. 李娜：《论金融安全的刑法保护》，武汉大学出版社 2009 年版。

32. 李建军等：《中国地下金融规模与宏观经济影响研究》，中国金融出版社 2005 年版。

33. 蒋寒迪、张孝锋：《中国地下金融市场中的利益群体及其博弈分析》，华龄出版社 2007 年版。

34. 顾肖荣主编：《经济刑法》上海社会科学院出版社 2010 年版。

35. 李建军主编:《中国地下金融调查》，上海人民出版社 2006 年版。

36. 詹德恩:《金融犯罪的克星——金融调查》，三民书局 2011 年版。

37. 江曙霞:《中国地下金融》，福建人民出版社 2001 年版。

38. 张元红等:《中国农村民间金融研究——信用、利率与市场均衡》，社会科学文献出版社 2012 年版。

39. 江曙霞、马理、张纯威:《中国民间信用——社会、文化背景分析》，中国财政经济出版社 2003 年版。

40. 王曙光:《经济转型中的金融制度演进》，北京大学出版社 2007 年版。

41. 曾筱清:《金融全球化与金融监管立法研究》，北京大学出版社 2005 年版。

42. 许玉秀:《主观与客观之间——主观理论与客观归责》，法律出版社 2008 年版。

43. 胡滨主编:《中国金融监管报告（2012）》，社会科学文献出版社 2012 年版。

44. 黄韬:《“金融抑制”与中国金融法治的逻辑》，法律出版社 2012 年版。

45. 肖扬主编:《中国刑事政策和策略问题》，法律出版社 1996 年版。

46. 曲伶俐等:《刑事政策视野下的金融犯罪研究》，山东大学出版社 2010 年版。

47. 王世洲:《我的一点家当——王世洲刑事法译文集》，中国法制出版社 2006 年版。

48. 顾肖荣等:《经济刑法总论比较研究》，上海社会科学院出版社 2008 年版。

49. 魏东、白宗钊主编:《非法集资犯罪司法审判与刑法解释》，法律出版社 2013 年版。

50. 赵秉志主编:《新千年刑法热点问题研究与适用》（下册），中国检察出版社 2001 年版。

51. 向燕:《刑事经济性处分研究——以被追诉人财产权保障为视角》，经济管理出版社 2012 年版。

52. 邓子斌：《中国实质刑法观批判》，法律出版社 2009 年版。

53. 张维迎：《信息、信任与法律》，生活·读书·新知三联书店 2006 年版。

54. 宁向东：《公司治理理论》，中国发展出版社 2008 年版。

55. 林东茂：《一个知识论上的刑法学思考》（增订第 3 版），中国人民大学出版社 2009 年版。

56. 陈兴良：《刑法的价值构造》，中国人民大学出版社 1998 年版。

57. 韩忠谟：《刑法原理》，北京大学出版社 2009 年版。

58. 林山田：《经济犯罪与经济刑法》，三民书局 1981 年版。

59. 黄河：《行政刑法比较研究》，中国方正出版社 2001 年版。

60. 陈子平：《刑法总论》，中国人民大学出版社 2009 年版。

61. 胡启忠等：《金融犯罪论》，西南财经大学出版社 2001 年版。

62. 陈光中主编：《金融欺诈的预防和控制》，中国民主法制出版社 1999 年版。

63. 梁根林：《刑事法网：扩张与限缩》，法律出版社 2005 年版。

64. 胡启忠等：《经济刑法立法与经济犯罪处罚》，法律出版社 2010 年版。

65. 李晓明：《经济刑法学》，群众出版社 2000 年版。

66. 游伟主编：《华东刑事司法评论》（第 8 卷），法律出版社 2006 年版。

67. 吴允锋：《经济犯罪规范解释的基本原理》，上海人民出版社 2013 年版。

68. 高铭暄、赵秉志主编：《刑法论丛》（第 3 卷），法律出版社 1999 年版。

69. 张明楷：《刑法的基本立场》，中国法制出版社 2002 年版。

70. 刘宪权主编：《刑法学》，上海人民出版社 2005 年版。

71. 高铭暄、赵秉志主编：《刑罚总论比较研究》，北京大学出版 2008 年版。

72. 张小虎：《刑罚论的比较与构建》（上卷），群众出版社 2010 年版。

73. 邱兴隆:《刑罚理性评论——刑罚的正当性反思》,中国政法大学出版社 1999 年版。

74. 聂慧苹:《刑法中的社会危害性理论的应用研究》,法律出版社 2013 年版。

75. 肖群鹰、朱正威:《公共危机管理与社会风险评价》,社会科学文献出版社 2013 年版。

76. 潘斌:《社会风险论》,中国社会科学出版社 2011 年版。

77. 郭斌、王士卿主编:《企业法律风险防控实务》,法律出版社 2013 年版。

78. 何子英:《社会政策》,中国人民大学出版社 2012 年版。

79. 马民书主编:《风险论》,军事科学出版社 2000 年版。

80. 薛瑞麟主编:《金融犯罪研究》,中国政法大学出版社 2000 年版。

二、期刊论文

1. 苏力:"法条主义、民意与难办案件",载《中外法学》2009 年第 1 期。

2. 田宏杰、温长军:"理解制度的变迁:我国《刑法》的修订及其适用",载《法学杂志》2011 年第 9 期。

3. 田宏杰:"行政犯的法律属性及其责任——兼及定罪机制的重构",载《法学家》2013 年第 3 期。

4. 田宏杰:"'风险社会'的刑法立场",载《法商研究》2011 年第 4 期。

5. 刘明祥:"'风险刑法'的风险及其控制",载《法商研究》2011 年第 4 期。

6. 刘明祥:"论刑法学中的类推解释",载《法学家》2008 年第 2 期。

7. 谢望原、张开骏:"非法吸收公众存款罪疑难问题研究",载《法学评论》2011 年第 6 期。

8. 肖中华:"空白刑法规范的特性及其解释",载《法学家》2010 年第 3 期。

9. 肖中华:"经济犯罪的规范解释",载《法学研究》2006 年第 5 期。

10. 张明楷："刑法学研究中的十大关系论"，载《政法论坛》2006 年第 2 期。

11. 张远煌："贪利性犯罪死刑正当性的犯罪学追问"，载《现代法学》2007 年第 3 期。

12. 王弟海："银行垄断、利率管制与民企融资难"，载《浙江社会科学》2011 年第 12 期。

13. 郑启福："中国合会起源之考辨"，载《湖北经济学院学报》2011 年第 2 期。

14. 王自力："'地下钱庄合法化'是个馊点子"，载《银行家》2004 年第 10 期。

15. 史清华、陈凯："欠发达地区农民借贷行为的实证分析——山西 745 户农民家庭的借贷行为的调查"，载《农业经济问题》2002 年第 10 期。

16. 郑迎平："台湾地下金融的发展及整治对策"，载《国际社会与经济》1994 年第 10 期。

17. 李建军："地下金融规模及其对宏观经济影响分析"，载《中国金融》2005 年第 4 期。

18. 章和杰、孟宇斐："参考台湾经验规范地下金融———以浙江为例"，载《经济论坛》2007 年第 23 期。

19. 韩克勇："我国非正规金融监管方式研究"，载《福建论坛（人文社会科学版）》2009 年第 4 期。

20. 曹建明："论我国金融安全的法律保障"，载《毛泽东邓小平理论研究》1999 年第 2 期。

21. 项俊波："金融风险的防范与法律制度的完善"，载《金融研究》2005 年第 8 期。

22. 曾康霖："试析金融风险、金融危机与金融安全"，载《金融发展研究》2008 年第 2 期。

23. 张守涛、张慧："金融风险与金融犯罪被害"，载《犯罪研究》2011 年第 6 期。

24. 谢杰："论融资犯罪金融风险的刑事控制"，载《新疆警官高等专科学校学报》2012 年第 2 期。

25. 夏勇："'风险社会'中的'风险'辨析——刑法学研究中'风险'误区之澄清"，载《中外法学》2012 年第 2 期。

26. 杨乙丹、高德步："农村高利贷及其治理的历史审视：1957～1966年"，载《中国经济史研究》2008 年第 2 期。

27. 孙开锋："非法集资犯罪调查"，载《公安研究》2010 年第 3 期。

28. 天津市人民检察院第二分院课题组："涉众型经济犯罪司法难题对策研究"，载《法学杂志》2010 年第 6 期。

29. 杨兴培、朱可人："论民间融资行为的刑法应对与出入罪标准"，载《东方法学》2012 年第 4 期。

30. 刘燕："发现金融监管的制度逻辑——对孙大午案件的一个点评"，载《法学家》2004 年第 3 期。

31. 薛进展："从吴英集资诈骗案看刑法保护的平衡性"，载《法学》2012 年第 3 期。

32. 刘为波："《关于审理非法集资刑事案件具体应用法律若干问题的解释》的理解与适用"，载《人民司法》2011 年第 5 期。

33. 苏彩霞："刑法价值判断的实体性论证规则"，载《华东政法大学学报》2008 年第 1 期。

34. 黄韬："刑法完不成的任务——治理非法集资刑事司法实践的现实制度困境"，载《中国刑事法杂志》2011 年第 11 期。

35. 余保福："法律、金融发展与经济增长——法律金融理论研究述评"，载《财经理论与实践》2005 年第 4 期。

36. 匡国建："完善金融生态法律制度的思考"，载《金融研究》2005 年第 8 期。

37. 周小川："法治金融生态"，载《中国经济周刊》2005 年第 3 期。

38. 张宇润："金融自由和安全的法律平衡"，载《法学家》2005 年第 5 期。

39. 贾学胜："非犯罪化与中国刑法"，载《刑事法评论》2007 年第 2 期。

40. 梁根林："公众认同、政治抉择与死刑控制"，载《法学研究》

2004 年第 4 期。

41. 白建军："从中国犯罪率数据看罪因、罪行与刑罚的关系"，载《中国社会科学》2010 年第 2 期。

42. 顾肖荣、陈玲："必须防范金融刑事立法的过度扩张"，载《法学》2011 年第 6 期。

43. 储槐植："罪刑矛盾与刑法改革"，载《中国法学》1994 年第 5 期。

44. 杨兴培："《刑法修正案（八）》修改指导思想的解读与论析"，载《中州学刊》2011 年第 3 期。

45. 马荣春："刑事违法性的刑法学地位：基于相互关系的考察"，载《甘肃政法学院学报》2012 年第 3 期。

46. 王瑞君："刑事违法性判断前提条件：空白罪状的现状与反思"，载《政法论丛》2006 年第 4 期。

47. 陈兴良："社会危害性理论——一个反思性检讨"，载《法学研究》2000 年第 1 期。

48. 许发民："论社会文化对犯罪界定的影响"，载《长春市委党校学报》2002 年第 4 期。

49. 张绍谦："从刑罚特性看犯罪圈的界限"，载《河南省政法管理干部学院学报》2007 年第 5 期。

50. 龙宗智："经济犯罪防控与宽严相济刑事政策"，载《法学杂志》2006 年第 4 期。

51. 于志刚："'风险刑法'不可行"，载《法商研究》2011 年第 4 期。

52. 齐文远："刑法应对社会风险之有所为与有所不为"，载《法商研究》2011 年第 4 期。

53. 彭冰："非法集资活动的刑法规制"，载《清华法学》2009 年第 3 期。

54. 张明楷："司法上的犯罪化与非犯罪化"，载《法学家》2008 年第 4 期。

55. 马德功、李天德："国际金融监管趋势及对我国金融监管的思考"，载《社会科学战线》2006 年第 6 期。

56. 谢新竹："论判决的公众认同"，载《法律适用》2007 年第 1 期。

57. 顾培东："公众判意的法理解析——对许霆案的延伸思考"，载《中国法学》2008 年第 4 期。

58. 阎二鹏："经济犯罪刑法适用的公众认同"，载《时代法学》2013 年第 3 期。

59. 林毅夫、孙希芳："信息、非正规金融与中小企业融资"，载《经济研究》2005 年第 7 期。

60. 张正昌、管东平："试论农村金融在构建和谐社会中的作用"，载《现代金融》2006 年第 2 期。

61. 史晋川："人格化交易与民间金融风险"，载《浙江社会科学》2011 年第 12 期。

62. 白建军："从中国犯罪率数据看罪因、罪行与刑罚的关系"，载《中国社会科学》2010 年第 2 期。

63. 张智辉："刑法改革的切入点"，载《法学家》2006 年第 1 期。

64. 张晓建："刑民互涉案件的冲突选择"，载《法律适用》2005 年第 11 期。

65. 麻锐："经济犯罪刑事责任与民事责任重合的适用规则"，载《河南省政法管理干部学院学报》2009 年第 6 期。

66. 康均心、王敏敏："发挥刑法保护功能，完善金融法治体系——湖北省法学会刑法研究会 2008 年年会综述"，载《武汉公安干部学院学报》2009 年第 1 期。

67. 黄文艺："全球化与世界法律发展"，载《学习与探索》2006 年第 1 期。

68. 朱大旗、沈小旭："论利率市场化的法律意蕴"，载《法学家》2004 年第 2 期。

69. 姜涛、李晓义："地下金融：履约机制、组织形式与治理策略"，载《中国工业经济》2011 年第 12 期。

70. 张海波："社会风险研究的范式"，载《南京大学学报（哲学·人文·科学·社会科学版）》2007 年第 2 期。

71. 张建伟："法与金融学：路径依赖与金融法变革"，载《学术月刊》2005 年第 10 期。

三、中文译著

1. ［日］芝原邦尔：《经济刑法》，金光旭译，法律出版社 2002 年版。

2. ［美］E. 博登海默：《法理学——法律哲学与法律方法》，邓正来译，中国政法大学出版社 1999 年版。

3. ［美］罗伯特·D. 考特、托马斯·S. 尤伦：《法和经济学》，施少华等译，上海财经大学出版社 2002 年版。

4. ［德］柯武刚、史漫飞：《制度经济学——社会秩序与公共政策》，韩朝华译，商务印书馆 2000 年版。

5. ［美］弗兰克·伊斯特布鲁克、丹尼尔·费希尔：《公司法的经济结构》，张建伟、罗培新译，北京大学出版社 2005 年版。

6. ［日］大谷实：《刑法讲义各论》，黎宏译，中国人民大学出版社 2008 年版。

7. ［美］约书亚·德雷斯勒：《美国刑法精解》，王秀梅等译，北京大学出版社 2009 年版。

8. ［美］哈伯特·L. 帕克：《刑事制裁的界限》，梁根林等译，法律出版社 2008 年版。

9. ［美］罗斯科·庞德：《法律史解释》，邓正来译，中国法制出版社 2002 年版。

10. ［法］亨利·莱维·布律尔：《法律社会学》，许钧译，上海人民出版社 1987 年版。

11. ［德］威廉·冯·洪堡：《论国家的作用》，林荣远、冯兴元译，中国社会科学出版社 1998 年版。

12. ［美］杰克·D. 道格拉斯、弗兰西斯·C. 瓦克斯勒：《越轨社会学概论》，张宁、朱欣民译，河北人民出版社 1987 年版。

13. ［德］N. 霍恩：《法律科学与法哲学导论》，罗莉译，法律出版社 2005 年版。

14. ［日］小野清一郎：《犯罪构成要件理论》，王泰译，中国人民公安大学出版社 2004 年版。

15. ［日］西原春夫：《日本刑事法的重要问题》（第 2 册），金光旭等译，法律出版社、成文堂 2000 年版。

16. ［法］乔治·索雷尔：《论暴力》，乐启良译，上海人民出版社 2005 年版。

17. ［英］安东尼·吉登斯、克里斯多弗·皮尔森：《现代性：吉登斯访谈录》，尹宏毅译，新华出版社 2001 年版。

18. ［芬兰］卡里·纳尔斯：《一骗千金：史上十大金融欺诈案》，黄福宁译，法律出版社 2013 年版。

四、外文原著及文献

1. Hebert L. Packer, *The Limits of the Criminal Sanction*, Stanford University Press, 1968.

2. G. Geis and E. Stotland, *White Collar Crime: Theory and Research* , Sage Publications, 1980.

3. Kathleen F. Brickey, *Corporate and White Collar Crime*, Brown & Company Ltd. , 1997.

4. John Braithwaite, *Crime, Shame and Reintegration*, Cambridge University Press Ltd. , 1999.

5. David Garland, *The Culture of Control: Crime and Social Order in Contemporary Society*, The University of Chicago Press, 2001.

6. John Coffee Jr. , "Racing Towards the Top? The Impact of Cross – listing and Stock Market Competition on International Corporate Governance", *Columbia Law Review*, November, 2002.

7. Franklin Allen, Jun Qian and Meijun Qian, "Law, finance, and economic growth in China", in *Journal of Financial Economic*, 2005, 7.

8. *Journal of Financial Crime: Cambridge International Symposium on Economic Crime*, Henry Stewart Pub. 1995.

9. R. T. Naylor, "The Rise and fall of the Underground Economy", in *The Brown Journas of World Affairs*, Winter/Spring 2005 Volume XI, Issue 2.

10. Richard D. Porterand and Amanda S. Bayer, "A Monetary Perspective

on Underground Economic Activity in the United States", in *Federal Reserve Bulletin*, March 1984.

11. Daniel McGrory, "Civilizing the Russian Underground Economy: Requirements and Prospects for Establishing a Civil Economy in Russia", in *Transnationnal Law & Contemporary Problems*, Spring 1995.

12. Richard J. Mcdonald, "The 'Fnderground Economy' and BLS Statistical Data", in *Monthly Labor Review*, January 1984.

13. Nikos Passas, "Globalization, Criminogenic Asymmetries and Economic Crime", *European Journal of Law Reform*, Vol. 1, Issue 4, 1999.

14. Brandon C. Welsh and David P. Farrington, "Monetary Costs and Benefits of Crime Prevention Programs", in *Crime and Justice: A Review of Research*, Vol. 27,

15. Joseph E. Stiglitz and Andrew Weiss, "Credit Rationing in Market with Imperfect Information", in *the American Economic Review*, 71 (June), 1981.

16. Elizabeth F. Browne , "The Tyranny of the Multitude is a Multiplied Tyranny: Is the United States Financial Regulatory Structure Undermining U. S. Competitiveness?", *Brooklyn Journal of Corporate Financial & Commercial Law*, Spring 2008.

17. Paul Tucker, "Shadow Banking, Financing Markets and Financial Stability", *BIS Review*, 2010, 6.

18. D. Adams and M. L. Canavesi, "Rotating Savings and Credit Associations in Bolivia", in *Savings and Development*, Vol. 13, No. 3 (1989).

19. Robert Dekle and Koichi Hamada, "On the Development of Rotating Credit Associations in Japan", in *Economic Development & Cultural Change*, Vol. 49, 2000.

20. Timothy Besley, "Nonmarket Institutions for Credit and Risk Sharing in Low - Income Countries", in *Journal of Economic Perspectives*, Vol. 9 Issue 3 (1995).

21. Mark Schreiner, "Formal Roscas in Argentina", in *Development in Practice*, Vol. 10 (2000).

22. Kellee S. Tsai，"Imperfect Substitutes：The Local Political Economy of Informal Finance and Microfiance in Rural China and India"，in *World Development*，Vol. 32 Issue 9（2004）.

23. Jim Thomas，"Quantifying the Black Economy：'Measurement without Theory' Yet Again"，in *Economic Journal* 109，June 1999.

24. Timothy Besley and Alec R. Levenson，"The Role of Informal Finance in Household Capital Accumulation：Evidence from Taiwan"，in *the Economic Journal*，Vol. 106，No. 434，Jan.，1996.

25. City of London Police，*Assessment*：*Financial Crime against Vulnerable Adults*，Published by the Social Care Institute for Excellence in Great Britain in November 2011.

后 记

本书是在我的博士论文的基础上稍作修改后完成的。由于近期有一些新的法律法规出台，尤其是《刑法修正案（九）》的颁布实施，原来博士论文中的一些论述和相关数据要做相应的调整和修改，但基本思路和主要观点都没有做调整，还是遵循原来的逻辑论证和最终结论。回想起博士论文写作的艰辛过程，一幕幕情境还历历在目。博士论文的写作是一个“浩大的工程”，既是对脑力和心智的挑战，也是对体力和耐力的考验。衷心感谢我的博士生导师田宏杰教授，对我的博士论文写作倾注了大量的心血，老师在我的博士论文题目选定、提纲拟定和论文定稿的整个过程都予以了悉心指导。

选取地下金融作为博士论文研究的对象，源于我对经济刑法的喜爱。从博士研究生入学开始，我就在关注有关金融犯罪的典型案例，并有了以金融犯罪作为主题来撰写博士论文的想法。博士论文开题之前，我查阅了一些金融犯罪的资料，感觉单纯以金融犯罪为研究对象显得过于宏大，在导师确定的“小题大做”思路的指导下，我将选题的目光投向了金融犯罪中的具体类型犯罪，经过几番比较，最终选择了以目前问题突出但刑法学领域很少有人研究的地下金融作为研究对象。基于地下金融中包含着未由法律明确界定性质的“灰色金融”和法律明确禁止的“黑色金融”，地下金融的犯罪化需要刑法的“区分与过滤”，因此将刑法控制的对象定位为地下金融风险，而不是地下金融犯罪。在写作过程中，我遇到了地下金融和风险概念界定以及刑法对风险如何控制的困扰，这些问题在写作过程中犹如堆积在心头的石头，难以释怀！在导师的指导下，在和同窗好友的讨论中，我对这些问题渐渐有了清晰的看法，这或许就是学术创新中的艰辛吧！

“师者，所以传道授业解惑也。”我的导师田宏杰教授正是师者的典范，老师对学术的态度、对工作的热忱、对师长的尊敬和对朋友的热情是我终身学习的榜样。我将在今后的学习、工作和生活中记住老师的谆谆教诲：“一个人的人品是最重要的，只有人品好的人，才能将学问做好！”在中国人民大学法学院学习期间，除了导师的悉心教导外，我还得到了高铭暄教授、王作富教授、戴玉忠教授、刘明祥教授、谢望原教授、韩玉胜教授、黄京平教授、冯军教授、张小虎教授、时延安教授、付立庆副教授等老师的指点和帮助，他们的渊博学识和人格魅力令我钦佩，他们传授的刑法学知识让我受益终身。在博士研究生学习阶段，我有幸得以到我国台湾地区的高雄大学法学院学习交流，得到了高雄大学法学院院长张丽卿教授、陈子平教授和陈月端教授的指导和帮助。在博士论文写作期间，除得到张丽卿教授的指点外，还得到了我国台湾地区东吴大学林东茂教授的指导和帮助，对于我在博士论文写作中遇到的困惑，他们通过电子邮件等方式予以了耐心解答。

真诚感谢在学习和生活中给予我帮助、带给我快乐的各位同门、同学和好友；感谢我所在的单位——西南科技大学法学院的领导和同事对我的关心、支持和帮助。

最后，我要衷心感谢我的家人为我的辛勤付出，他们的支持使我能安心于学业和写作。在我求学的过程中，我的家人总能予以理解、关心和帮助，家人的支持给予了我战胜困难的信心和力量。

廖天虎

2015 年 12 月 1 日于绵阳